ANDRÉ COUTURE

Sur le bout de la langue
On the Tip of One's Tongue

3000 expressions françaises et anglaises · *3000 French and English Expressions*

Données de catalogage avant publication (Canada)

Couture, André

Sur le bout de la langue : 3000 expressions françaises et anglaises = On the Tip of One's Tongue: 3000 French and English expressions

1. Français (Langue) - Idiotismes - Dictionnaires anglais. 2. Anglais (Langue) - Idiotismes - Dictionnaires français. 3. Français (Langue) - Mots et locutions - Dictionnaires anglais. 4. Anglais (Langue) - Mots et locutions - Dictionnaires français. 5. Français (Langue) - Dictionnaires anglais. 6. Anglais (Langue) - Dictionnaires français. I. Titre. II. Titre: On the Tip of One's Tongue.

PC2460.C68 2002   443'.21   C2002-941066-5F

Collaborateurs de la première heure :
Révision et rédaction de questions : Philippe Legault
Rédaction de questions : Pierre Poulin
Révision de l'anglais : Dorothy Howard

DISTRIBUTEURS EXCLUSIFS:

* Pour le Canada
et les États-Unis:
MESSAGERIES ADP°
955, rue Amherst
Montréal, Québec
H2L 3K4
Tél.: (514) 523-1182
Télécopieur: (514) 939-0406
° Filiale de Sogides ltée

* Pour la France et les autres pays:
VIVENDI UNIVERSAL PUBLISHING SERVICES
Immeuble Paryseine, 3, Allée de la Seine
94854 Ivry Cedex
Tél.: 01 49 59 11 89/91
Télécopieur: 01 49 59 11 96
Commandes: Tél.: 02 38 32 71 00
                 Télécopieur: 02 38 32 71 28

* Pour la Suisse:
VIVENDI UNIVERSAL PUBLISHING SERVICES SUISSE
Case postale 69 - 1701 Fribourg - Suisse
Tél.: (41-26) 460-80-60
Télécopieur: (41-26) 460-80-68
Internet: www.havas.ch
Email: office@havas.ch
DISTRIBUTION: OLF SA
Z.I. 3, Corminbœuf
Case postale 1061
CH-1701 FRIBOURG
Commandes: Tél.: (41-26) 467-53-33
                 Télécopieur: (41-26) 467-54-66
                 Email: commande@ofl.ch

* Pour la Belgique et le Luxembourg:
VIVENDI UNIVERSAL PUBLISHING SERVICES BENELUX
Boulevard de l'Europe 117
B-1301 Wavre
Tél.: (010) 42-03-20
Télécopieur: (010) 41-20-24
http://www.vups.be
Email: info@vups.be

Pour en savoir davantage sur nos publications,
visitez notre site: **www.edhomme.com**
Autres sites à visiter: www.edjour.com • www.edtypo.com
www.edvlb.com • www.edhexagone.com • www.edutilis.com

Dépôt légal: 3e trimestre 2002
Bibliothèque nationale du Québec

ISBN 2-7619-1750-2

Gouvernement du Québec – Programme de crédit d'impôt pour l'édition de livres – Gestion SODEC.

L'Éditeur bénéficie du soutien de la Société de développement des entreprises culturelles du Québec pour son programme d'édition.

Nous reconnaissons l'aide financière du gouvernement du Canada par l'entremise du Programme d'aide au développement de l'industrie de l'édition (PADIÉ) pour nos activités d'édition.

AVANT-PROPOS

Voici un ouvrage qui ne ressemble à aucun autre se consacrant à des expressions idiomatiques en langue française ou en langue anglaise. Certes, il existe plusieurs titres sur ce sujet (dictionnaires, lexiques, répertoires, compilations et autres), mais celui que nous présentons revêt de nombreuses caractéristiques qui en font une publication unique.

Divisé en 135 modules, *Sur le bout de la langue / On the Tip of One's Tongue* est d'abord et avant tout un lexique contenant plus de 3000 expressions, en tenant compte des nombreuses variantes et des expressions synonymiques. Contrairement à plusieurs ouvrages qui recensent des expressions idiomatiques, celui-ci offre, la plupart du temps, des idiotismes dans les deux langues, et non pas de simples traductions qui en donnent le sens approximatif. Chaque module fait deux pages. La première, intitulée «Aide-mémoire», contient des questions auxquelles on répond en utilisant les expressions de la page suivante. Il n'est pas tellement compliqué de faire cet exercice, puisque (voici le secret!) les questions renvoient aux expressions dans le même ordre qu'elles apparaissent à la page suivante. Évidemment, ces réponses ne doivent pas reprendre les exemples donnés. De cette manière, la rubrique «aide-mémoire» acquiert toute sa valeur, puisque l'exercice permet de mémoriser les expressions du module. La deuxième page présente les locutions françaises et anglaises, avec leurs variantes et synonymes lorsque cela est nécessaire. Ces expressions sont accompagnées d'exemples dans les deux langues. À la toute fin de l'ouvrage, se trouvent deux index: l'un pour les expressions françaises et l'autre pour les expressions anglaises. Afin de repérer facilement les expressions, les index sont construits à partir de mots clés, inscrits par ordre alphabétique, sous lesquels on retrouve une ou plusieurs expressions (à nouveau par ordre alphabétique).

Ainsi organisé, *Sur le bout de la langue / On the Tip of One's Tongue* est un ouvrage multiple. C'est à la fois un lexique, un cahier d'exercices s'adressant tout aussi bien à l'étudiant qu'au lecteur voulant améliorer ses connaissances grâce à l'«aide-mémoire», et un ouvrage de référence dont les index donnent accès rapidement à une riche banque d'expressions et d'exemples d'application pratique. Bien que l'ouvrage s'arrête surtout aux expressions idiomatiques, il ne s'agit pas d'un recueil exhaustif pour les spécialistes du domaine linguistique. Nous avons évité d'y inclure des expressions rares ou anciennes, retenant surtout celles que le grand public peut lire dans les journaux ou entendre à la radio et à la télévision. En somme, c'est un ouvrage conçu pour une utilisation simple, pratique et efficace.

L'aspect le plus remarquable de *Sur le bout de la langue / On the Tip of One's Tongue* est, sans aucun doute, le fait que l'on puisse vraiment s'en servir dans les deux sens : du français à l'anglais ou de l'anglais au français. Cela est possible parce que le livre est entièrement bilingue. Les expressions ont toutes leurs équivalents dans l'autre langue ; les exemples et les questions sont dans les deux langues et, enfin, il y a deux index. Le nombre de personnes en mesure de s'intéresser à cet ouvrage et de l'utiliser est presque illimité : francophones qui veulent rafraîchir leurs connaissances de leur propre langue, francophones qui veulent apprendre des expressions de leur propre langue, francophones qui veulent découvrir des expressions anglaises, anglophones qui veulent rafraîchir leurs connaissances de leur propre langue, anglophones qui veulent apprendre des expressions de leur propre langue, anglophones qui veulent découvrir des expressions françaises. Cela fait beaucoup de gens, ce qui démontre la grande originalité de cet ouvrage. Nous espérons, d'ailleurs, que les lecteurs et les utilisateurs trouveront autant de plaisir à s'en servir que nous en avons eu à le composer.

FOREWORD

Here is a book that resembles no other dealing with idiomatic expressions, in French or in English. There are many books on this subject (dictionaries, glossaries, lists and compilations), but the one we present here has many special characteristics that make it a unique publication.

Sur le bout de la langue / On the Tip of One's Tongue is divided into 135 modules and contains over 3000 expressions (if we take into account the numerous variants and the synonymic expressions). Unlike many books containing idiomatic expressions, this one presents, more often than not, the expressions in both languages instead of translations giving the approximate meaning of the expressions.

There are two pages to each module. The first one, entitled *Aide-mémoire*, has a list of questions which are answered by using the expressions on the opposite page. It is not very difficult to do this exercise since (and that's the secret!) the questions refer to the expressions in the same order that they appear on the next page. Obviously, the answers must not copy the examples given under the expressions. The "aide-mémoire" is a valuable part of this book because the exercises in each module will help the reader memorize its expressions. The second page lists the French and the English expressions, along with the variants and the synonyms. At the end of the book, there are two indexes: one French and one English. It's easy to find an expression quickly because the indexes are built around key words, listed in alphabetical order, under which there are one or more expressions (also in alphabetical order).

Sur le bout de la langue / On the Tip of One's Tongue has numerous aspects. It is at once a glossary, a workbook targeting students as well as readers aiming to better their knowledge of the French and English languages through the "aide-mémoire," and a reference book thanks to the indexes which give immediate access to a wealth of expressions. Even though the book focuses on idiomatic expressions, it is not an exhaustive collection intended for specialists in linguistics. We tried to avoid rare and archaic expressions and we retained those that the general public is bound to read in newspapers or hear on radio and television. In short, this book is designed for simple, practical and efficient use.

The most remarkable aspect of *Sur le bout de la langue / On the Tip of One's Tongue* is without a doubt the fact that it really can be used in two ways: from French to English or from English to French. This is possible because the book is entirely bilingual. The expressions have all their counterparts in the other language; the examples and the questions are in both languages and, finally, there are two indexes. This means that the number of persons potentially interested in using this book is almost unlimited: French-speaking persons who want to refresh their knowledge of their mother tongue or even learn expressions in their own language, French-speaking persons who want to discover English expressions, English-speaking persons who want to refresh their knowledge of their mother tongue or even learn expressions in their own language, English-speaking persons who want to discover French expressions.

This adds up to a lot of people and it illustrates the originality of this book. We hope that readers and users will find as much pleasure in going through this book as we have had in writing it.

Abréviations et symboles / Abbreviations and symbols

adj.	adjectif	*adj*	adjective
adj. num	adjectif numéral	*adv*	adverb
adv.	adverbe	*Br*	British English
interj.	interjection	*n*	noun
loc. adv.	locution adverbiale	*npl*	noun plural
n.	nom	*o.s.*	oneself
n. f.	nom féminin	*p*	pronoun
n. f. pl.	nom féminin pluriel	*pr n*	proper noun
n. m.	nom masculin	*s.o.*	someone
n. m. inv.	nom masculin invariable	*sthg*	something
n. m. pl.	nom masculin pluriel	*v*	verb
n. pr.	nom propre		
p. p.	participe passé		
pr. dém.	pronom démonstratif	→	see this word
pr. ind.	pronom indéfini		
pr. pers.	pronom personnel		
qqn	quelqu'un		
qqch.	quelque chose		
v.	verbe		
v. intr.	verbe intransitif		
v. tr.	verbe transitif		
v. tr. ind.	verbe transitif indirect		

❖ français québécois
(ou canadien-français)

→ voir ce mot

EXPRESSIONS FRANÇAISES ET ANGLAISES
ENGLISH AND FRENCH EXPRESSIONS

RÉPONDRE AUX QUESTIONS DE LA PAGE DE GAUCHE
EN IMAGINANT DES RÉPONSES QUI CONTIENNENT
LES EXPRESSIONS DE LA PAGE DE DROITE

ANSWER THE QUESTIONS ON THE LEFT-HAND PAGE
USING THE EXPRESSIONS LISTED ON THE OPPOSITE PAGE

AIDE-MÉMOIRE

Que vous arrive-t-il ? Vous ne pouvez plus parler ?
What is going on? Can't you speak anymore?

Pouvons-nous avoir confiance en cette personne ?
Do you think we can trust this person?

Pourquoi devez-vous travailler ainsi le soir et les fins de semaine ?
Why do you have to work like that on weeknights and weekends?

Pourquoi ce soldat tremble-t-il ?
Why is this soldier shaking?

Qui, croyez-vous, va remporter le championnat ?
Who do you think will win the championship?

Ton chenapan de fils a-t-il rencontré le directeur ?
Has your rascal of a son met with the director?

Votre projet est un vrai désastre, qu'allez-vous faire ?
Your project is a complete disaster, what will you do?

En savons-nous davantage sur les circonstances de l'accident ?
Do we know more about the circumstances of the accident?

Croyez-vous pouvoir passer à travers cette épreuve sans trop de mal ?
Do you think you can get through this test without too much trouble?

Qu'allez-vous faire si on n'augmente pas votre salaire ?
What will you do if they don't raise your salary?

EXPRESSIONS

■ **Avoir un chat dans la gorge** • *To have a frog in one's throat*
Veuillez m'excuser, j'ai un chat dans la gorge et j'ai de la difficulté à parler. • *Please excuse me, I have a frog in my throat and I can hardly speak.*

■ **Bon comme du bon pain** (ou **du pain bénit**, ou **comme du beurre** ❖) • *The salt of the earth*
Il mène une vie simple et paisible ; de plus, il est bon comme du bon pain. • *He leads a quiet, simple life; what's more, he's the salt of the earth.*

■ **Boucler son budget / joindre les deux bouts** • *To make both ends meet*
Afin de boucler son budget, elle occupe trois emplois. • *She works at three jobs in order to make both ends meet.*

■ **Être sur les dents** • *To live on one's nerves*
Il est sur les dents depuis que les voleurs ont cambriolé son chalet. • *Since robbers visited his cottage, he lives on his nerves.*

■ **Le donner en mille** • *To give three guesses*
Qui a été élu ? – Je vous le donne en mille… Eh oui ! Notre cousin ! • *Who was elected? – I'll give you three guesses… Yes, our cousin!*

■ **Passer un mauvais quart d'heure** • *To have a bad time of it*
Ce fut une dure épreuve : ils ont passé un mauvais quart d'heure dans la forêt. • *It was a terrible ordeal: they had a bad time of it in the forest.*

■ **Prendre le taureau par les cornes** • *To grasp the nettle Br / to take the bull by the horns*
Après le désastre, il s'est relevé avec courage et a pris le taureau par les cornes. • *He bravely recovered from the disaster, taking the bull by the horns.*

■ **Rester bouche cousue** • *To button* (or *zip*) *one's lip*
Si le patron vous demande qui a fait le coup, restez bouche cousue. • *If the boss asks who did it, just button your lip.*

■ **Retomber sur ses pattes** (ou **sur ses pieds**) • *To land on both* (or *on one's*) *feet*
Quels que soient les problèmes, elle retombe toujours sur ses pattes. • *Whatever the problems, she always lands on both feet.*

■ **Rogner les dépenses** • *To cut back* (or *down*) *on expenses*
Si vous voulez aller en vacances cet été, il vous faudra rogner les dépenses. • *If you want to go on vacation this summer, you'll have to cut back on expenses.*

AIDE-MÉMOIRE

Qu'est-ce qu'il a fait lorsque le chien s'est mis à courir après lui ?
What did he do when the dog started to run after him?

Quand les voleurs ont-ils tenté de pénétrer dans l'entrepôt ?
When did the thieves try to get into the warehouse?

Avez-vous l'impression que ce sera facile pour elle ?
Are you under the impression things will be easy for her?

Comment a-t-il réagi à la lecture du verdict ?
How did he take the verdict?

Croyez-vous qu'il soit coupable ?
Do you think he's guilty?

Pour quelle raison travaillez-vous si fort ?
Why do you work so hard?

Vous allez vous associer avec ces gens-là ?
Are you going to associate with those people?

Quand, pensez-vous, fera-t-elle le ménage de sa chambre ?
When do you think she'll clean her room?

Avez-vous suivi l'histoire de ce criminel notoire ?
Did you follow the story of this notorious criminal?

Une bibliothèque municipale, est-ce avantageux ?
Are there advantages to a municipal library?

EXPRESSIONS

■ **À toutes jambes** • *At full speed*
Quand elle a vu le gorille évadé dans la ville, elle s'est enfuie à toutes jambes. • *When she saw the escaped gorilla in the city, she ran away at full speed.*

■ **Au grand jour / en plein jour** • *In broad daylight*
Curieusement, l'attaque finale de l'armée a eu lieu au grand jour. • *Surprisingly, the final attack of the army took place in broad daylight.*

■ **Avoir beau jeu** • *To be holding all the right cards*
Il aura beau jeu lors des prochaines élections puisque le maire ne se représentera pas. • *He'll have all the right cards at the next election since the present mayor isn't running for office.*

■ **Bondir de colère** • *To hit the ceiling*
Elle a bondi de colère quand elle a appris qu'elle n'avait pas le poste de directrice. • *She hit the ceiling when she learned that she didn't get the director's job.*

■ **En mettre sa main au feu (ou sa main à couper)** • *To eat one's hat*
Il en sait beaucoup plus qu'il ne le dit, j'en mettrais ma main au feu. • *He knows much more than he says, if he doesn't, I'll eat my hat.*

■ **Faire bouillir la marmite** • *To bring home the bacon*
Il a une grosse famille, voilà pourquoi il travaille jour et nuit pour faire bouillir la marmite. • *He has a large family, and that's why he works day and night to bring home the bacon.*

■ **Hurler avec les loups** • *To go along with the crowd*
Ne lui demandez pas de se lancer dans cette nouveauté, il est du genre à hurler avec les loups. • *Don't ask him to try this new product, he's the sort to go along with the crowd.*

■ **La semaine des quatre jeudis / à la Saint-Glinglin / quand les poules auront des dents** • *When the cows come home / when hell freezes over*
Il vous remettra son travail de recherche la semaine des quatre jeudis. • *You'll have to wait until the cows come home before his research paper is ready.*

■ **Mettre à l'ombre** • *To send up the river*
Depuis le temps qu'il échappait à la justice, ils l'ont enfin mis à l'ombre. • *He was a fugitive from justice for a long time, but they finally sent him up the river.*

■ **Sans bourse délier** • *Without spending a cent*
Il a réussi à se procurer ce très beau terrain sans bourse délier. • *He managed to get this great piece of land without spending a cent.*

AIDE-MÉMOIRE

Avez-vous gagné au tirage de la loterie hier soir ?
Did you win in last night's lottery?

Est-ce une personne rusée ?
Is he a cunning person?

Qu'elle sorte de voiture est-ce ?
What kind of car is that?

Pourquoi êtes-vous aussi radieuse aujourd'hui ?
Why are you beaming with joy today?

Pourquoi se refuse-t-il à parler ?
Why does he remain silent?

Comment pensez-vous pouvoir vous sortir de ce pétrin financier ?
How do you think you'll manage to get out out of this financial mess?

Pourquoi les propos de certains politiciens sont-ils souvent flous ?
Why are some politicians often so vague?

Comment allons-nous arriver à construire cette sculpture de glace à temps ?
How in the world are we going to have this ice sculpture ready in time?

T'a-t-il bien rémunéré pour la rénovation de sa cuisine ?
Did he pay you well for renovating his kitchen?

Ce genre de travail est-il très exigeant ?
Is this kind of work very demanding?

EXPRESSIONS

■ **À deux doigts de** • *Within an ace (or an inch) of*
Au cours de leurs vacances, ils sont venus à deux doigts de se noyer. • *During their holidays, they came within an ace of drowning.*

■ **Avoir plus d'un tour dans son sac** • *To have more than one trick up one's sleeve*
N'essayez pas de gagner avec elle, car elle a plus d'un tour dans son sac. • *Don't try to win because she has more than one trick up her sleeve.*

■ **Dernier cri** • *State-of-the-art*
Cet ordinateur est le dernier cri de la technologie du graphisme. • *This computer is state-of-the-art in terms of graphic technology.*

■ **Être au septième ciel / être aux anges** • *To be on cloud nine* (or *in seventh heaven*) / *to walk on air*
Depuis qu'elle s'est mariée, elle se dit au septième ciel. • *She claims to be on cloud nine since her wedding.*

■ **Faire la tête à qqn** • *To have a fit of the sulks / to have a sulk with s.o.*
Elle fait la tête depuis que je lui ai refusé un petit service. • *She's had a fit of the sulks since I refused to do her a favor.*

■ **Gratter les fonds de tiroir** • *To scrape the bottom of the barrel / to scrape the barrel*
Il a dû gratter les fonds de tiroir pour se payer ce voyage de deux mois. • *He had to scrape the bottom of the barrel in order to go on this two-month trip.*

■ **Ménager la chèvre et le chou** • *To sit on the fence / to run with the hare and hunt with the hounds*
Il ne prend pas position, car il veut ménager la chèvre et le chou. • *He won't make a decision; as usual, he is sitting on the fence.*

■ **Mettre les bouchées doubles** • *To work at double speed*
L'échéance arrive à grands pas, il faut mettre les bouchées doubles pour terminer le travail. • *Time is running out, we'll have to work at double speed to finish the work.*

■ **Payer en monnaie de singe** • *To give s.o. a wooden nickel*
Il m'a payé en monnaie de singe pour tout le travail que j'ai fait pour lui. • *He gave me a wooden nickel despite all the work I did for him.*

■ **S'épuiser à la tâche** • *To work one's fingers to the bone*
Elle s'est épuisée à la tâche et, maintenant, elle doit se reposer au moins deux semaines. • *She worked her fingers to the bone and now she has to rest for at least two weeks.*

AIDE-MÉMOIRE

Avez-vous beaucoup bu hier soir ?
Did you have a few drinks too many last night?

Avez-vous, comme moi, l'impression qu'ils nous aient devancés sur ce plan ?
Are you under the impression that we've been left behind on this?

A-t-il pensé un instant que sa compagnie remporterait le contrat ?
Did he think for one moment that his company would get the contract?

Les feux d'artifice étaient grandioses, n'est-ce pas ?
The fireworks were marvelous, weren't they?

Pouvons-nous compter sur lui pour la campagne de financement ?
Can we count on him for the fund-raising campaign?

La grande demande a-t-elle été faite dans les règles ?
Did you ask for her hand with all due ceremony?

Cette nouvelle façon de faire aura-t-elle beaucoup de succès ?
Will this new procedure be successful?

Qu'est-ce qui a motivé la mise sur pied de ce festival ?
What was the reason for organizing this festival?

Ont-ils entendu parler du navigateur perdu en mer ?
Did they hear about the sailor who was lost at sea?

Faudra-t-il que je le lui dise vingt fois de terminer son travail ?
How many times will I have to tell her to finish her work?

EXPRESSIONS

▧ **Avoir la gueule de bois / avoir mal aux cheveux** • *To have a hangover*
Il a fêté un peu fort la victoire de son équipe et il a la gueule de bois ce matin. •
He celebrated his team's victory a little too hard and he has a hangover this morning.

▧ **Damer le pion à qqn** • *To get the better of s.o.*
Ils nous ont damé le pion dans l'achat de notre maison de rêve à la campagne. •
They got the better of us when they bought our dream home in the country.

▧ **Dans son for intérieur** • *In one's heart of hearts*
Dans son for intérieur, elle croyait qu'elle avait une chance de gagner la course. •
In her heart of hearts, she believed she could win the race.

▧ **En mettre plein la vue** • *To put on a big show*
Pour attirer des citoyens chez elle, la municipalité en a mis plein la vue au Salon de
l'habitation. • *During the Housing Show, the City put on a big show to attract new
citizens.*

▧ **Faire cavalier seul** • *To go it alone*
Inutile de lui demander de faire partie du groupe, il fait toujours cavalier seul. •
It's useless to ask him to join the group, he likes to go it alone.

▧ **Mettre des gants / mettre des gants blancs ❖ / prendre des gants (blancs) ❖** •
To handle with kid gloves
Il a mis des gants pour leur annoncer la mort de leur fille. • *He handled them with kid
gloves when he told them about their daughter's death.*

▧ **Ouvrir la porte à** • *To open the floodgates to*
Cette loi mal conçue ouvre la porte aux plus grands abus. • *This poorly-conceived law
opens the floodgates to serious abuse.*

▧ **Raison d'être** • *Be-all and end-all*
La découverte de cet auteur est la raison d'être du cours offert par l'université. •
The discovery of this author is the be-all and end-all of the course offered by the university.

▧ **Sain et sauf** • *Safe and sound*
Après trois jours de recherches, on les a retrouvés sains et saufs, en plein milieu de la
forêt. • *They were found safe and sound, in the middle of the forest, after three days
of searching.*

▧ **Se faire tirer l'oreille** • *To drag one's heels*
Les étudiants du soir se font tirer l'oreille pour remettre leurs devoirs de français. •
Night-course students drag their heels about handing in their French homework.

AIDE-MÉMOIRE

Pourquoi affiche-t-elle cette mine déconfite ?
Why does she look so depressed?

Seriez-vous à l'aise en croisière ?
Would you enjoy taking a cruise?

Avez-vous remarqué dans quel état se trouvait cette famille ?
Did you notice what shape this family was in?

À quelle heure la fête commence-t-elle ?
When will the party begin?

A-t-elle hésité avant de répondre ?
Did she have a moment of hesitation before answering?

Est-ce que les histoires tristes vous touchent ?
Do sad stories get to you?

A-t-il réussi à conclure une entente ?
Has he succeeded in reaching an agreement?

Vous ne croyez pas qu'il y soit allé un peu fort ?
Don't you think he has gone a bit too far?

Comment ont-ils fait pour payer tout cela ?
How did they manage to pay for all this?

Avez-vous apprécié ce film d'action ?
Did you like this action film?

EXPRESSIONS

■ **Avoir du plomb dans l'aile / battre de l'aile** • *To be on one's last legs*
Son enthousiasme est disparu depuis deux semaines ; il a du plomb dans l'aile • *His enthusiasm disappeared a few weeks ago; he's on his last legs.*

■ **Avoir le pied marin** • *To have good sea legs*
Même s'il est né sur une île, cela ne signifie pas qu'il ait le pied marin. • *Even if he was born on an island, it doesn't mean that he has good sea legs.*

■ **Battre la dèche / être dans la dèche** (ou **dans la misère noire**) / **tomber dans la dèche** ❖ • *To be down at the heel*
Elle a dépensé tous ses gains de la loterie et elle bat maintenant la dèche. • *She spent all her lottery winnings and now she's down at the heel.*

■ **Battre son plein** • *To be in full swing*
Cet été, le Festival de la crevette bat son plein jusqu'à la mi-août. • *This summer, the Shrimp Festival is in full swing until mid-August.*

■ **De but en blanc** • *Point-blank*
Elle se tourna tout de suite, nous regarda et nous répondit de but en blanc. • *She turned immediately, looked at us and answered point-blank.*

■ **Pleurer comme une fontaine** (ou **une Madeleine**, ou **un veau**) • *To cry buckets / to cry one's eyes* (or *heart*) *out*
Cet enfant est sensible, un rien le fait pleurer comme une fontaine. • *This kid is very sensitive, a mere trifle makes him cry buckets.*

■ **Rentrer** (ou **revenir**) **bredouille** • *To come home empty-handed (or with an empty bag)*
Chaque année, il rentre bredouille de la chasse, mais il aime toujours ce passe-temps. • *Every year, he comes home empty-handed from hunting but he still enjoys the pastime.*

■ **Saigner qqn à blanc** • *To drain s.o. dry*
Non content de la quitter sans avertissement, il l'a saignée à blanc. • *Not only did he leave her without warning, but he drained her dry.*

■ **Se saigner aux quatre veines** • *To bleed o.s. white*
Ses parents se sont saignés aux quatre veines pour l'envoyer à l'université. • *His parents bled themselves white so he could go to university.*

■ **Tenir en haleine** • *To hold in suspense*
Ce nouveau roman de votre ami nous a tenus en haleine jusqu'au dernier mot. • *Your friend's latest novel held us in suspense to the very last word.*

AIDE-MÉMOIRE

Est-ce que vous avez faim ?
Are you hungry?

A-t-elle des chances de faire partie de la comédie musicale ?
Does she stand a chance of playing in the musical?

Ils peuvent se compter chanceux qu'il se soit trouvé là, ne pensez-vous pas ?
I think they were lucky he was here, don't you?

Pourquoi s'est-il mis en colère en pleine réunion ?
Why did he lose his temper in the middle of the meeting?

Saura-t-il faire preuve de la souplesse nécessaire?
Can he accept other ways of doing things?

La parfumerie n'est plus là ?
Is the perfume shop no longer there?

Vous ne trouvez pas que cette affaire sent mauvais ?
Don't you think this whole thing smells fishy?

Allons-nous rentrer maintenant ?
Can we go back in now?

Qu'avez-vous pensé du discours de cette candidate ?
What did you think of the candidate's speech?

La foule tient-elle à voir la princesse ?
Has the crowd asked to see the princess?

EXPRESSIONS

■ **Casser la croûte** • *To have a snack*
Nous roulions depuis des heures quand nous nous sommes arrêtés et avons cassé la croûte. • *We had been driving for hours. We stopped and had a snack.*

■ **Chanter juste** • *To carry a tune*
Vous devriez lui demander de faire partie de votre chorale, car il chante juste. • *You should ask him to join your choir because he can really carry a tune.*

■ **Devoir une fière chandelle à qqn** • *To owe a debt of gratitude to s.o.*
Ils doivent une fière chandelle à cette femme qui a retrouvé leur argent. • *They owe a great debt of gratitude to this woman for having found their money.*

■ **En avoir gros sur le cœur** • *To have a chip on one's shoulder*
Il en avait gros sur le cœur et il a refusé de parler à son épouse. • *He had a chip on his shoulder and he refused to speak to his wife.*

■ **Être à cheval sur** • *To be a stickler for*
C'est un ami que j'apprécie, mais je trouve qu'il est à cheval sur ses principes. • *He is a good friend whom I appreciate but I find he is a stickler for his principles.*

■ **Fermer boutique** • *To close down*
Le marché du livre est très difficile ces jours-ci ; le libraire a dû fermer boutique. • *The book business is very difficult these days; the bookseller had to close down.*

■ **Il y a anguille sous roche** • *There's a snake in the grass*
Le discours du maire est trop beau pour être vrai : il y a anguille sous roche. • *The mayor's speech is too good to be true: there's a snake in the grass.*

■ **Il pleut à boire debout** (ou **à seaux**, ou **à verse**) / **il tombe des cordes** / **il tombe** (ou **des hallebardes**, ou **des clous** ❖) • *It's raining cats and dogs* (or *buckets*, or *pitchforks*)
Ne sortez pas tout de suite, car il pleut à boire debout. • *Don't go out right away, it's raining cats and dogs.*

■ **Parler pour ne rien dire** / **parler pour parler** • *To run off at the mouth*
J'aimerais bien que ce politicien cesse de parler pour ne rien dire. • *I wish this politician would stop running off at the mouth.*

■ **Réclamer à cor et à cri** • *To clamor for sthg* (or *s.o.*)
La population réclame à cor et à cri une nouvelle loi sur les armes à feu. • *The people clamor for a new firearms bill.*

AIDE-MÉMOIRE

Est-ce qu'on peut le croire quand il affirme ces choses ?
Can we believe him when he says these things?

Vous ne pensez pas que ses rêves soient un peu trop farfelus ?
Don't you think his dreams are a little too far-fetched?

Quel âge a-t-il ?
How old is he?

Y a-t-il longtemps qu'il a terminé ses études ?
When did he get his degree?

Aimeriez-vous connaître le fond de cette histoire ?
Would you like to get to the bottom of this story?

Vous avez mal dormi, n'est-ce pas ?
You had a hard time sleeping, didn't you?

Arrivera-t-il à se faire comprendre ?
Will he manage to make himself understood?

Croyez-vous qu'elle mérite vraiment tous ces honneurs ?
Do you believe she really deserves all these prizes?

Que devrait-il faire pour impressionner sa nouvelle compagne ?
What should he do to impress his new girlfriend?

Comment ont-ils fait pour entacher sa réputation de la sorte ?
What did they do to spoil his reputation like that?

EXPRESSIONS

■ **Annoncer la couleur** • *To nail one's colors to the mast*
Ce politicien n'a pas honte de ses opinions, il annonce la couleur dans tous ses discours. • *This politician is not ashamed of his opinions, he nails his colors to the mast in every speech.*

■ **Bâtir (ou faire) des châteaux en Espagne** • *To build castles in the air* (or *in Spain*) / *to have a pipe dream*
Pauvre lui, malgré ses revers de fortune, il bâtit encore des châteaux en Espagne. • *Poor him, in spite of his setbacks, he's still building castles in the air.*

■ **Dépasser (ou doubler, ou franchir, ou passer) le cap** • *To turn*
Son grand-père a dépassé le cap de cent ans cette semaine. • *His grandfather turned a hundred years old this week.*

■ **Frais émoulu de** • *Fresh out of*
N'hésitez pas à embaucher ce jeune homme frais émoulu de l'université. • *Don't hesitate to hire this young man fresh out of university.*

■ **Les tenants et aboutissants de** • *The ins and outs of*
L'enquête révélera les tenants et aboutissants de cette affaire louche. • *The investigation will reveal the ins and outs of this dubious affair.*

■ **Ne pas fermer l'œil** • *Not to sleep a wink*
Nous n'avons pas fermé l'œil de la nuit à cause des bruits dans la rue. • *We did not sleep a wink because of the noise from the street.*

■ **Passer la rampe** • *To get across*
Ce n'est pas le meilleur candidat : son message ne passe pas la rampe. • *He is not the best candidate: his message does not get across.*

■ **Se donner les gants de** • *To take credit for*
Elle n'a pas raison de se donner les gants de cette réussite exceptionnelle de toute une équipe. • *She has no reason to take credit for the whole team's exceptional success.*

■ **Se présenter sous son plus beau jour** • *To put one's best foot forward*
Il doit se présenter sous son plus beau jour s'il veut remporter le poste. • *He must put his best foot forward if he wants to get the job.*

■ **Traîner dans la boue** • *To drag s.o. through the dirt* (or *the mud*)
Les journaux ont traîné ce médecin dans la boue, sans raison aucune. • *The newspapers dragged this doctor through the dirt, for no reason whatsoever.*

AIDE-MÉMOIRE

De quelle façon les policiers ont-ils investi la résidence du baron de la drogue ?
How did the police surround the house of the drug lord?

Où demeure-t-elle maintenant ?
Where does she live now?

Que sont ces propos incohérents ?
What's all this gibberish?

Qui se trouvait à la fin du groupe des manifestants ?
Who was at the end of the group of demonstrators?

Comment avez-vous trouvé ses tours de magie ?
What do you think of his magic tricks?

Êtes-vous capable de vous fier à l'un plus qu'à l'autre ?
Are you able to trust one more than the other?

Comment comptez-vous vous débarrasser de tous ces meubles antiques ?
How do you think you'll get rid of all this antique furniture?

Que faisaient les dessinateurs de mode dans les coulisses ?
What were the fashion designers doing behind the scenes?

Croyez-vous qu'il ait fait une bonne affaire ?
Do you think he got a good deal?

Ne trouvez-vous pas que cet homme semble fatigué ?
Don't you think this man looks tired?

EXPRESSIONS

■ **À toute force / de toutes ses forces • *With might and main***
Les ouvriers ont levé le premier mur de la maison à toute force. • *The workers struggled with might and main to put up the first wall of the house.*

■ **Être sans feu ni lieu • To have nowhere to lay one's head**
Il est sans feu ni lieu depuis qu'il a perdu son emploi rémunérateur. • *He has nowhere to lay his head since he lost his lucrative job.*

■ **Faire de l'esprit / faire de l'esprit de bottine ❖ • *To try to be witty***
Nous connaissons tes talents, alors ne fais pas de l'esprit.
We know your real worth, so don't try to be witty.

■ **Fermer la marche • *To bring up the rear***
Le père Noël et ses rennes au nez rouge fermaient la marche. • *Santa Claus and his red-nosed reindeers brought up the rear.*

■ **Le clou de • *The main attraction of***
Son interprétation de l'hymne national a été le clou de la soirée. • *Her rendition of the national anthem was the main attraction of the night.*

■ **Les deux font la paire • *They are two of a kind***
Ils sont sans doute coupables l'un et l'autre, car les deux font la paire. • *They are certainly both guilty, because they're two of a kind.*

■ **Mettre à l'encan (ou à l'enchère, ou aux enchères) • *To come under the hammer / to go under the hammer***
À cause des nouvelles règles du marché, ils ont dû mettre la ferme ancestrale à l'encan. • *Because of the new rules of the market, the ancestral farm had to go under the hammer.*

■ **Parler chiffons • *To talk fashion***
Elles ont passé tout l'après-midi à parler chiffons, tout en dégustant des petits-beurre. • *They spent all afternoon talking fashion, while eating rich butter cookies.*

■ **Rire dans sa barbe / rire sous cape • *To laugh up one's sleeve***
Il doit rire dans sa barbe maintenant qu'on a forcé son voisin à couper l'arbre. • *He must be laughing up his sleeve now that his neighbor was forced to cut down the tree.*

■ **Se mouiller (ou se rincer) la dalle / se mouiller (ou se rincer) la luette ❖ / se mouiller (ou se rincer) le dalot ❖ • *To wet one's whistle***
C'était suffocant et il faisait chaud; nous nous sommes donc mouillé la dalle. • *It was suffocating and hot, so we decided to wet our whistles.*

27

AIDE-MÉMOIRE

Est-ce qu'il parle toujours autant ?
Does he usually talk so much?

Où ces sans-abri passent-ils la nuit ?
Where do these homeless people spend the night?

Ne croyez-vous pas que vous vous êtes fait rouler dans cette histoire ?
Don't you think you've been had in this story?

Ces deux voitures se valent-elles, même si elles coûtent à peu près le même prix ?
Are those two cars worth the same, even though they cost about the same price?

Comment ce fou furieux a-t-il réagi aux traitements ?
How did this madman react to treatment?

Vous est-il nécessaire de tant épargner ?
Is it necessary for you to save that much money?

Vous ne savez plus trop quel créancier payer d'abord ?
You don't know who you should pay off first?

Qu'avez-vous pensé du récital de ce célèbre violoniste ?
What did you think of this famous violinist's recital?

La nouvelle lui a-t-elle fait plaisir ?
Was she pleased with the news?

Ce juge est-il encore capable d'assumer ses fonctions ?
Is this judge still capable of assuming his duties?

EXPRESSIONS

■ **Avoir la langue bien pendue** • *To have the gift of the gab*
Il ne pense pas beaucoup, mais il a la langue bien pendue. • *He's not much of a thinker but he's got the gift of the gab.*

■ **Coucher sur la dure** • *To sleep on the bare floor*
Parce que nous avions perdu notre matelas, nous avons dû coucher sur la dure. • *We had to sleep on the bare floor because we had lost our mattress.*

■ **Être le dindon de la farce** • *To be the goat*
Es-tu sûr que je ne serai pas le dindon de la farce dans cette histoire? • *Are you sure I won't be the goat of this story?*

■ **Être le jour et la nuit** • *To be as different as chalk from cheese*
Notre maison neuve? C'est comme le jour et la nuit par rapport à notre ancienne demeure. • *Our new house compared to the old one? It's as different as chalk from cheese.*

■ **Faire le diable à quatre** • *To kick up a rumpus*
Avant l'intervention de la police, ils faisaient le diable à quatre. • *Before the arrival of the police, they were kicking up a rumpus.*

■ **Garder une poire pour la soif** • *To save sthg for a rainy day*
Il n'a pas acheté de nouvelle voiture afin de garder une poire pour la soif. • *He didn't buy a new car so he could save something for a rainy day.*

■ **Ne plus savoir à quel saint se vouer / ne plus savoir où donner de la tête** • *To be at one's wit's end / not to know whether one is coming or going / not to know which way to turn*
Ils ont tellement de problèmes qu'ils ne savent plus à quel saint se vouer. • *They have so many problems that they are at their wits' end.*

■ **Rester sur sa faim** • *To be left unsatisfied*
Nous sommes restés sur notre faim devant l'invraisemblable fin de la pièce. • *We remained unsatisfied by the unbelievable ending of the play.*

■ **Sauter au plafond** • *To jump out of one's skin*
Elle a sauté au plafond quand elle a appris qu'elle était enceinte. • *She jumped out of her skin when she learned that she was pregnant.*

■ **Sur le retour** • *Past one's prime*
Ce joueur de hockey a connu la gloire, mais il est sur le retour aujourd'hui. • *This hockey player has known fame and glory but he's past his prime now.*

AIDE-MÉMOIRE

Cet homme a très mauvais caractère, ne pensez-vous pas ?
This man has a really bad temper, don't you think?

Pourquoi a-t-il quitté l'assemblée avant la fin ?
Why did he leave before the end of the meeting?

A-t-il mis beaucoup de temps à réparer votre voiture ?
Did it take him long to repair your car?

Depuis quand fréquente-t-il des filles qui ont vingt ans de moins que lui ?
Since when did he start going out with girls twenty years younger than himself?

Votre garçon aime-t-il ses cours de chimie ?
Does your son like his chemistry classes?

Que ferez-vous pour arriver à vos fins ?
What will you do to get what you want?

Comment la ministre s'en est-elle tirée dans l'entrevue ?
How did the minister fare during the interview?

Qu'est-il advenu de ce projet qui semblait si important à l'origine ?
What happened to the project? It seemed so urgent a the outset.

Que devrait faire le directeur de la compagnie après avoir été innocenté de ce crime ?
What should the president of the company do now that he has been found not guilty?

Avez-vous passé une belle soirée chez vos nouveaux amis ?
Did you spend a good evening with your new friends?

EXPRESSIONS

■ **Avoir de qui tenir** • *To be a chip off the old block*
C'est un excellent joueur de tennis ; il a de qui tenir puisque son père a été champion. •
He is an excellent tennis player; he is a chip off the old block, since his father was a champion himself.

■ **En avoir plein le dos / en avoir ras le bol** • *To be fed up to the gills (or teeth)*
Elle a démissionné parce qu'elle en avait plein le dos des critiques non fondées. •
She resigned because she was fed up to the gills with the unjustified criticism.

■ **En cinq sec / en deux temps, trois mouvements / en un clin d'œil / en un tour de main / en un tournemain** • *In two shakes of a lamb's tail / in a flash / in a jiffy / in a trice / in the twinkling of an eye*
Même si nous sommes arrivés tard, elle nous a préparé un succulent repas en cinq sec. •
Even though we arrived late, she prepared a delicious meal in two shakes of a lamb's tail.

■ **Le démon de midi** • *Mid-life crisis*
Il est certes secoué par le démon de midi pour faire des choses pareilles. • *He's surely in a mid-life crisis to be doing such things.*

■ **Le pourquoi et le comment** • *The whys and wherefores*
Il est très curieux et aime connaître le pourquoi et le comment de toutes choses. •
He is curious and likes to know the whys and wherefores of everything.

■ **Mettre en œuvre** • *To implement*
Pour atteindre l'objectif, il faudra tout mettre en œuvre d'ici le mois prochain. •
To meet our goal, we must implement everything from now until next month.

■ **Mettre qqn en boîte** • *To pull s.o.'s leg*
Ce fut facile de le mettre en boîte puisqu'il est très crédule. • *It was easy to pull his leg since he's very gullible.*

■ **Passer au second plan** • *To take a back seat*
À cause du déluge, nos petits ennuis sont passés au second plan. • *Because of the flood, our minor problems had to take a back seat.*

■ **Redorer son blason** • *To marry into money*
Il a beaucoup perdu au casino ; il devra maintenant redorer son blason. • *He lost a lot of money at the casino; he'll now have to marry into money.*

■ **Rire à gorge déployée (ou à pleine gorge) / rire (ou se tordre) comme une baleine** • *To laugh one's head off*
Ces quatre comédiens nous font rire à gorge déployée à chacun de leurs spectacles. •
These four comedians make us laugh our heads off at each of their shows.

AIDE-MÉMOIRE

A-t-elle les capacités requises pour mener à bien cette tâche ?
Do you think she can handle the job?

Je ne le vois pas, où est-il passé ?
I don't see him, where did he go?

Est-ce qu'elle est à la bibliothèque présentement ?
Is she at the library right now?

Qu'est-ce qui ne va pas ce matin ?
What's wrong this morning?

Est-il rémunéré pour ce travail ?
Does he get paid for the work?

Pourquoi pensez-vous qu'ils soient si arrogants ?
Why do you think they are so overbearing?

Comment vous êtes-vous retrouvé parmi les gagnants ?
How did you end up in the winners' circle?

Est-ce qu'il vous estime beaucoup ?
Does he think highly of you?

Avez-vous remarqué que, souvent, le travail des conseillers passe inaperçu ?
Have you noticed the advisers' efforts often slip by unnoticed?

Allons-nous utiliser le même slogan pour la prochaine saison ?
Are we keeping the same slogan for next season?

EXPRESSIONS

■ **Femme de tête** • *Capable woman*
N'ayez crainte de lui confier cette tâche, car c'est une femme de tête. • *Don't be afraid to let her do this because she's a capable woman.*

■ **Prendre la poudre d'escampette** • *To fly the coop / to take a powder*
Dès que le policier a eu les yeux tournés, ils ont pris la poudre d'escampette. • *As soon as the policeman turned his head, they flew the coop.*

■ **Sécher un cours** • *To cut a class*
Je ne l'ai pas vue ; elle a sans doute séché son cours de français. • *I haven't seen her; she probably cut her French class.*

■ **Se lever du pied gauche** • *To get up on the wrong side of the bed*
Tu es de mauvaise humeur ; je crois que tu t'es levé du pied gauche. • *You don't look too happy, I think you got up on the wrong side of the bed.*

■ **Sous le manteau** • *On the sly*
Il travaillait pour cet escroc bien connu sous le manteau. • *He was working on the sly for this well-known crook.*

■ **Tenir le haut du pavé** • *To be the cock of the walk*
Dans une discussion frivole, il tient toujours le haut du pavé. • *He's always the cock of the walk in a frivolous discussion.*

■ **Tirer au sort** • *To draw lots*
On a tiré au sort pour savoir qui assisterait au prochain congrès. • *We drew lots to see who would go to the next conference.*

■ **Traiter de haut** • *To look down on*
Pourquoi nous traite-t-il de haut ? Nous valons autant que lui. • *Why does he look down on us? We are as good as he is.*

■ **Travailler dans les coulisses** • *To pull the strings*
Son rôle n'y paraît pas, mais il travaille dans les coulisses. • *His role isn't obvious but he's pulling the strings.*

■ **Usé jusqu'à la corde** (ou jusqu'à la trame) / **usé au coton** ❖ • *Threadbare*
Vous ne devriez plus porter ce vêtement qui est usé jusqu'à la corde. • *You should no longer wear this garment, it's threadbare.*

AIDE-MÉMOIRE

Pourquoi s'est-il retrouvé en prison ?
Why did he end up being thrown in jail?

N'est-elle pas trop âgée pour entreprendre des études universitaires ?
Isn't she too old to start a university program?

Ce politicien est-il encore très populaire ?
Is this politician still very popular?

Est-il confiant d'obtenir sa subvention ?
Is he confident he'll get his grant?

Vous êtes satisfait des résultats de ce procès ?
Are you satisfied with the outcome of this trial?

Est-ce que sa petite entreprise se porte bien ?
Is his small business doing well?

Tiens, son entreprise est déjà en faillite ?
So his business has already gone bankrupt?

Allons-nous commencer ce travail tout de suite ?
Will we begin the work immediately?

Ne voit-elle pas qu'on la roule constamment ?
Doesn't she realize she is being ripped off constantly?

Comment a-t-il découvert ce complot ?
How did he discover the plot?

EXPRESSIONS

■ **Avoir maille à partir avec** • *To have a bone to pick with*
Il a eu maille à partir avec le ministère du Revenu pendant deux ans. • *He had a bone to pick with the Department of Revenue for two years.*

■ **Dans la fleur de l'âge** • *In the prime of one's life*
Elle est morte, de façon tragique, dans la fleur de l'âge. • *She died tragically in the prime of her life.*

■ **Défrayer la chronique** • *To be the talk of the town*
Ce chanteur a défrayé la chronique dans les années 1950 et 1960. • *This singer was the talk of the town in the 50's and 60's.*

■ **Être sur des charbons ardents** • *To be on pins and needles / to be on tenterhooks*
Il était sur des charbons ardents pendant les délibérations du jury. • *He was on pins and needles during the jury's deliberations.*

■ **Être une maigre consolation** • *To be cold comfort*
La disparition de la compagnie frauduleuse est une maigre consolation pour elle qui n'a plus d'emploi. • *The disappearance of the fraudulent company is cold comfort for her since she lost her job.*

■ **Faire long feu** (= échouer, rater) / **finir en queue de poisson** • *To fall through /*
Son projet de parc zoologique, qu'il avait mis un an à monter, a fait long feu. • *His plan for a zoo, which took him a year to set up, fell through.*

■ **Ne pas faire long feu** (= ne pas durer très longtemps) • *To fizzle out*
À cause de leur manque de préparation, leur projet n'a pas fait long feu. • *Their project fizzled out for lack of preparation.*

■ **Remettre à plus tard** • *To hang fire*
Comme l'heure avance rapidement, nous devrons remettre ceci à plus tard. • *Since we're running out of time, we will have to hang fire on that.*

■ **Se laisser marcher sur les pieds** • *To let o.s. be taken advantage of*
Ce sont de trop bonnes gens qui se laissent marcher sur les pieds. • *They're too kind; they let themselves be taken advantage of.*

■ **Se mettre à table** • *To spill the beans*
Le suspect s'est rapidement mis à table lorsque l'enquêteur est entré. • *The suspect quickly spilled the beans when the investigator arrived.*

AIDE-MÉMOIRE

Et puis, comment était le déjeuner ?
And so, how was lunch?

Pourquoi les gens réagissent-ils si violemment à ses propos ?
Why do people react so strongly to what he says?

Pourquoi a-t-il retiré son appui au projet ?
Why did he withdraw his support for the project?

Vous croyez vraiment qu'elle nous cache quelque chose ?
You really believe she is hiding something from us?

Nous reste-t-il beaucoup de temps pour préparer ce congrès ?
Do we really have much time to prepare for the conference?

Comment a-t-elle répondu à cette insulte ?
How did she reply to the insult?

Pourquoi met-elle tant d'efforts à fouiller dans ces archives ?
Why is she spending so much time looking through the archives?

Ses affaires vont-elles rondement ces jours-ci ?
Is his business going well these days?

Est-ce qu'ils vous ont accompagné tout au long du voyage ?
Did they accompany you throughout the trip?

Pourquoi ce procès dure-t-il depuis trois ans ?
Why has this trial been going on for the last three years?

EXPRESSIONS

■ **À la bonne franquette / à la fortune du pot** • *To take potluck*
Venez manger chez nous ce soir, mais ce sera à la bonne franquette. • *Come to our place tonight, and take potluck with us.*

■ **Avoir son franc parler** • *To be plain-spoken*
Ce politicien a toujours eu son franc parler et ça lui a causé des ennuis. • *This politician has always been plain-spoken and it has caused him a lot of problems.*

■ **Changer son fusil d'épaule** • *To switch parties*
Ne vous fiez pas à elle, car elle change souvent son fusil d'épaule. • *Don't rely on her because she always switch parties.*

■ **Clair comme de l'eau de roche** • *As clear as crystal (or as a bell)*
Ses intentions au sujet de sa participation aux élections sont claires comme de l'eau de roche. • *His plans concerning the election are as clear as crystal.*

■ **Course contre la montre** • *Race against time*
C'est une véritable course contre la montre pour atteindre la fin de l'exercice financier. • *It's a real race against time to meet the end of the fiscal year.*

■ **Du tac au tac** • *Tit for tat*
Son voisin l'a insultée hier soir; elle lui a répondu du tac au tac. • *Her neighbor insulted her last night; she answered him tit for tat.*

■ **En avoir le cœur net** • *To get to the bottom of*
Il rencontre le premier ministre demain pour en avoir le cœur net. • *He'll be meeting the prime minister tomorrow to get to the bottom of it.*

■ **Faire chou blanc** • *To draw a blank*
Il a beau travailler sans relâche, il fait chou blanc de tous ses projets. • *Even if he works ceaselessly, he draws a blank on all his projects.*

■ **Fausser compagnie à qqn** • *To give s.o. the slip*
Ils nous ont faussé compagnie au beau milieu de la réunion. • *They gave us the slip right in the middle of the meeting.*

■ **Renvoyer la balle** • *To pass the buck*
Incapable de poursuivre son enquête, elle m'a renvoyé la balle. • *Unable to continue her investigation, she passed the buck to me.*

AIDE-MÉMOIRE

Quels avantages ont-ils sur leurs adversaires ?
What advantage do they have over their opponents?

Comment se fait-il que cette femme soit encore vivante ?
How come this woman is still alive?

Le programme de restrictions a-t-il porté fruit ?
Has the restrictions program produced any results?

Est-elle en classe aujourd'hui ?
Is she in class today?

Quelle est l'importance de ce distributeur Internet dans le réseau régional ?
How important is this Internet provider in the regional network?

Pourquoi n'entendons-nous plus parler de ce projet ?
Why don't we hear about this project anymore?

Que pensez-vous qu'il fera en apprenant la nouvelle ?
What do you think he'll do when he hears the news?

Qu'a-t-elle fait lorsqu'on lui a déclaré que son billet gagnant était faux ?
What was her reaction on finding out that her winning ticket was a fake?

Pourquoi tous ses associés ont-ils quitté l'entreprise ?
Why did all his associates leave the company?

Si vous n'êtes pas contente, savez-vous ce que vous avez à faire ?
If you're not happy, do you know what you can do about it?

EXPRESSIONS

■ **Avoir la main haute sur** • *To have the whip hand*
Leur parti est au pouvoir ; ils ont donc la main haute sur l'administration. • *Their party is in power, so they have the whip hand over the administration.*

■ **Avoir l'âme chevillée au corps** • *To have as many lives as a cat*
Elle a été victime de nombreux accidents graves, mais elle a l'âme chevillée au corps. • *She has had a lot serious accidents, but she has as many lives as a cat.*

■ **Faire des économies de bouts de chandelles** • *To pinch pennies*
Cessez de faire des économies de bouts de chandelles, ça ne vous rapportera rien de plus. • *Stop pinching pennies, it won't make you any richer.*

■ **Faire l'école buissonnière** • *To play hooky*
Il a de la difficulté avec son plus jeune qui fait souvent l'école buissonnière. • *He has problems with his younger son who often plays hooky.*

■ **Faire partie intégrante de** • *To be part and parcel of*
Le droit de racheter la maison fait partie intégrante de l'entente survenue en cour. • *The right to buy back the house is part and parcel of the agreement signed in court.*

■ **Mettre en veilleuse** • *To put on the back-burner*
À cause de la maladie de son mari, elle a dû mettre leur voyage en veilleuse. • *Because of her husband's illness, she had to put their trip on the back-burner.*

■ **Prendre ombrage de** • *To take offense at*
Je ne pense pas qu'il prenne ombrage de ma nomination. • *I don't think he will take offense at my appointment.*

■ **Rire jaune** • *To laugh on the other side of one's face*
Elle a ri jaune quand elle a su que j'avais le poste avant elle. • *She laughed on the other side of her face when she learned that I had the job before her.*

■ **Se mettre qqn à dos** • *To get in bad with s.o.*
Il s'est mis à dos l'auditoire en entier avec ses propos racistes. • *He got in bad with the whole audience because of his racist remarks.*

■ **Ses cliques et ses claques** • *With bag and baggage*
En le voyant arriver, le voleur a pris ses cliques et ses claques. • *When he saw him arrive, the robber took off with bag and baggage.*

AIDE-MÉMOIRE

Pensez-vous qu'il lui reste encore longtemps à vivre ?
Do you think he still has long to live?

Comment avez-vous fait pour dénicher ce DC ?
How did you manage to find this CD?

Croyez-vous qu'il soit capable de faire face à ses opposants ?
Do you think he can stand tall against his opponents?

Cette femme peut-elle vraiment m'aider à établir les rudiments de cette théorie ?
Can this woman really help establish the basic principles of this theory?

Est-ce que toutes ces personnes font partie de la même secte religieuse ?
Are all these people part of the same sect?

Le maire est-il resté longtemps au vernissage ?
Did the mayor stay long at the private viewing?

Est-ce que vous saviez qu'ils s'étaient déjà rencontrés ?
Did you know they had met before?

Croyez-vous que je devrais faire confiance à ce marchand ambulant ?
Do you think I should trust this door-to-door salesman?

Que devrais-je faire avant de quitter mon emploi ?
What do you think I should do before leaving my job?

Est-ce qu'il a été arrêté sur la scène du crime ?
Was he arrested at the scene of the crime?

EXPRESSIONS

■ **À petit feu** • *Little by little*
Cette terrible maladie qu'est le cancer le fait mourir à petit feu. • *This terrible illness — cancer — is killing him little by little.*

■ **Au petit bonheur** • *In a hit-or-miss fashion*
Ils ont choisi l'emplacement de leur chalet d'été au petit bonheur. • *They chose the location of their summer home in a hit-or-miss fashion.*

■ **Avoir du cran** • *To have guts*
Elle avait du cran pour s'installer au fond des bois comme elle l'a fait. • *She had guts to settle in the depth of the woods like she did.*

■ **Être à la coule** • *To know the ropes*
Si vous voulez tout apprendre sur ce travail, consultez-le, il est à la coule. • *If you want to know everything about this work, ask him, he knows the ropes.*

■ **Être logé à la même enseigne** • *To be in the same boat*
Aidons-nous car, après tout, nous sommes logés à la même enseigne. • *Let's help one another; after all, we're all in the same boat.*

■ **Faire acte de présence** • *To put in an appearance*
Oui, le premier ministre est venu ; il a fait acte de présence à la petite fête. • *Yes, the prime minister came; he put in an appearance at the party.*

■ **Lier connaissance** • *To strike up an acquaintance*
Ils ont lié connaissance lors d'une croisière dans les mers du Sud. • *They struck up an acquaintance during a cruise in the South Seas.*

■ **Mentir comme un arracheur de dents** • *To be a bald-faced liar*
Ne le croyez surtout pas, il ment comme un arracheur de dents. • *Above all, do not believe him, he is a bald-faced liar.*

■ **Peser le pour et le contre** • *To weigh the pros and cons*
Avant d'acheter une maison dans ce quartier, pesez le pour et le contre. • *Before buying a house in the neighborhood, weigh all the pros and cons.*

■ **Prendre qqn en flagrant délit / prendre qqn la main dans le sac** • *To catch s.o. red-handed [or with his (her) hands in the till]*
Elle l'a pris en flagrant délit de gourmandise ; il avait de la confiture aux lèvres. • *She caught him red-handed; he had jam on his lips.*

AIDE-MÉMOIRE

Est-ce qu'il y a quelque chose qui vous dérange ?
Is something bothering you?

Croyez-vous que cette femme pourrait me faire une bonne compagne ?
Do you think this woman would make a good companion for me?

Est-ce que la défaite du parti a été à ce point cuisante ?
Was the party's defeat that bitter?

Qu'est-ce que vous pensez faire de votre année sabbatique ?
What do you have in mind for your sabbatical?

Dans quelle situation les conspirateurs se trouvent-ils présentement ?
What is the plotters' situation at the present time?

Connaît-il beaucoup de choses en imprimerie ?
Does he know a lot about printing?

Ce modèle de voiture est-il fiable ?
Is this car model reliable?

Pouvons-nous faire confiance au réparateur d'aspirateurs ?
Can we trust the vacuum-cleaner repairman?

Où devrais-je entreposer ces précieux documents anciens ?
Where should I store those valuable old documents?

Que pensez-vous que je devrais faire pour qu'il se mette à travailler ?
What do you think I should do to get him to work?

EXPRESSIONS

■ Avoir le cafard / avoir le bourdon / broyer du noir • *To be down in the dumps (or in the mouth) / to be in the doldrums*
Elle a le cafard parce que son ami est parti pour un mois. • *She is down in the dumps because her friend is away for a month.*

■ Avoir un cœur d'artichaut • *To be in love with love*
Il est certain qu'il ne se mariera jamais, car il a un cœur d'artichaut. • *He will no doubt never marry because he's in love with love.*

■ Battre à plate couture (ou à plates coutures) • *To beat to a pulp*
Son équipe de hockey préférée s'est fait battre à plate couture hier soir. • *His favorite hockey team was beaten to a pulp last night.*

■ Caresser un projet • *To toy with an idea*
Ils voudraient se retirer sur le bord d'un lac : ils caressent ce projet depuis des années.
• *They would like to retire near a lake: they have been toying with the idea for years.*

■ Être dans de beaux (ou jolis, ou mauvais, ou vilains) draps • *To be up the creek / to be up the creek without a paddle*
À cause de toi, nous sommes maintenant dans de beaux draps. • *Thanks to you, we are now up the creek.*

■ Faire ses gammes • *To learn the ropes*
Elle devra faire ses gammes si elle veut faire carrière dans ce domaine. • *She will have to learn the ropes if she wants a career in this field.*

■ Faire ses preuves [qqch.] • *To be time-tested / to be tried and tested*
Ce nouveau médicament a fait ses preuves, on peut lui faire confiance. • *This new medicine has been tried and tested, we can trust it.*

■ Faire ses preuves [qqn] • *To win one's spurs / to prove o.s.*
Il a fait ses preuves dans la construction ; sa réputation n'est plus à faire. • *He won his spurs in construction; his reputation is well established.*

■ Mettre sous clé (clef) • *To put under lock and key*
Mettez ces documents secrets sous clé (clef), voulez-vous ? • *Will you please put these secret documents under lock and key?*

■ Secouer les puces à qqn • *To shake s.o. up*
C'est un fieffé paresseux, il faut lui secouer les puces de temps en temps. • *He is rather lazy, we have to shake him up from time to time.*

AIDE-MÉMOIRE

Pourquoi êtes-vous si attentionné ces jours-ci ?
Why are you so thoughtful these days?

Est-ce que le fait d'arrêter de fumer l'a beaucoup dérangée ?
Did it bother her very much when she stopped smoking?

Est-ce que les résultats de ce sondage étaient concluants ?
Were the findings of this poll conclusive?

Comment se fait-il que nous n'ayons jamais entendu parler de cette histoire ?
How come we never heard of this story?

Est-ce que vous avez le goût de sortir ce soir ?
Do you feel like going out tonight?

Comment se fait-il que les troupes ne soient jamais tombées dans ce guet-apens ?
How is it that the troops never fell into the ambush?

Est-ce que tu as assez d'essence pour te rendre à destination ?
Do you have enough gas to get there?

À quel point tient-il à ses enfants ?
How much does he love his children?

Quel accueil le public a-t-il réservé à cet amendement ?
What did the public think of this amendment?

Pourquoi vous cachez-vous comme cela ?
Why are you hiding like that?

EXPRESSIONS

■ **À charge de revanche** • *On condition that you'll return the favor*
Je paie le cinéma ce soir, mais c'est à charge de revanche. • *I will pay for the cinema tonight on condition that you'll return the favor.*

■ **Chercher noise à** • *To pick a quarrel*
Elle n'est pas de bonne humeur, elle cherche noise à tout le monde. • *She's not in a good mood, she wants to pick a quarrel with everybody.*

■ **Démontrer (ou prouver) par A plus B** • *To prove beyond the shadow of a doubt*
L'avocat de la Couronne a démontré par A plus B la culpabilité de l'accusé. • *The prosecutor proved the defendant's guilt beyond the shadow of a doubt.*

■ **Étouffer dans l'œuf** • *To nip in the bud*
La gendarmerie nationale a étouffé dans l'œuf un complot d'importation de drogue. • *A plot for bringing in drugs was nipped in the bud by the police.*

■ **Être fauché comme les blés / être cassé comme un clou ❖** • *To be flat broke (or stone-broke, or stony broke Br)*
Ne lui demandez pas de l'argent aujourd'hui, il est fauché comme les blés. • *Don't ask him for money today, he is flat broke.*

■ **Éventer (ou vendre) la mèche** • *To let the cat out of the bag / to tell tales out of school*
Elle n'a pas été surprise de la fête, car André avait éventé la mèche. • *Her party was no surprise because André had let the cat out of the bag.*

■ **Faire le plein** • *To fill up the tank*
Voudriez-vous faire le plein d'essence ordinaire, s'il vous plaît ? • *Would you please fill up the tank with regular gasoline?*

■ **La prunelle de ses yeux** • *The apple of one's eye*
Il tient à ce présent qu'elle lui a donné comme à la prunelle de ses yeux. • *Her present means a lot to him — she's the apple of his eye.*

■ **Mettre en pièces** • *To cut to ribbons*
La critique a mis en pièces ce spectacle qui a pourtant connu du succès auprès du public. • *The critics cut the show to ribbons but it was a popular success.*

■ **Sur le qui-vive** • *On one's toes*
La population était sur le qui-vive à cause de l'évasion d'un prisonnier. • *The population was on its toes after a prisoner escaped.*

AIDE-MÉMOIRE

Comment la foule a-t-elle réagi lorsque l'équipe a remporté le match ?
How did the crowd react when they won the game?

Pensez-vous qu'elle pourra venir à cette fin de semaine de ski ?
Do you think she will be able to make it to the skiing weekend?

Comment se fait-il qu'ils aient tant de difficultés à battre cette équipe ?
How come they have such a hard time beating this club?

A-t-il mis beaucoup d'ardeur à réaliser ce projet ?
Did he try very hard to get this project going?

Comment ont-elles fait pour nous devancer de la sorte ?
How did they manage to take such a lead over us?

Quel moyen allons-nous utiliser pour franchir cette barrière ?
How will we get over this fence?

Ce nouveau médicament est-il efficace contre les maux de tête ?
Is this new medicine effective against headaches?

Croyez-vous sincèrement qu'il soit honnête ?
Do you really believe he's honest?

Que devrions-nous faire pour qu'elle se comporte de façon convenable ?
What do you think we should do to make her behave?

Cette société de logiciels fait-elle de bonnes affaires ?
Is this software company doing well?

EXPRESSIONS

■ **À tue-tête** • *At the top of one's lungs*
Nos voisins étaient joyeux et ils chantaient à tue-tête. • *Our neighbors were happy; they were singing at the top of their lungs.*

■ **Avoir un fil à la patte** • *To be tied up*
Il lui est impossible de se libérer, car il a un fil à la patte. • *He can't go out since he is tied up.*

■ **Bête noire** • *Pet peeve*
Tout ce qui touche les mathématiques, c'est sa bête noire depuis toujours. • *Mathematics has always been her pet peeve.*

■ **Corps et âme** • *Heart and soul*
Elle se dévoue corps et âme pour cet organisme d'alphabétisation. • *She works heart and soul for this literacy association.*

■ **Couper l'herbe sous les pieds à qqn** • *To cut the ground out from under s.o.'s feet / to take the wind out of s.o.'s sails*
Il a réagi plus vite que moi et il m'a coupé l'herbe sous les pieds. • *He reacted faster than I did and cut the ground out from under my feet.*

■ **Faire la courte échelle à qqn** • *To give s.o. a leg up*
Ils ont fait la courte échelle pour qu'il puisse atteindre le haut de l'armoire. • *They gave him a leg up so he could reach the top of the cupboard.*

■ **Faire merveille** • *To work wonders*
Ce nouveau produit fait merveille pour le nettoyage des planchers. • *This new product works wonders when it comes to cleaning floors.*

■ **Jouer la comédie** • *To put on an act*
Il ne faut pas le croire, car il joue la comédie constamment. • *You must not believe him, he's always putting on an act.*

■ **Mettre au pas** • *To toe the line (or the mark)*
Son père n'a pas mis de temps à le mettre au pas après son escapade. • *His father soon made him toe the line after his escapade.*

■ **Rouler carrosse** (ou **sur l'or**) • *To be rolling in money (or in dough)*
Il roule carrosse depuis qu'il a vendu sa dernière invention. • *He is rolling in money since he sold his latest invention.*

AIDE-MÉMOIRE

Vaut-il la peine de tenter de le faire changer d'avis ?
Is it worth trying to make him change his mind?

Comment a-t-elle réagi lorsqu'il lui a avoué son infidélité ?
How did she react when he told her he'd been unfaithful?

Pourquoi crie-t-il aussi fort ?
Why is he screaming like that?

Est-elle heureuse d'avoir remporté ce concours ?
Is she happy about winning this contest?

Pouviez-vous voir les animaux courir dans la plaine ?
Could you see the animals running in the plain?

Pensez-vous que cette nouvelle mode va marcher ?
Do you think this new fashion will spread?

Quelle a été sa réaction quand on lui a remis son diplôme ?
What was her reaction when she received her diploma?

Comment cela se fait-il qu'il n'ait pas plus d'argent ?
How come he's so broke?

N'a-t-elle pas tout pour être heureuse ?
Doesn't she have everything going for her?

Habituellement, donne-t-il une réponse rapidement ?
Does he usually reply quickly?

EXPRESSIONS

■ C'est la vie • *That's the way the ball bounces / that's the way the cookie crumbles / that's the name of the game*
Vous pouvez vous plaindre, mais la compagnie ne changera pas d'idée : c'est la vie ! • *You can moan but the company won't change its mind: that's the way the ball bounces.*

■ Couper bras et jambes à qqn • *To take the starch out of s.o.*
La nouvelle de son départ soudain lui a coupé bras et jambes. • *The news of his sudden departure took the starch out of her.*

■ Être dans une colère blanche (ou bleue, ou noire) • *To see red*
Les gens pouvaient à peine le calmer, il était dans une colère blanche. • *People could hardly calm him down, he was seeing red.*

■ Être tout feu tout flamme • *To be a ball of fire*
Ce congé lui a fait du bien ; elle est tout feu tout flamme depuis une semaine. • *This holiday did her good; she has been a ball of fire all week.*

■ Faire noir comme dans un four • *To be pitch dark*
J'aime bien visiter des cavernes, mais dans celle-ci il fait noir comme dans un four. • *I like visiting caverns but it's pitch dark in this one.*

■ Faire tache d'huile • *To be contagious*
Les démissions douteuses font tache d'huile dans ce parti politique. • *Questionable resignations are contagious in this political party.*

■ Fondre en larmes • *To burst into tears*
La grande spécialiste du marathon a fondu en larmes au fil d'arrivée. • *The great marathon runner burst out into tears at the finish line.*

■ Manger son blé en herbe • *To throw one's money away*
Il a reçu un bel héritage, mais il a mangé son blé en herbe. • *He came into a good inheritance but he threw his money away.*

■ Manger son pain blanc le premier • *To have a head start*
Elle veut que tout arrive tout de suite et elle mange son pain blanc le premier. • *She wants everything to happen right away and has a head start.*

■ Tourner autour du pot • *To beat about the bush*
Voudrais-tu bien arrêter de tourner autour du pot et faire ta demande ! • *Would you please stop beating about the bush and say what you want!*

AIDE-MÉMOIRE

Savez-vous ce qu'il va arriver si vous continuez à dépenser comme cela?
Do you know what will happen if you keep throwing money away like that?

Vous ne pensez pas que votre description soit un peu surfaite?
Don't you think your description is a bit overrated?

Y a-t-il longtemps qu'ils se connaissent?
Have they known each other for a long time?

Ce coureur automobile est-il habile à négocier les courbes rapprochées?
Is this car racer any good at handling tight curves?

Ont-elles porté une attention particulière à ce discours?
Did they pay much attention to the speech?

A-t-elle fait bonne figure lors des compétitions de plongeon?
Did she do well in the diving competition?

Connaissez-vous assez bien l'espagnol pour pouvoir vous débrouiller?
Do you know enough Spanish to get around?

Plaît-il, pourriez-vous me dire si je suis encore loin de Montmagny?
Excuse me, could you tell me if it's a long way to Montmagny?

Pourrais-tu nous préparer un bon repas?
Could you prepare us a good meal?

Elle est partie bien rapidement, me semble-t-il, non?
She left the room very quickly, didn't she?

EXPRESSIONS

▪ **Aller** (ou **courir**, ou **marcher**) **à sa perte** • *To ride for a fall*
En continuant à ne pas vous entraîner, vous allez à votre perte. • *If you do not train properly, you are riding for a fall.*

▪ **Appeler un chat un chat** • *To call a spade a spade*
Ne vous cachez pas derrière cette affaire compliquée, appelez un chat un chat. • *Don't hide behind this intricate question, call a spade a spade.*

▪ **Comme les doigts de la main** • *Hand in glove*
Ils sont comme les doigts de la main depuis l'école primaire. • *They have been hand in glove since grade school.*

▪ **Comme pas un** • *Like nobody's business*
Il est capable de fabriquer une table et des chaises comme pas un. • *He can build a table and chairs like nobody's business.*

▪ **Écouter de toutes ses oreilles** • *To be all ears*
Écoutez de toutes vos oreilles! ce que j'ai à dire est très sérieux. • *Be all ears! What I have to say is very serious.*

▪ **Emporter le morceau** • *To carry (or win) the day*
Elle a emporté le morceau au concours de serveuses de table. • *She carried the day at the waitresses' competition.*

▪ **En pays de connaissance** • *On familiar ground*
Vous serez en pays de connaissance à ce lancement puisque vos amis y seront. • *You will be on familiar ground at the book launch as your friends will be there.*

▪ **Il n'y a qu'un saut** • *It's only a stone's throw*
Il n'y a qu'un saut d'ici au prochain village, allons-y tout de suite. • *It's only a stone's throw from here to the next village, let's go right away.*

▪ **Rien à se mettre sous la dent** • *The cupboard is bare*
Je reviens de vacances et il n'y a rien à se mettre sous la dent à la maison. • *I come back from my holidays and the cupboard is bare in the house.*

▪ **Sans demander son reste** • *Not to wait for one's change*
Elle est partie abruptement après le repas sans demander son reste. • *She left abruptly after the meal without waiting for her change.*

AIDE-MÉMOIRE

Cette femme a-t-elle beaucoup d'influence sur la communauté ?
Does this woman have much influence on the community?

Ont-ils marché ensemble pendant longtemps ?
Did they walk together for a long time?

Avez-vous vu Martine hier après-midi ?
Did you see Martine yesterday afternoon?

Pensez-vous que cette histoire soit crédible ?
Do you think this story is at all credible?

Comment ce produit est-il perçu de la population en général ?
How is the product doing?

Est-il facile de faire valoir ses droits dans cette société ?
Is it easy to defend one's rights in this company?

Comment ont-ils fait pour s'échapper sans se faire voir ?
How did they manage to leave without being seen?

Comment se fait-il qu'il ne porte pas plus d'attention à ses dépenses ?
How come he doesn't keep track of his expenses?

Est-ce qu'ils ont fouillé la maison au complet, y compris ses effets personnels ?
Did they check the entire house, including his personal belongings?

Ce château est-il encore en bon état ?
Is this castle still in good condition?

EXPRESSIONS

■ **Avoir le bras long** • *To have pull*
Il est bon d'être de son côté, car il a le bras long. • *It's a good thing to be on his side because he has pull.*

■ **Bras dessus, bras dessous** • *Arm in arm*
Je les ai vus tantôt qui se promenaient bras dessus, bras dessous dans le parc. • *I saw them a few moments ago; they were walking arm in arm in the park.*

■ **Briller par son absence** • *To be conspicuous by one's absence*
Comme d'habitude, Pierre brillait par son absence à la réunion d'hier. • *As usual, Peter was conspicuous by his absence at yesterday's meeting.*

■ **Fabriquer de toutes pièces** • *To make up*
Il a fabriqué de toutes pièces un témoignage que le jury n'a pas cru, bien sûr. • *He made up a testimony which, of course, the jury did not believe.*

■ **Faire fureur** • *To be all the rage*
Sa pièce de théâtre fait fureur depuis le mois dernier partout en Amérique. • *His play has been all the rage everywhere in America since last month.*

■ **Faire la sourde oreille** • *To turn a deaf ear*
Le patron a fait la sourde oreille à toutes nos demandes depuis deux ans. • *The boss turned a deaf ear to all our demands for the past two years.*

■ **Faire le mur** • *To sneak out*
Les trois larrons ont fait le mur dès que le professeur a eu le dos tourné. • *The three rascals sneaked out as soon as the teacher turned his back.*

■ **Né coiffé** • *Born with a silver spoon in one's mouth*
Tout lui est extrêmement facile : elle est née coiffée. • *Everything is very easy for her: she was born with a silver spoon in her mouth.*

■ **Passer au crible** (ou au peigne fin) • *To go through with a fine-tooth comb*
Le fisc a passé au crible toutes ses déclarations de revenus depuis cinq ans. • *The Department of Revenue went through his income tax returns for the last five years with a fine-tooth comb.*

■ **Tomber en ruine** • *To go to rack (or wrack) and ruin*
Il est à peu près temps de rénover la maison ; elle tombe en ruine. • *It is about time we renovate the house; it is going to rack and ruin.*

AIDE-MÉMOIRE

Pensez-vous que nous pouvons encaisser ce chèque ?
Do you think we can cash the cheque?

Comment pouvez-vous être si certain que mon mari me trompe ?
How can you be so sure that my husband is cheating on me?

Est-ce que vous allez croire ce récit ?
Are you going to believe this story?

Pensez-vous que la visite officielle pourra se dérouler sans anicroches ?
Do you think this official visit will run smoothly?

Ces tisanes sont-elles efficaces contre la toux ?
Are those herbal teas effective against a cough?

Combien de temps reste-t-il avant le début des vacances ?
How much time is there before the beginning of the holidays?

Pensez-vous que cet homme soit un peu trop près de ses sous ?
This man looks like a miser, don't you think?

Est-ce qu'on rencontre beaucoup de serpents venimeux par ici ?
Do you get to see a lot of venomous snakes around here?

A-t-il enfin déniché la femme idéale ?
Has he finally found the perfect woman?

Est-ce que vous comprenez ce qu'elle veut dire ?
Do you understand what she means?

EXPRESSIONS

■ **Chèque sans provision / chèque en bois** • *Rubber cheque*
La banque m'a réclamé des frais, car j'ai fait un chèque sans provision. • *The bank charged me because I passed a rubber cheque.*

■ **Crever les yeux / sauter aux yeux** • *To be as plain as the nose on one's face*
Il essaie de cacher quelque chose ; cela crève les yeux. • *He is trying to hide something; it's as plain as the nose on his face.*

■ **Histoire à dormir debout** • *Cock-and-bull story*
Pour expliquer son retard, il nous a raconté une histoire à dormir debout. • *To explain his delay, he told us a cock-and-bull story.*

■ **Il y a une ombre au tableau** • *There's a fly in the ointment*
Il y a une ombre au tableau : les ventes de livres ont beaucoup diminué. • *There is a fly in the ointment: book sales have dropped significantly.*

■ **Remède de bonne femme** • *Old wives' remedy*
Je ne comprends pas que vous preniez encore ce remède de bonne femme. • *I can't understand why you are still taking this old wives' remedy.*

■ **S'atteler à la tâche** • *To put (or set) one's hand to the plow*
Si nous voulons que l'exposition commence à temps, il faudra s'atteler à la tâche. • *If we want the exhibition to start on time, we will have to put our hands to the plow.*

■ **Tondre un œuf** • *To be a skinflint*
Ne lui demandez pas de sortir avec vous ce soir, il tondrait un œuf. • *Do not ask him to go out with you tonight, he's a skinflint.*

■ **Tous les trente-six du mois** • *Once in a blue moon*
Nous nous fréquentons très peu : nous nous voyons tous les trente-six du mois. • *We seldom see each other: we get together once in a blue moon.*

■ **Trouver chaussure à son pied** • *To meet one's match*
Eh ! mon ami, tu as enfin trouvé chaussure à ton pied ! • *Hey! my friend, you finally met your match!*

■ **Y perdre son latin** • *Not to make head nor tail (or heads or tails) of sthg*
Son comportement est plus que bizarre, c'est à y perdre son latin. • *We can't make head nor tail of his more than odd behavior.*

AIDE-MÉMOIRE

Comment avez-vous réussi à lui faire comprendre le bon sens ?
How did you manage to make him understand common sense?

Est-ce que vous aimez le chocolat brun ou blanc ?
Do you like brown or white chocolate?

D'où croyez-vous que ce bateau provienne ?
Where do you think this boat is from?

Peut-on avoir confiance en cette conseillère en placements ?
Do you think we can trust this female investment advisor?

Est-ce qu'il est vraiment aussi grand qu'on le dit ?
Is he really as tall as they say?

Il n'a pas l'air très actif, a-t-il des projets ?
He doesn't look very busy, does he have any projects?

Pourrais-je obtenir ce poste même si je possède un casier judiciaire ?
Do you think I'll be able to get this job even if I have a police record?

Ce champion de billard est-il encore aussi habile que dans les années 1960 ?
Is this billiards champion still as good as he was in the 1960's?

A-t-il accepté le déménagement de la compagnie à Hong Kong ?
Did he go along with the company's move to Hong Kong?

Avez-vous entendu parler de la découverte d'un autre extraterrestre ?
Did you hear about the discovery of another alien?

EXPRESSIONS

■ À bon entendeur, salut ! • *If the shoe fits, wear it!*
Suivez cette consigne qui est très claire. À bon entendeur, salut ! • *Follow this very clear advice. If the shoe fits, wear it!*

■ Avoir un faible pour • *To have a soft spot for*
Je pense qu'elle a un faible pour lui depuis sa tendre enfance. • *I think she has had a soft spot for him since her early childhood.*

■ Battre pavillon • *To fly a flag*
Curieux ! ce bateau d'un ministre canadien bat pavillon libérien. • *It's curious! the boat belonging to a Canadian minister is flying a Liberian flag.*

■ Être rond en affaires • *To be a square dealer*
Vous pouvez avoir confiance en cet homme, il est rond en affaires. • *You can trust this man, he is a square dealer.*

■ Haut comme trois pommes (*ou* trois pommes à genoux, ou deux pommes et demie) • *Knee-high to a grasshopper (or to a duck)*
Est alors apparue sur scène une jeune fille haute comme trois pommes. • *Then a young girl knee-high to a grasshopper appeared on stage.*

■ Idée fixe • *Bee in one's bonnet*
Depuis longtemps il a une idée fixe : participer aux Jeux olympiques. • *For a long time he has had a bee in his bonnet: to go to the Olympic games.*

■ Montrer patte blanche • *To produce (or show) one's credentials*
N'entre pas qui veut dans cette association : il faut montrer patte blanche. • *Not everybody can join this association: one must show one belongs.*

■ Perdre la main • *To lose one's touch*
Elle a été longtemps en congé de maladie et elle a maintenant perdu la main. • *She's been on sick leave for a long time and so has lost her touch.*

■ Ruer dans les brancards (*ou* dans les timons ❖) • *To kick over the traces*
Il rue dans les brancards à la moindre contrariété. • *He kicks over the traces at the slightest nuisance.*

■ Se répandre comme une traînée de poudre • *To spread like wildfire*
La nouvelle de la mort du premier ministre s'est répandue comme une traînée de poudre. • *The news of the prime minister's death spread like wildfire.*

AIDE-MÉMOIRE

Ce politicien est-il ouvert aux problèmes des démunis ?
Does this politician pay any attention to the problems of the poor?

Comment vous sentez-vous lorsque vous regardez un film triste ?
How do you feel when you are watching a sad movie?

Cette femme est-elle agréable à fréquenter ?
Is this woman any fun to go out with?

Est-ce que l'état de santé mentale de cette personne vous semble normal ?
Does this person's mental state seem normal to you?

Comment ont-ils réussi à vaincre cette équipe de première place ?
How did they manage to win over the division's leaders?

L'intrusion des rebelles aura-t-elle un effet sur les négociations de paix ?
Will the attack led by the rebels have any influence on the peace talks?

Souffrait-elle d'une quelconque maladie ?
Was she suffering from any known disease?

Qu'ont-ils annoncé à la conférence de presse ?
What did they announce at the press conference?

Ce parti politique a-t-il été fidèle à ses engagements ?
Has this political party stood by its promises?

Croyez-vous que ce geste pourrait mettre fin à cette alliance ?
Do you think this gesture could put an end to the alliance?

EXPRESSIONS

■ **Avoir la dent dure** • *To have a sharp tongue*
Je n'aime pas les écrits de ce critique, car il a la dent dure. • *I don't like this critic's articles, he has a sharp tongue.*

■ **Avoir la gorge serrée** • *To have a lump in one's throat*
L'épouse avait la gorge serrée, elle s'attendait au pire. • *The wife had a lump in her throat, she was expecting the worst.*

■ **Avoir le mot pour rire** • *To be ready with a joke*
Même dans les moments les plus dramatiques, il a toujours le mot pour rire. • *He is always ready with a joke, even in tragic moments.*

■ **Avoir une araignée au plafond / avoir un hanneton dans le plafond** • *To have bats in the belfry*
Elle agit curieusement depuis une semaine ; pour moi, elle a une araignée au plafond. • *She has been acting in a curious fashion since last week; I think she has bats in the belfry.*

■ **Gonflé à bloc** • *All keyed up*
L'entraîneur avait bien préparé ses joueurs : ils étaient gonflés à bloc. • *The coach had prepared his players well: they were all keyed up.*

■ **Mettre le feu aux poudres** • *To make the feathers (or fur) fly*
Les déclarations du président de la banque vont mettre le feu aux poudres. • *The bank president's declaration will make the feathers fly.*

■ **Mourir de sa belle mort** • *To die of old age*
Elle aussi, elle aimerait mourir de sa belle mort à cent ans, entourée de ses proches. • *She too would like to die of old age at a hundred, surrounded by her family.*

■ **Regarder en arrière** • *To turn the clock back*
Inutile de regarder en arrière, les choses ne se font plus de la même manière qu'auparavant. • *It's useless to turn the clock back, things aren't done like that anymore.*

■ **Tenir parole** • *Be as good as one's word*
Promettez-moi de tenir parole pour une fois dans votre vie. • *Promise me you'll be as good as your word for once in your life.*

■ **Une goutte d'eau dans l'océan** • *A drop in the bucket*
Cet envoi de nourriture dans ce pays en détresse est une goutte d'eau dans l'océan. • *The shipping of food to this distressed country is only a drop in the bucket.*

AIDE-MÉMOIRE

Pourrez-vous acheminer toutes ces commandes à temps ?
Will you be able to fulfil all those orders on schedule?

Que faire pour que la bonne entente règne à nouveau dans nos rangs ?
What should we do to bring harmony back into our ranks?

Avez-vous de la difficulté à comprendre ces principes mathématiques ?
Do you find it difficult to understand those mathematical principles?

Comment se fait-il qu'il n'ait pas terminé son immense casse-tête ?
How is it he didn't finish his huge jigsaw puzzle?

Pensez-vous que nous puissions faire confiance à cet ancien pickpocket ?
Do you think we should put our trust in this ex-pickpocket?

Comment ont-elles réussi à découvrir ces ruines dans cette forêt luxuriante ?
How did they manage to find the ruins amongst this lush vegetation?

Pourquoi le premier ministre semble-t-il si peu loquace ces temps-ci ?
Why does the primer minister seem so quiet these days?

Est-ce qu'il prend beaucoup de place dans cette association ?
How important is he in the association?

Quels arguments la vendeuse d'aspirateurs a-t-elle utilisés ?
What arguments did the vacuum-cleaner saleslady use to lure you in ?

A-t-il encore parlé de ses frasques alors qu'il était matelot ?
Did he bring up his sailing-days pranks again?

EXPRESSIONS

■ **Abattre de la besogne** • *To work fast*
Il n'y a pas de temps à perdre, nous devons abattre de la besogne. • *There's no time to lose, we must work fast.*

■ **Accorder ses violons (ou ses flûtes)** • *To get together on sthg*
Accordons nos violons si nous voulons que le projet réussisse. • *Let's get together on this project if we want it to succeed.*

■ **Avoir la bosse de** • *To have a gift for*
Il a la bosse des affaires et veut devenir le plus important dans son domaine. • *He has a gift for business and he wants to become the best in his field.*

■ **Avoir les yeux plus grands que le ventre (ou que la panse)** • *To bite off more than one can chew*
Son projet est resté sur les tablettes, car il avait les yeux plus grands que le ventre. • *His project remained on the shelf because he'd bitten more than he could chew.*

■ **Avoir les doigts crochus** • *To be tight-fisted*
Dès qu'il entend parler d'argent, il se sent mal, car il a les doigts crochus. • *As soon as he hears the word money, he feels uneasy because he is tight-fisted.*

■ **À vol d'oiseau** • *From high above*
Vues à vol d'oiseau, les îles de la Madeleine sont tout à fait étonnantes. • *The Magdalen Islands are astonishing when seen from high above.*

■ **Dresser ses batteries** • *To lay one's plans*
Elle dresse ses batteries en vue de la prochaine saison littéraire. • *She is laying her plans for the next literary season.*

■ **Jouer les seconds rôles auprès de qqn** • *To play second fiddle to s.o.*
Même si elle occupe un poste important, elle joue les seconds rôles auprès du patron. • *Even if she has an important job, she plays second fiddle to her boss.*

■ **Promettre monts et merveilles / promettre la lune** • *To promise the moon*
Même s'il n'a pas un sou en banque, il promet toujours monts et merveilles. • *Even if he doesn't have a cent in the bank, he always promises the moon.*

■ **Rebattre les oreilles à qqn** • *To chew s.o.'s ears off*
Il nous rebat les oreilles de son projet depuis des années. • *He has been chewing our ears off with his project for years.*

AIDE-MÉMOIRE

Vous l'avez vu, est-il tout à fait rétabli ?
You've seen him, has he completely recovered?

Pensez-vous qu'il pourra bien s'acquitter de ses tâches de gardien de nuit ?
Do you think he will make a good night watchman?

Va-t-il cesser son long discours inutile ?
Will he ever end his long and useless speech?

Ont-ils l'intention d'apporter beaucoup de changements ?
Do they intend to make many changes?

Cette criminelle a-t-elle réussi à franchir la frontière ?
Did the convicted woman manage to cross the border?

De quelle façon a-t-il payé sa voiture ?
How did he pay for his car?

Comment se fait-il que votre camion ne soit défoncé que d'un côté ?
How come your truck is bashed in on only one side?

Pourquoi ne lui parle-t-elle plus ?
Why won't she talk to him anymore?

Pourquoi avez-vous mis tant de temps à obtenir ce renseignement ?
Why did it take you so long to get this piece of information?

Monsieur le président, parlons-nous toujours du même sujet ?
Mister president, are we still talking about the same subject?

EXPRESSIONS

■ **Avoir mauvaise mine** • *To be green around the gills*
Elle a vu le médecin, mais elle a encore mauvaise mine. • *She saw the doctor but she is still green around the gills.*

■ **Avoir un poil dans la main** • *To be a lazy dog*
Ne lui confiez pas de travail à faire, car il a un poil à la main. • *Do not ask him to do any kind of work, he is a lazy dog.*

■ **En venir au fait** • *To get down to brass tacks / to talk turkey*
Voulez-vous bien arrêter de dire des bêtises et venez-en au fait. • *Would you please stop saying foolish things and get down to brass tacks.*

■ **Faire table rase** • *To make a clean sweep*
Le nouveau gouvernement a fait table rase de toutes les vieilles lois sur le divorce. • *The new government made a clean sweep of the old divorce legislation.*

■ **Filer à l'anglaise** • *To take French leave*
On ne l'a pas vu après l'entracte, il a filé à l'anglaise. • *We did not see him after the intermission, he took French leave.*

■ **Payer rubis sur l'ongle** • *To pay cash on the barrel*
Elle a horreur des dettes, elle paie donc rubis sur l'ongle. • *She hates debts, so she pays cash on the barrel.*

■ **Prendre en écharpe** • *To sideswipe*
Soudain, l'autobus a pris en écharpe le camion sur l'autoroute. • *The bus suddenly sideswiped the truck on the highway.*

■ **Prendre en grippe** • *To take a dislike to*
Il l'a prise en grippe quand elle a décidé de lui retirer ses affaires. • *He took a dislike to her when she stopped doing business with him.*

■ **Raconter par le menu** • *To spell out*
Le petit enfant raconta par le menu le terrible accident qu'il venait de voir. • *The young child spelled out the terrible accident which he had just seen.*

■ **Revenir à ses moutons** • *To get back to the business at hand*
Fini le temps de la pause, revenons à nos moutons ! • *The break is over, let's get back to the business at hand!*

AIDE-MÉMOIRE

A-t-il eu du temps pour se préparer à remplacer le gardien de but blessé ?
Did he have some time to prepare himself to replace the injured goalkeeper?

Cette femme a-t-elle un bon sens de l'humour ?
Does this woman have a good sense of humor?

Après tout ce qu'il a fait, croyez-vous qu'il ait encore une chance ?
After all he has done, do you believe he still has a chance?

Pensez-vous que ces preuves sauront déjouer les allégations de la défense ?
Will the evidence be enough to counter the allegations of the defense?

Votre ami prend-il soin de vous ?
Is your boyfriend taking good care of you?

De quelle façon a-t-elle réussi à se payer cette maison de rêve ?
How did she manage to buy this dream house?

Est-ce que son témoignage était convaincant ?
Was his testimony convincing?

Que pensez-vous qu'il doive faire pour que les choses aillent mieux ?
What do you think he should do to make things better?

Est-ce que c'est toujours elle qui prend les décisions comme cela ?
Is she the one who always makes the decisions?

Comment allons-nous décider lequel d'entre nous ira chercher de l'aide ?
How will we determine which one of us will go out for help?

EXPRESSIONS

■ **Au pied levé** • *On the spur of the moment*
Le comédien a dû remplacer son confrère au pied levé. • *The actor had to replace his colleague on the spur of the moment.*

■ **Avoir la tête près du bonnet** • *To be hotheaded*
Il n'est pas sage de l'agacer, car il a la tête près du bonnet. • *It isn't wise to tease him because he's hotheaded.*

■ **Avoir toute honte bue** • *To be beyond shame*
Il avait toute honte bue et s'est donc présenté devant ses bourreaux. • *He was beyond shame and presented himself to his tormentors.*

■ **Clouer le bec à qqn / pousser une cheville à qqn** ❖ • *To shut s.o. up*
Ce démenti formel du ministre devrait clouer le bec à ses détracteurs. *The minister's flat denial should certainly shut his detractors up.*

■ **Être aux petits soins pour qqn** • *To wait on s.o. hand and foot*
Depuis l'accident de son épouse, il est toujours aux petits soins pour elle. • *Since his wife's accident, he waits on her hand and foot.*

■ **Faire fortune** • *To strike it rich*
Dites, avez-vous fait fortune récemment pour vous promener avec cette auto luxueuse ? • *Say, did you strike it rich recently to be driving this luxury car?*

■ **Jurer ses grands dieux** • *To swear to heaven*
Il jura ses grands dieux qu'il n'était pas sur les lieux lors de l'explosion. • *He swore to heaven that he was not on the premises when the explosion occurred.*

■ **Mettre de l'eau dans son vin** • *To lower one's sights*
Il vous faudra mettre de l'eau dans votre vin si vous voulez vous réconcilier avec elle.
• *You will have to lower your sights if you want a reconciliation with her.*

■ **Tenir la queue de la poêle** • *To run the show*
Ce sont les enfants qui tiennent la queue de la poêle dans cette famille. *In this family, the kids are the ones running the show.*

■ **Tirer à la courte paille** • *To draw straws (or the short straw)*
Pour connaître le vainqueur, nous devrons tirer à la courte paille. • *We will have to draw straws in order to determine the winner.*

AIDE-MÉMOIRE

Même après avoir perdu son emploi, pensez-vous qu'elle pourra vivre décemment?
Even if she has lost her job, do you think she'll manage to lead a good life?

Qui a droit de parole dans cette assemblée?
Who is entitled to speak at the meeting?

Est-ce un parti sérieux, ou cet homme n'est-il qu'un beau parleur?
Is this man serious or just a smooth talker?

Est-ce qu'il a bien saisi vos recommandations?
Do you think he properly understood your advice well?

Combien y a-t-il de candidats dans cette élection?
How many candidates are there in the election?

Pensez-vous qu'elle a aimé ces mets indiens?
Do you think she liked the Indian dishes?

Votre proposition d'ouvrir les commerces le dimanche a-t-elle été bien perçue?
Was your proposal to open stores on Sundays well received?

Vos amis se sont-ils acheté une nouvelle maison?
Did your friends buy a new house?

Dans quel état était cette voiture que vous vouliez acheter?
Was the car you wanted to buy in good condition?

Est-ce que ce nouvel employé a été bien reçu par les gens du bureau?
What kind of welcome did the people from the office give the new employee?

EXPRESSIONS

■ **Avoir du foin dans les bottes** • *To feather one's nest*
Après tant d'années de service au gouvernement, elle a sûrement du foin dans les bottes. • *After so many years as a civil servant, she must have feathered her nest.*

■ **Avoir voix au chapitre** • *To have a say in things*
Tous les membres du conseil, sans exception, ont voix au chapitre. • *All members of the council, without exception, have a say in things.*

■ **Conter fleurette à / chanter la pomme à** ❖ • *To flirt with*
Il passait son temps à conter fleurette à toutes les filles du quartier. • *He spent his time flirting with all the young girls in the neighborhood.*

■ **Éclairer la lanterne de qqn** • *To set s.o. straight*
Il ne comprend pas comment ça fonctionne ; il faudra éclairer sa lanterne. • *He doesn't understand how it works; we'll have to set him straight.*

■ **Entrer en lice / se mettre sur les rangs** • *To enter the fray*
La nouvelle équipe de hockey a décidé d'entrer en lice tout de suite. • *The new hockey team decided to enter the fray right away.*

■ **Manger du bout des dents** • *To pick at one's food*
Elle n'aime pas essayer de nouveaux mets : elle mange du bout des dents. • *She doesn't like to try new dishes, so she picks at her food.*

■ **Passer comme une lettre à la poste** • *To get through easily*
La proposition du président a passé comme une lettre à la poste. • *The president's proposal got through easily.*

■ **Pendre la crémaillère** • *To have a housewarming*
Venez nous voir samedi soir, nous pendons la crémaillère. • *Come and see us Saturday night, we're having a housewarming.*

■ **Propre comme un sou neuf** • *Clean as a whistle*
L'enfant portait un tout nouveau costume, propre comme un sou neuf. • *The child wore a brand-new suit; it was clean as a whistle.*

■ **S'entendre comme larrons en foire** • *To be as thick as thieves*
Ces deux-là s'entendent comme larrons en foire depuis qu'ils sont tout jeunes. • *Those two have been as thick as thieves since early childhood.*

AIDE-MÉMOIRE

Sa façon de penser vous semble-t-elle cohérente ?
Do you think the way he sees things makes sense?

Que diriez-vous d'un bon repas au restaurant ?
What would you say to a good meal at the restaurant?

Croyez-vous que ce coureur pourrait remporter le marathon ?
Do you think this runner has a chance of winning the marathon?

Quel geste peut-on faire pour montrer qu'on est fier de soi ?
What gesture can you make to show you're proud of yourself?

Comment les membres du syndicat ont-ils réagi à cette annonce ?
How did the union members react to the announcement?

Ne trouvez-vous pas étrange que ce politicien soit devenu aussi conciliant ?
Don't you think it's a bit strange that the politician became so conciliatory?

Quel a été le point tournant de cette victoire ?
What was the turning point in the victory?

Que pourrions nous faire pour l'empêcher de remporter cette lutte électorale ?
What could we do to stop him from winning the election?

Sont-ils venus à bout de la convaincre de ne plus venir aux réunions ?
Did they manage to convince him not to come back to the meetings?

Pourquoi êtes-vous si en retard ce matin ?
Why are you so late this morning?

EXPRESSIONS

■ **Aller du blanc au noir** • *To go from one extreme to the other*
Il est difficile de se fier à lui ; il va constamment du blanc au noir. • *We cannot rely on him; he constantly goes from one extreme to the other.*

■ **Avoir l'estomac dans les talons** • *To be famished*
Arrête au prochain restaurant sur l'autoroute, car j'ai l'estomac dans les talons. • *Stop at the next restaurant on the highway because I'm famished.*

■ **Avoir une longueur d'avance sur** • *To be one jump ahead of*
Le nouveau parti politique a une longueur d'avance sur tous les autres. • *The new political party is one jump ahead of all others.*

■ **Bomber le torse** • *To puff up with pride*
Très fier de sa réussite à l'université, il bombait le torse. • *Utterly happy with his university results, he puffed up with pride.*

■ **Comme un seul homme** • *As one / as one man (or woman)*
Tous les spectateurs se sont levés comme un seul homme à la fin du récital. • *All the spectators rose as one at the end of the recital.*

■ **Faire patte de velours** • *To use the velvet glove*
Pour que les plus jeunes n'aient pas peur de lui, il a fait patte de velours. • *He uses the velvet glove so as to disarm the young ones.*

■ **Faire pencher la balance** • *To tip the scales / to turn the tide*
Le vote des femmes a fait pencher la balance en sa faveur. • *The women's vote tipped the scales in his favor.*

■ **Mettre des bâtons dans les roues** • *To throw a monkey wrench in the works / to throw a wrench / to put a spoke in the wheel*
Cet employé m'agace ; il ne cesse de me mettre des bâtons dans les roues. • *This employee annoys me, constantly throwing a monkey wrench in the works.*

■ **Remettre qqn à sa place** • *To cut s.o. down to size*
Après des discussions ardues, ils ont remis le contestataire à sa place. • *After tough discussions, they cut the protester down to size.*

■ **Tomber en panne** • *To break down*
Le moteur est tombé en panne sur une petite route de campagne. • *The engine broke down on a little countryside road.*

AIDE-MÉMOIRE

Pourquoi prend-elle tant de temps à remettre ses résultats ?
Why does it take her so long to hand in the results?

Est-ce qu'ils s'entendent bien ?
Do they get along well?

La session d'étude était-elle intéressante ?
Was the study session interesting?

Est-il capable de faire face à la pression ?
Can he work well under pressure?

De l'aéroport, comment pouvons-nous nous rendre au centre-ville ?
How do we get downtown from the airport?

La production avance-t-elle à votre goût ?
Is the production moving along to your satisfaction?

Nos ennuis achèvent-ils ?
Are we out of trouble yet?

A-t-elle accepté de revoir son ancien mari ?
Did she agree to meet her ex-husband?

Qu'allez-vous faire maintenant que vous êtes sans emploi ?
What will you do now that you are jobless?

Comment vont les ventes de cette nouvelle voiture ?
How are the new-car sales going?

EXPRESSIONS

■ **Chercher la petite bête** • *To pick holes*
Elle est trop méticuleuse dans son travail et cherche toujours la petite bête. • *She's too meticulous in her work and is always picking holes.*

■ **Être à tu et à toi avec qqn** • *To be on familiar terms with s.o.*
Même s'ils n'ont été présentés qu'hier, il est à tu et à toi avec lui. • *Even though they were introduced only yesterday, he's already on familiar terms with him.*

■ **Être réglé comme du papier à musique / marcher comme sur des roulettes** • *To be going (or to run) like clockwork*
Dans ce bureau, tout est réglé comme du papier à musique. • *In this office, everything is going like clockwork.*

■ **Être soupe au lait** • *To fly off the handle*
Attention, il est soupe au lait et s'emporte à la moindre critique. • *Be careful, he flies off the handle at the slightest hint of criticism.*

■ **Faire la navette entre** • *To run between*
Le bateau fait la navette entre les deux rives depuis plus de trente ans. • *The boat has been running between the two river banks for more than thirty years.*

■ **Long comme un jour sans pain** • *As long as a month of Sundays*
Le voyage nous a semblé long comme un jour sans pain. • *The trip seemed to us as long as a month of Sundays.*

■ **Ne pas être sorti de l'auberge** • *Not to be out of the woods*
Le procès n'est pas terminé ; il n'est pas sorti de l'auberge. • *The trial is not over; he is not out of the woods yet.*

■ **Se jeter dans la gueule du loup** • *To get caught in a hornet's nest*
Aller rencontrer ce charlatan, c'est se jeter dans la gueule du loup. • *To meet this impostor is like getting caught in a hornet's nest.*

■ **Se serrer la ceinture** • *To take in a notch in one's belt*
Il faudra se serrer la ceinture si nous voulons avoir des vacances cet été. • *We will have to take our belts in a notch if we want to go on vacation next summer.*

■ **Se vendre comme des petits pains (ou comme des petits pains chauds ❖)** • *To sell like hot cakes*
Le dernier roman de mon auteur préféré se vend comme des petits pains. • *My favorite author's latest novel is selling like hot cakes.*

AIDE-MÉMOIRE

Les recherches sur le cancer avancent-elles à un bon rythme ?
Is the cancer research moving ahead at a good pace?

Comment est-il après tous les efforts qu'il a mis à reconstruire sa maison ?
How is he after all the effort he has put into rebuilding his house?

Est-ce que les critiques la touchent encore autant qu'avant ?
Is she still as sensitive to criticism as she was before?

Pourquoi le maire a-t-il rencontré la ministre responsable du réseau routier ?
Why did the mayor meet with the minister of transport?

En moyenne, vos affaires sont-elles bonnes ?
On average, how would you describe your sales?

Que font ces entreprises regroupées en consortium ?
What do the companies grouped under this consortium do?

Comment voyez-vous les relations dans cette famille ?
How are the relationships in this family?

Comment se sent-elle, maintenant qu'elle a été trouvée coupable ?
How does she feel now that she has been found guilty?

Qu'est-ce qu'il a de particulier, ce nouveau spectacle ?
What's so special about the new show?

A-t-elle accepté l'emploi qu'on lui a offert en dehors du pays ?
Did she accept the overseas job offer?

EXPRESSIONS

■ **À pas de géant • *By leaps and bounds***
Son entreprise progresse à pas de géant depuis qu'il a trouvé un associé. • *His firm is improving by leaps and bounds since he found an associate.*

■ **Au bout de son rouleau • *At the end of one's rope (or one's tether)***
Il ne fait rien depuis quelques mois ; il est vraiment au bout de son rouleau. • *He hasn't done a thing for months; he is really at the end of his rope.*

■ **Avaler des couleuvres • *To swallow insults***
Elle s'est résignée et peut avaler des couleuvres de la part de n'importe qui. • *She is resigned and can swallow insults from anyone.*

■ **Avoir part au gâteau • *To have a finger in the pie***
Nous travaillons ici depuis vingt ans ; nous voulons avoir part au gâteau. • *We have been working here for twenty years and we want to have a finger in the pie.*

■ **Bon an, mal an • *Year in, year out***
Bon an, mal an, elle prépare un voyage dans des pays tropicaux. • *Year in, year out, she plans her trips to tropical countries.*

■ **Brasser des affaires • *To wheel and deal***
Cessons de faire des réunions et commençons à brasser des affaires tout de suite. • *Let's stop holding meetings and start wheeling and dealing immediately.*

■ **C'est le monde à l'envers • *It's the case of the tail wagging the dog***
Les plus anciens employés démontrent un plus grand sens du risque : c'est le monde à l'envers ! • *The senior employees take more risks than the young ones: it's the case of the tail wagging the dog.*

■ **Être dans ses petits souliers • *To feel like two cents***
On a découvert une fraude et tous les employés sont dans leurs petits souliers. • *A fraud was discovered and all the employees feel like two cents.*

■ **Être marqué au coin de • *To bear the hallmark of***
Ce spectacle est marqué au coin de la fantaisie la plus pure. • *This show bears the hallmark of the purest of fantasies.*

■ **Faire la fine bouche • *To turn up one's nose***
L'enfant est malade ; il fait la fine bouche à tout ce qu'on lui offre. • *The child is ill; he turns up his nose at everything he is given.*

AIDE-MÉMOIRE

Accepte-t-il facilement de faire des heures supplémentaires ?
Does he accept overtime readily?

Craignez-vous la saison des tornades ?
Do you worry about the tornado season?

Comment se fait-il que vos affaires aillent si bien ?
Why is your business doing so well?

Est-ce une personne très modeste ?
Is he a very modest person?

Est-ce qu'on a parlé longuement du plus récent livre de cet auteur ?
Did they talk a lot about the author's latest novel?

Comment est-il devenu chef de file dans le domaine des ordinateurs ?
How did he end up on top in the computer business?

Quel est le secret de ce syndicaliste pour rallier les camps opposés ?
What is the union leader's secret for bringing both factions together?

Pourrait-on dire de ces écrits qu'ils sont révolutionnaires ?
Could we say that his writings are revolutionary?

Ses conclusions vous semblent-elles assez claires ?
Do his conclusions seem clear enough to you?

A-t-elle de bonnes raisons pour changer si souvent d'opinion ?
Does she have good reason to change her mind as often as she does?

EXPRESSIONS

■ **Dire amen à / être un béni-oui-oui** • *To be a yes-man*
Il dit amen à tout ce qu'on lui demande de faire, même les tâches ingrates. • *He is a yes-man for everything, even the most unpleasant of tasks.*

■ **Faire des ravages** • *To wreak havoc*
Ce moustique fait des ravages dans nos belles forêts. • *This moquito species wreaks havoc in our beautiful forests.*

■ **Faire flèche (ou feu) de tout bois** • *To use all available means*
Sa carrière va très bien ; elle fait flèche de tout bois pour que ça dure. • *Her career is going very well; she uses all available means to keep it that way.*

■ **Faire la roue** • *To strut and preen*
Regardez-le faire la roue devant la cohorte de ses admirateurs. • *Look at him strutting and preening in front of his admirers.*

■ **Faire les frais de la conversation** • *To be the butt of the conversation*
Leur victoire au dernier championnat mondial fait les frais de la conversation partout.
• *Their victory at the last world championship has been the butt of the conversation everywhere.*

■ **Gagner (ou prendre) de vitesse** • *To steal a march on*
Il a gagné ses concurrents de vitesse grâce à son invention. • *He stole a march on his competitors thanks to his invention.*

■ **Jouer (ou miser) sur les deux tableaux / jouer (ou miser) sur tous les tableaux / jouer (ou miser) sur trois tableaux** • *To hedge one's bets*
Pour être certaine de gagner, elle a joué sur les deux tableaux. • *To make sure not to lose, she hedged her bets.*

■ **Ne pas avoir inventé la poudre** • *Not to set the world on fire*
Il est toujours présent aux réunions, mais il n'a pas inventé la poudre. • *He is always present at meetings, but doesn't set the world on fire.*

■ **Ni chair ni poisson** • *Neither fish nor fowl*
Retravaillez votre projet; pour l'instant, il est ni chair ni poisson. • *Rework over your project; for the time being, it's neither fish nor fowl.*

■ **Pour un oui, pour un non** • *Over trifles*
Pour un oui, pour un non, elle se battrait jusqu'au bout. • *She would fight over trifles to the bitter end.*

AIDE-MÉMOIRE

De quelle façon allez-vous trancher cette question ?
How are you going to solve the problem?

Leur sujet de conversation était-il intéressant, au moins ?
Was their conversation of any interest?

Comment la petite a-t-elle fait pour savoir tout cela ?
How did the little girl manage to know all this?

Croyez-vous que cette engueulade en valait vraiment la peine ?
Do you think the bawling out was really worth it?

Ces compressions provoquent-elles des remous dans la répartition des postes ?
Are those spending cuts affecting the division of work?

Pensez-vous qu'il reviendra la voir bientôt ?
Do you think he will come back to see her soon?

Avez-vous l'impression qu'elle voulait mettre les choses au clair ?
Are you under the impression she wanted to make things clear?

Est-ce que vous faites de la peinture à plein temps ?
Are you a full-time painter?

Comment se porte-t-il depuis qu'il a décroché ce gros contrat ?
How does he feel since he got this huge contract?

Les espoirs de cette femme ne vous semblent-ils pas un peu démesurés ?
Don't you think this woman's hopes are a bit far-fetched?

EXPRESSIONS

■ **Faire la part du feu** • *To cut one's losses*
Ils ne voulaient pas tout perdre dans cette affaire ; ils ont donc fait la part du feu. • *They did not want to lose everything, so they cut their losses.*

■ **Parler de la pluie et du beau temps / tailler une bavette** • *To shoot the breeze / to make small talk / to shoot the bull*
Ils ont passé la fin de semaine à parler de la pluie et du beau temps. • *They spent the weekend shooting the breeze.*

■ **Tendre l'oreille** • *To prick up one's ears*
Caché dans la cuisine, il tendit l'oreille pour savoir ce qui se passait au salon. • *Hiding in the kitchen, he pricked up his ears to hear what was going on in the living room.*

■ **Tempête dans un verre d'eau** • *Tempest in a teapot*
Ce scandale politique à la municipalité est en réalité une tempête dans un verre d'eau.
• *The political scandal in the municipality is in fact a tempest in a teapot.*

■ **Tirer la couverture à soi** • *To take the lion's share of the credit*
Dans les réunions du comité, il tire toujours la couverture à lui. • *During the committee's meetings, he always takes the lion's share of the credit.*

■ **Un de ces quatre matins** • *One of these days*
Un de ces quatre matins, vous verrez, il arrivera par le train ou par avion. • *One of these days, you'll see, he will arrive by train or plane.*

■ **Vider son sac** • *To get things off one's chest*
Il a attendu la dernière réunion de l'année pour vider son sac. • *He waited until the last meeting of the year to get things off his chest.*

■ **Violon d'Ingres** • *Hobby*
Faire des casse-tête est un violon d'Ingres très intéressant. • *Doing puzzles is a very interesting hobby.*

■ **Vivre comme un coq en pâte** • *To live in clover / to live off the fat of the land*
Grâce à un héritage énorme, il vit comme un coq en pâte. • *Thanks to a huge inheritance, he's living off the fat of the land.*

■ **Vouloir le beurre et l'argent du beurre** • *To have one's cake and eat it, too*
Il voit trop grand ; il veut le beurre et l'argent du beurre. • *His eyes are too big for his stomach; he wants to have his cake and eat it, too.*

AIDE-MÉMOIRE

Avez-vous hâte de présenter votre travail au public ?
Are you looking forward to showing your work to the public?

Ce spectacle coûte cher, comment comptez-vous payer mon entrée ?
The show is not cheap, how can you pay for my admission?

Est-il difficile d'apprendre ce langage de programmation ?
Is it hard to learn this computer language?

Comment ont-ils fait pour éviter la colère des contribuables ?
How did they manage to avoid the taxpayers' anger?

Est-ce que la fondation de cette religion est récente ?
Was this religion founded recently?

Tu sais des choses étonnantes, comment fais-tu ?
You know a lot of things, how do you do it?

Ces factures ne vous semblent-elles pas un peu élevées pour ce genre de travail ?
These bills seem a bit overpriced for that kind of work, wouldn't you say?

Pourrais-je faire quelque chose pour vous aider à préparer le repas ?
Can I help you with the meal?

Sont-ils partis de bonne heure ce matin ?
Did they leave early this morning?

Pose-t-elle toujours des questions aussi indiscrètes ?
Does she always ask such indiscreet questions?

EXPRESSIONS

■ **Avoir des fourmis dans les jambes • *To have pins and needles in one's legs***
J'ai des fourmis dans les jambes à la veille de la première de ma nouvelle pièce. • *I have pins and needles in my legs the night before the premiere of my new play.*

■ **Billet de faveur • *Complimentary ticket***
J'ai reçu des billets de faveur. Viens-tu avec moi à la partie de football? • *I have complimentary tickets. Will you come with me to the football game?*

■ **C'est du tout cuit • *It's a cinch***
Oui, vous pouvez pratiquer ce sport, c'est du tout cuit! • *Yes, you can practice this sport, it's a cinch!*

■ **Couper la poire en deux • *To split the difference***
Afin d'éviter de nouvelles querelles, le gouvernement a coupé la poire en deux. • *The government split the difference to avoid further trouble.*

■ **Dater de loin • *To go back a long way***
Cette affaire de meurtre sordide date de loin; on l'a presque oubliée aujourd'hui. • *This sordid murder case goes back a long way; it's almost forgotten today.*

■ **Écouter aux portes • *To be a fly on the wall***
J'aimerais écouter aux portes pour savoir ce qu'ils décideront à son sujet. • *I would like to be a fly on the wall so I could hear what they will decide for her.*

■ **Faire danser l'anse du panier • *To pad the bill***
Les sous-traitants ne se sont pas gênés et ont fait danser l'anse du panier. • *The subcontractors have no qualms about padding the bills.*

■ **Fatiguer la salade • *To toss the salad***
Pendant que vous vous occupez du plat principal, je vais fatiguer la salade. • *While you prepare the main course, I will toss the salad.*

■ **Lever le camp • *To pull up stakes***
Ils ne nous ont pas attendus au camping et ils ont levé le camp hier. • *They didn't wait for us at the campsite and they pulled up stakes yesterday.*

■ **Lever un lièvre • *To bring up a sticky point***
À chaque rencontre, elle lève un lièvre pour nous embêter. • *She brings up a sticky point at every meeting just to annoy us.*

AIDE-MÉMOIRE

Ses propos ont-ils réussi à détendre l'atmosphère ?
Has he succeeded in relaxing the atmosphere?

Comment a-t-on appris la nouvelle de la mort de cette chanteuse populaire ?
How did you hear about the pop singer's death?

Pensez-vous qu'il soit capable de passer à travers cette épreuve ?
Do you think he will be able to get through this ordeal?

Cette proposition d'affaire vous semble-t-elle alléchante ?
Does this business proposal seem enticing?

Croyez-vous que les décisions du gouvernement soient les bonnes ?
Do you think the government has made the right decisions?

Penses-tu qu'il ait encore des chances de remporter ce tournoi de tennis ?
Do you think he still has a chance to win the tennis tournament?

Travaille-t-il encore pour cette entreprise ?
Is he still working for the company?

Est-ce que vous avez réussi à le faire parler ?
Have you succeeded in making him talk?

Devrions-nous tout de même essayer de le convaincre ?
Should we try to convince him all the same?

L'écoute-t-on bien dans le milieu des arts ?
Does she carry a lot of weight in the arts world?

EXPRESSIONS

■ **Amuser la galerie** • *To keep the crowd entertained*
Ses discours à la Chambre des communes ne font qu'amuser la galerie. • *His speeches in the House of Commons only keep the crowd entertained.*

■ **À tous les échos** • *From the rooftops*
Les reporters ont annoncé les déboires de la vedette à tous les échos. • *The reporters broadcast the star's troubles from the rooftops.*

■ **Avoir les reins solides** • *To have good financial backing*
Je suis sûr qu'elle pourra réussir en affaires car elle a les reins solides. • *I'm sure she'll succeed in business because she has good financial backing.*

■ **Courir un risque** • *To take a chance*
Il court un sérieux risque en voulant traverser la rivière à la nage. • *He takes a big chance in swimming across the river.*

■ **Faire fausse route** • *Not to be on the right track*
Nous avons recommencé ce projet parce que nous avions fait fausse route. • *We started this project over because we weren't on the right track.*

■ **Faire son deuil de qqch / mettre une croix sur qqch.** • *To kiss sthg goodbye*
J'ai l'impression qu'elle devra faire son deuil de ce poste de direction. • *I am under the impression that she will have to kiss this executive position goodbye.*

■ **Mourir à la tâche** • *To die with one's boots on*
Pauvre lui, il est mort à la tâche, à quelques jours de sa retraite. • *Poor fellow, he died with his boots on, a few days before retiring.*

■ **Ne pas desserrer les dents** • *Not to utter a word*
Malgré sa joie d'être à la fête, il n'a pas desserré les dents de la soirée. • *In spite of his joy of being at the party, he didn't utter a word all night long.*

■ **Perdre sa salive** • *To waste one's breath*
Vous perdez votre salive si vous pensez la convaincre de changer d'idée. • *You are wasting your breath if you think she will change her mind.*

■ **Prendre de grands airs** • *To put on airs*
Il prend de grands airs en croyant qu'il impressionnera l'auditoire. • *He puts on airs, thinking that he'll impress the audience.*

AIDE-MÉMOIRE

Vers quel moment l'avion s'est-il écrasé ?
Around what time did the plane crash?

Comment pourrait-on déjouer ses tactiques ?
How could we spoil his plans?

Le public est-il au courant de cet enlèvement ?
Does the general public know anything about this kidnapping story?

Pensez-vous qu'il comprendra bien ce que je veux dire ?
Do you think he'll understand clearly what I want to say to him?

Est-ce que vous avez fait une bonne affaire en achetant ce tableau ?
Did you get a good deal in buying this painting?

S'agit-il d'un vol direct vers l'Australie ?
Is this a direct flight to Australia?

Son tout dernier disque a-t-il connu beaucoup de succès ?
Did his latest record sell well?

De quoi avez-vous parlé avec cet astrophysicien de renom ?
What did you and the famous astrophysicist talk about?

Y aura-t-il procès dans cette affaire de fraude ?
Will this fraud case make it to court?

Le gouvernement devrait-il agir au sujet de la fusion des municipalités ?
Should government act concerning the municipal merger?

EXPRESSIONS

■ **Au point du jour** • *At the crack of dawn*
Ils se sont levés au point du jour et sont partis vers une destination inconnue. • *They got up at the crack of dawn and left for an unknown destination.*

■ **Couper les effets à qqn** • *To steal s.o.'s thunder*
Révéler le contenu tout de suite, ça lui coupera les effets. • *Bring out the contents immediately, it will steal his thunder.*

■ **Courir les rues** • *To be run-of-the-mill*
La nouvelle de sa disparition court les rues depuis au moins une semaine. • *The news of his disappearance has been run-of-the-mill for a week at least.*

■ **En avoir une couche** • *To be thick between the ears*
Difficile de lui faire comprendre ce qui se passe, il en a une couche. • *It is hard to explain to him what is going on, he is thick between the ears.*

■ **Faire d'une pierre deux coups** • *To kill two birds with one stone*
Grâce à ce nouveau projet immobilier, il fait d'une pierre deux coups. • *Thanks to this new real estate project, he killed two birds with one stone.*

■ **Faire escale** • *To stop over*
Nous faisons escale à Québec avant de nous rendre dans les provinces maritimes. • *We stop over at Québec before going to the Maritime provinces.*

■ **Faire un four** • *To be a washout*
La dernière comédie musicale qu'ils ont présentée a fait un four. • *Their last musical comedy was a washout.*

■ **Parler à bâtons rompus** • *To talk of this and that*
Je me suis arrêté chez lui et nous avons parlé à bâtons rompus. • *I stopped at his home and we talked of this and that.*

■ **Passer en jugement** • *To stand trial*
Le criminel tant recherché passera en jugement au mois de mai prochain. • *The most wanted criminal will stand trial next May.*

■ **Prendre les devants** • *To make the first move*
Si vous voulez vraiment la revoir, prenez donc les devants. • *If you really want to see her again, make the first move.*

AIDE-MÉMOIRE

S'est-il battu longtemps pour prouver son innocence ?
Was it a struggle for him to prove his innocence?

C'est une bien belle maison, quel en est le prix ?
It's a beautiful house, what's the price?

Il y a très longtemps que je l'ai vu, comment va-t-il ?
I haven't seen him in a long time, how is he?

L'autobus était-il en retard ce matin ?
Was the bus late this morning?

Que pourrais-je lui dire pour l'encourager à continuer ?
What could I say to help her go further?

Est-ce que la vie lui a toujours souri comme ça ?
Did he always have it easy like that?

Pourquoi ne dit-il jamais un mot quand il est avec sa femme ?
Why does he always remain quiet when he's with his wife?

Est-ce un bon moment pour investir mon argent ?
Is it a good time to invest my money?

Quand lui a-t-on passé les menottes ?
When was he handcuffed?

Est-il en mesure de faire un long voyage ?
Is he able to take a long trip?

EXPRESSIONS

■ **Contre vents et marées** • *Come hell or high water / through thick and thin*
Contre vents et marées, elle continue de croire que son ami n'est pas mort. • *Come hell or high water, she continues to believe that her friend is still alive.*

■ **Coûter les yeux de la tête** • *To cost an arm and a leg*
Allez-vous acheter cette limousine ? Elle coûte les yeux de la tête. • *Are you going to buy this limousin ? It costs an arm and a leg.*

■ **Être plein de vie** • *To be alive and kicking*
Elle a subi une grosse opération, mais maintenant elle est pleine de vie. • *She underwent major surgery, but now she's alive and kicking.*

■ **Faire le pied de grue** • *To cool one's heels / to kick one's heels* Br
J'ai fait le pied de grue pendant deux heures avant que vous arriviez. • *I had to cool my heels for two hours before you showed up.*

■ **Impossible n'est pas français** • *There's no such word as "can't"*
Vous pouvez atteindre des sommets: impossible n'est pas français ! • *You can reach the top: there's no such word as "can't"!*

■ **Manger de la vache enragée** • *To go through hard times*
Avant de devenir premier ministre, il a mangé de la vache enragée. • *Before becoming Prime Minister, he went through hard times.*

■ **Mener au doigt et à l'œil** • *To be at s.o.'s beck and call*
Son colocataire la mène au doigt et à l'œil. • *She's at her joint tenant's beck and call.*

■ **Par le temps qui court (ou par les temps qui courent)** • *As things go today*
Par le temps qui court, il n'est pas prudent de s'afficher avec lui. • *As things go today, it is not advisable to be seen with him.*

■ **Séance tenante** • *On the spot*
On lui a confisqué tous ses outils séance tenante. • *All his tools were confiscated on the spot.*

■ **Se porter à merveille (ou comme un charme)** • *To be as fit as a fiddle / to be in the pink of health*
Comment allez-vous aujourd'hui ? – Je me porte à merveille. • *How are you today? – I'm as fit as a fiddle.*

AIDE-MÉMOIRE

Se tient-il au courant des dernières innovations technologiques ?
Does he keep up with the latest technological advances?

Comment se nourrissait la famille qu'on a trouvée dans les bois ?
What was the family that was found in the woods using for food?

Quelle est l'une des caractéristiques de la lutte gréco-romaine ?
Can you name one characteristic of Graeco-Roman wrestling?

Qu'a fait le gardien après avoir fait entrer le prisonnier dans la cellule ?
What did the guard do after he got the prisoner into the cell?

Comment cela se fait-il qu'il n'ait jamais un rond ?
How come he's always broke?

Est-elle d'un naturel réservé ?
Is she always so reserved?

Pourquoi courez-vous les aubaines ?
Why are you always looking for bargains?

Pensez-vous que cet athlète va remporter la médaille d'or en
haltérophilie ?
Will this athlete win the gold medal in weightlifting?

Est-ce qu'elle était en face de son agresseur lorsque le juge l'a
interrogé ?
Was she facing her assailant when the judge questioned him?

Qu'arrive-t-il lorsqu'on a tout perdu ?
What happens when one has lost everything?

EXPRESSIONS

■ **À la page** • *Up to date*
Même s'il demeure loin des grands centres, il se tient toujours à la page. • *Even if he lives far from the great urban centers, he keeps himself up to date.*

■ **Au pain sec** • *On bread and water*
Pendant la guerre, des populations entières vivaient au pain sec. • *During the war, entire populations lived on bread and water.*

■ **Corps à corps** • *Hand to hand*
Le combat était furieux ; les adversaires se battaient corps à corps. • *The struggle went on furiously; the adversaries fought hand to hand.*

■ **Enfermer qqn à clé (clef)** • *To lock s.o. up*
Le pédophile avait enfermé la petite fille à clé (clef) dans le sous-sol. • *The pedophile had locked up the little girl in the basement.*

■ **Être un vrai panier percé** • *To be a real spendthrift*
Ne lui laissez pas la caisse, c'est un vrai panier percé. • *Do not leave him with the cash, he is a spendthrift.*

■ **Faire de l'éclat** • *To create a stir*
Elle fait de l'éclat chaque fois qu'elle se fait coincer. • *She creates a stir every time she gets nabbed.*

■ **Faire des économies** • *To put money aside*
Ils font des économies depuis des années pour se payer un voyage autour du monde. • *They've been puting money aside for years to make a trip around the world.*

■ **Fort comme un chêne (ou comme un Turc) / solide comme un chêne** • *As strong as an ox*
Il est fort comme un chêne ; il devrait se lancer dans le sport des poids et haltères. • *He's as strong as an ox; he should take up weightlifting.*

■ **Regarder dans le blanc des yeux** • *To look square in the face*
Regardez-moi dans le blanc des yeux et dites-moi ce qui s'est vraiment passé. • *Look me square in the face and tell me what really happened.*

■ **Sur la paille** • *Down and out*
À cause de ses mauvais placements, sa famille est maintenant sur la paille. • *Because of his poor investments, his family is now down and out.*

AIDE-MÉMOIRE

Cette nouvelle a-t-elle fait l'objet d'une importante couverture médiatique ?
Did the media give a lot of coverage to this story?

Se fait-elle toujours un malin plaisir de contredire tout ce qui est dit ?
Does she always take great pleasure in refuting all that is said?

Qu'est-ce que la modération permet d'atteindre ?
What is moderation good for?

Croyez-vous que sa décision pourrait lui coûter son poste ?
Do you think her decision could put her job in jeopardy?

Quelles ont été les conséquences de l'accident qu'il a causé hier soir ?
What were the consequences of the accident he caused last night?

Comment allons-nous arriver à trouver une solution à ce problème épineux ?
How do you believe we will find a solution to this thorny problem?

Comment était le village après le passage de la tornade ?
In what condition was the village after the tornado struck ?

Avez-vous entendu parler de la plus récente version de ce logiciel ?
Have you heard anything about the latest version of this software?

Comment a-t-il fait pour se retrouver dans ce marasme financier ?
How did he end up in this financial mess?

Est-ce que les astronautes ont hâte de revenir de leur voyage dans l'espace ?
Are the astronauts looking forward to their return from space?

EXPRESSIONS

■ **À la une** • *On the front page*
Cette histoire touchante était à la une de tous les journaux du pays. • *This moving story was on the front page of every newspaper in the country.*

■ **Jouer les trouble-fêtes** • *To rock the boat*
Elle aime jouer les trouble-fêtes car, selon elle, cela permet de meilleurs débats. • *She likes to rock the boat; according to her, it makes for better debates.*

■ **Le juste milieu** • *The happy medium*
Il faudrait trouver le juste milieu entre célébrer son retour et ne rien faire du tout. • *Let's find the happy medium between celebrating his return and doing absolutely nothing.*

■ **Marcher sur la corde raide** • *To walk a tightrope*
Le ministre marche sur la corde raide en pousssant plus loin ce projet de loi controversé. • *The minister is walking a tightrope with this controversial bill.*

■ **Payer de sa personne** • *To bear the brunt*
Malheureusement, il paie de sa personne pour ses excès de table. • *Unfortunately, he bears the brunt of his over-eating.*

■ **Se creuser la cervelle (ou la tête)** • *To rack one's brains*
Je me creuse la cervelle, je ne sais pas pourquoi vous ne voulez pas venir me rejoindre. • *I rack my brains, and I still don't hnow why you don't want to join me.*

■ **Sens dessus dessous** • *At sixes and sevens / topsy-turvy*
Les voleurs nous avaient visités ; la maison était sens dessus dessous. • *The robbers had paid us a visit; the house was topsy-turvy.*

■ **Sous le boisseau** • *Under wraps*
Ils gardent le programme sous le boisseau jusqu'au jour de l'ouverture. • *They're keeping the program under wraps until opening day.*

■ **Sucer jusqu'à la moelle** • *To bleed dry*
L'usurier l'a sucé jusqu'à la moelle et il ne veut plus le lâcher. • *The loan shark bled him dry, and still don't want to let him go.*

■ **Sur le plancher des vaches** • *On dry land*
Après cette traversée houleuse, il fait bon se retrouver sur le plancher des vaches. • *It feels good to be on dry land after the rough crossing.*

AIDE-MÉMOIRE

Pensez-vous que ce soldat survivra à ses blessures ?
Although he is badly wounded, do you think the soldier will survive?

Est-ce qu'elle interrompt souvent la conversation comme ça ?
Does she often break into the conversation like that?

Pouvez-vous reconnaître cette mélodie ?
Can you identify this tune?

Alors, vous êtes certain qu'il s'agit bien d'eux ?
So, you're sure it's them?

Où la voiture s'est-elle retrouvée après l'impact ?
Where did the car end up after the collision?

Comment savez-vous qu'il s'est remis à boire ?
How do you know he started drinking again?

A-t-elle eu de la difficulté à vaincre ses adversaires ?
Did she have a hard time defeating her opponents?

Vous tenez à ce que mes propos soient plus clairs ?
You really want me to speak more clearly?

Ont-elles participé à la conception de la campagne publicitaire ?
Did they take part in the creation of the advertising campaign?

Va-t-il revenir travailler après un si longue absence ?
Will he come back to work after such a long absence?

EXPRESSIONS

■ **À la dernière extrémité / à l'article de la mort** • *At death's door / on the point of death*
Il ne vivra pas longtemps; il est à la dernière extrémité. • *He will not live much longer; he is at death's door.*

■ **À tout bout de champ** • *All the time*
Elle interrompait les conférenciers à tout bout de champ. • *She was interrupting the speakers all the time.*

■ **Avoir de l'oreille** • *To have an ear for music*
Étant donné que vous avez de l'oreille, vous devriez suivre des cours de piano. • *Since you have an ear for music, you should take piano lessons.*

■ **Cela ne fait pas l'ombre d'un doute** • *There is not the ghost of a doubt*
Ils ont triché toute la soirée, cela ne fait pas l'ombre d'un doute. • *They cheated all night long, there isn't the ghost of a doubt.*

■ **Entrer dans le décor** • *To run off the road*
Il pleuvait beaucoup, son auto a glissé et elle est entrée dans le décor. • *It was pouring rain, her car skidded and ran off the road.*

■ **Être entre deux vins** • *To be half drunk*
Quand je l'ai rencontré hier soir, il était encore entre deux vins. • *When I met him last night, he was already half drunk.*

■ **Gagner dans un fauteuil** • *To win hands down (or in a breeze, or in a walk)*
La course était tellement facile que j'aurais pu gagner dans un fauteuil. • *The race was so easy I could have won hands down.*

■ **Jouer cartes sur table / jouer franc jeu** • *To play fair*
Cessez d'inventer des excuses et jouez cartes sur tables. • *Stop bringing up excuses and play fair.*

■ **Mettre la main à la pâte** • *To take a hand in it*
Attendez-nous, le travail se fera vite, car nous allons mettre la main à la pâte. • *Wait for us, the job will be quickly done because we will take a hand in it.*

■ **Reprendre le collier** • *To get back into harness*
Elle reprend le collier après une longue maladie qui a duré des mois. • *She is getting back into harness after an illness that lasted for months.*

AIDE-MÉMOIRE

Qu'avez-vous fait tout l'après-midi au centre-ville ?
What were you doing downtown all afternoon?

Votre meilleur vendeur ne travaille plus pour vous ?
Doesn't your best salesman work for you anymore?

A-t-il dormi longtemps après avoir couru cet ultramarathon ?
Did he get much sleep after the ultramarathon?

Qu'est-ce qui s'est passé au cours du spectacle en plein air ?
What really happened during the outdoor concert?

Devrais-je consacrer de longues heures à aider cet organisme ?
Should I put in long hours to help the organization?

Cette loi antitabac a-t-elle provoqué beaucoup de réactions ?
Did the anti-smoking bill cause a lot of reaction?

Vous les avez laissés partir sans rien dire ?
You let them go without saying a word?

Quelqu'un aurait-il pu prévoir cette éruption volcanique ?
Could somebody have foreseen the volcanic eruption?

Que font ces élèves seuls en classe ?
What are the students doing alone in the classroom?

D'après vous, seront-elles capables d'atteindre le sommet de l'Everest ?
Do you think they'll make it to the top of Mount Everest?

EXPRESSIONS

▢ **Faire du lèche-vitrines** • *To go window-shopping*
N'ayant rien au programme, nous en avons profité pour faire du lèche-vitrines. • *Since we had nothing on the agenda we decided to go window-shopping.*

▢ **Faire faux bond** • *To leave in the lurch*
Ils nous ont fait faux bond à la toute dernière minute. • *They left us in the lurch at the very last moment.*

▢ **Faire le tour du cadran** • *To sleep around the clock*
Elle était tellement fatiguée qu'elle a fait le tour du cadran. • *She was so tired that she slept around the clock.*

▢ **Fouler aux pieds** • *To ride roughshod over*
Les intrus ont foulé aux pieds les spectateurs qui assistaient au match de soccer. • *The intruders rode roughshod over the spectators who were at the soccer game.*

▢ **Le jeu n'en vaut pas la chandelle** • *It's not worth the trouble*
Ne vous engagez pas dans cette aventure, le jeu n'en vaut pas la chandelle. • *Don't get involved in this deal, it's not worth the trouble.*

▢ **Déclencher une levée de boucliers** • *To provoke an uproar*
La construction d'une centrale électrique a déclenché une levée de boucliers chez les environnementalistes. • *The construction of a power-station provoked an uproar from the environmentalists.*

▢ **Prendre la clé (clef) des champs** • *To run away*
Au cours de la fin de semaine, trois prisonniers ont pris la clé (clef) des champs. • *Three prisoners ran away on the weekend.*

▢ **Sans crier gare** • *Without warning*
Très tôt le matin, elle est arrivée chez nous sans crier gare. • *She popped in at our house without warning, very early in the morning.*

▢ **Se tourner les pouces** • *To twiddle one's thumbs*
Les nouveaux venus n'avaient pas de travail et ils se tournaient les pouces. • *The newcomers didn't have any work to do, so they twiddled their thumbs.*

▢ **Tenir le coup** • *To weather the storm*
Je ne suis pas certain qu'ils soient en mesure de tenir le coup longtemps. • *I am not sure that they'll be able to weather the storm much longer.*

AIDE-MÉMOIRE

Est-elle arrivée à temps pour les sauver du naufrage ?
Was she there in time enough to rescue them from shipwreck?

Pourquoi les compressions budgétaires ne l'inquiètent-elles pas ?
Why doesn't he worry about the spending cuts?

Est-ce que le syndicat est sorti gagnant de cette négociation ?
Did the union end up winning the negotiations?

Comment a-t-elle pu se reposer après ce long voyage ?
How did she manage to sleep after the long trip?

Le gouvernement a-t-il décidé de ne plus fermer cet hôpital ?
Has the government decided not to close down the hospital after all?

Pensez-vous que cette plongeuse pourra lui ravir la médaille d'or ?
Do you think the diver will carry off her gold medal?

Croyez-vous sincèrement que ce rapport sera rendu public ?
Do you truly believe the report will eventually be released to the public?

Était-il heureux de la tournure des événements ?
Was he happy with the turn of events?

Se fait-elle toujours autant de souci pour de simples blâmes ?
Does she always pay that much attention to futile talk?

S'intéresse-t-il beaucoup à la politique ?
Is he very interested in politics?

EXPRESSIONS

■ **Arriver à point nommé** • *To arrive in the nick of time / to be Johnny-on-the-spot*
Il est arrivé à point nommé ; un instant plus tard et son fils se noyait. • *He arrived in the nick of time; a moment later and his son would have drowned.*

■ **Avoir des biens au soleil** • *To own land*
N'ayez aucune crainte pour son avenir ; elle a des biens au soleil. • *Don't worry about her future; she owns land.*

■ **Courber (ou plier) l'échine** • *To grovel before s.o.*
Ils ont dû courber l'échine devant leur patron intransigeant. • *They had to grovel before their uncompromising boss.*

■ **Dormir à poings fermés** • *To sleep like a baby*
Regardez-le, il dort à poings fermés. • *Look at him, he is sleeping like a baby.*

■ **Faire marche arrière** • *To back out*
Devant l'opposition à son projet, la compagnie a fait marche arrière. • *The firm backed out because of the opposition to its project.*

■ **Ne pas arriver à la cheville de qqn** • *Not to hold a candle to s.o.*
Votre nouvelle secrétaire n'arrive pas à la cheville de la précédente. • *Your new secretary does not hold a candle to your former one.*

■ **Rester dans les cartons** • *To gather dust*
Voici un autre rapport de commission qui restera dans les cartons. • *Here is another committee report which will gather dust.*

■ **Rester le bec dans l'eau** • *To be left holding the bag*
Il s'attendait à être choisi président, mais il est resté le bec dans l'eau. • *He was hoping to be named president but he was left holding the bag.*

■ **Se mettre martel en tête** • *To get worried*
Il fait beau aujourd'hui. Pourquoi vous mettre martel en tête ? • *It is a beautiful day today. Why get worried?*

■ **S'en moquer comme de l'an quarante** • *Not to give a straw about sthg / not to care two pins about sthg*
Son avenir au sein de l'équipe ? Il s'en moque comme de l'an quarante. • *He doesn't give a straw about his future with the team.*

AIDE-MÉMOIRE

Ne pensez-vous pas que tous ces cadeaux politiques sentent l'élection ?
Don't you think that all those political donations foreshadow an election?

Pourquoi cet homme titube-t-il ?
Why is this man staggering?

Comment vont les choses pour ce fabricant de chaussures ?
How is the shoemaker's business doing?

Que pensez-vous de cette chanteuse ? Ira-t-elle loin ?
What do you think of the singer? Is she star material?

Est-ce qu'elle cause toujours autant ?
Does she always talk so much?

Ce hockeyeur pourra-t-il revenir au jeu à temps pour les séries
éliminatoires ?
Will the hockey player be well enough to play in the finals?

Comment avez-vous fait pour deviner cela ?
How did you manage to figure this out?

Qu'avez-vous fait en entrant dans le salon funéraire ?
What did you do when you arrived at the funeral home?

Cette femme a-t-elle beaucoup voyagé ?
Has she traveled a lot?

Était-ce une rencontre à plusieurs personnes ?
Were there a lot of people at the meeting?

EXPRESSIONS

■ **Aller aux urnes** • *To go to the polls*
Il semble que le pays ira aux urnes dans un avenir rapproché. • *It seems that we will be going to the polls in the very near future.*

■ **Avoir du vent dans les voiles** (= être ivre) • ***To be three sheets to the wind***
Ce monsieur semble avoir trop bu ; il a du vent dans les voiles. • *This man seems to have had a little too much; he is three sheets to the wind.*

■ **Avoir le vent dans les voiles / avoir le vent en poupe** (= connaître du succès) • ***To be up-and-coming***
La nouvelle maison d'édition de la région a le vent dans les voiles. • *The new regional publishing house is up-and-coming.*

■ **Avoir le feu sacré** • ***To put one's heart in one's work***
Cette comédienne a le feu sacré et ça paraît dans son jeu. • *This actress has put her heart in her work and it shows in her performances.*

■ **Être un moulin à paroles** • ***To be a windbag / to talk a blue streak***
Il est bien difficile de lui dire un seul mot, car il est un moulin à paroles. • *It is quite difficult to get even a word edgewise as he's such a windbag.*

■ **Grossir la liste** • ***To join the ranks of***
Les trente employés ont été mis à pied ; ils iront grossir la liste des chômeurs. • *Thirty employees were laid off; they'll be joining the ranks of the unemployed.*

■ **Mon petit doigt me l'a dit** • ***A little bird told me***
Je suis au courant de tout ce qui s'est passé : mon petit doigt me l'a dit ! • *I know everything that went on: a little bird told me!*

■ **Présenter ses respects** • ***To pay one's respects***
Elle connaît bien le directeur et elle est venue lui présenter ses respects. • *She knows the new director well and she came to pay her respects to him.*

■ **Rouler sa bosse** • ***To knock about***
Il a roulé sa bosse un peu partout dans le monde. • *He knocked about almost everywhere in the world.*

■ **Seul à seul** • ***One on one***
Rencontrez-moi cet après-midi ; nous reparlerons de cela seul à seul. • *Let's meet this afternoon and we will talk about it one on one.*

AIDE-MÉMOIRE

Ce quotidien a-t-il bonne réputation dans le milieu ?
Does this daily newspaper have a good name?

Comment a-t-il réagi lorsqu'on lui a attribué la défaite de l'équipe ?
How did he react when they said he was responsible for the team's loss?

Vous ne trouvez pas que cet individu est tout à fait grossier ?
Don't you think this man has absolutely no manners?

Cet humoriste fait-il preuve de rectitude politique ?
Is this comedian politically correct?

S'agit-il d'un valeureux chevalier ou d'un hors-la-loi ?
Is he a valorous knight or an outlaw?

Qu'ont-ils fait pour connaître les besoins de la population ?
How did you manage to get such a clear view of the needs of the public?

Penses-tu qu'il apprécierait qu'on lui rende service ?
Do you think he would appreciate our help?

Cet organisme s'est-il bien défendu lors des audiences publiques ?
Has the organization hold its ground well at the public hearings?

Est-ce que vous prendrez encore de ce bon vieux scotch ?
Would you like some more of this marvelous old scotch?

Les amoureux ont-ils besoin de beaucoup pour être tout à fait heureux ?
Do lovers need a lot to be totally happy?

EXPRESSIONS

■ **Feuille de chou** • *Scandal sheet*
Pour de vraies nouvelles, consultez autre chose que cette feuille de chou. • *If you want real news, forget about this scandal sheet.*

■ **Monter sur ses grands chevaux** • *To get up on one's high horse*
Nous insistions pour qu'il avoue son erreur, mais il est monté sur ses grands chevaux. • *We insisted that he admits his mistake, but he got up on his high horse.*

■ **Ours mal léché** • *Big oaf*
Je vous souhaite une bonne rencontre avec lui, car c'est un ours mal léché. • *I hope you will have a good meeting with him because he is a big oaf.*

■ **Plaisanterie de corps de garde** • *Locker-room joke*
Son sens de l'humour se limite à des plaisanteries de corps de garde. • *His sense of humor is limited to locker-room jokes.*

■ **Sans foi ni loi** • *Without any sense of decency*
Ne vous fiez pas à lui, car c'est un individu sans foi ni loi. • *Don't trust him because he's totally without any sense of decency.*

■ **Tâter le terrain** • *To get the lay of the land*
Des individus louches ont tâté le terrain au sujet de notre nouveau produit. • *Shady individuals were trying to get the lay of the land on our new product.*

■ **Tendre la perche à qqn** • *To lend a helping hand*
Vous devriez lui tendre la perche, il a vraiment besoin de vous. • *You should lend him a helping hand, he really needs you.*

■ **Tirer son épingle du jeu** • *To get out while the getting is good*
Cet homme d'affaires a tiré son épingle du jeu avant que la compagnie fasse faillite. • *This businessman got out while the getting was good, before the company went bankrupt.*

■ **Une larme de** • *A drop of*
Oui, vous pouvez me verser une larme de ce digestif qui semble succulent. • *Yes, you can pour me a drop of this succulent liqueur.*

■ **Vivre d'amour et d'eau fraîche** • *To live on love alone*
Voyez-moi ces deux jeunes gens qui vivent d'amour et d'eau fraîche ! • *Look at these two young people who live on love alone.*

AIDE-MÉMOIRE

Avez-vous déjà voyagé en avion ?
Have you ever traveled by plane?

À quel endroit avez-vous trouvé ces étoiles de mer?
Where did you find those starfish?

Avez-vous scruté ce dossier à fond ?
Have you examined the case thoroughly?

Cette déclaration n'a pas dû plaire au public ?
This declaration probably did not please the public, or did it?

Devrais-je confier ma déclaration de revenus à ce comptable ?
Should I entrust this accountant with my income-tax return?

Comment était-il avant son interview pour l'emploi ?
How was he before his job interview?

Que faire pour m'y retrouver dans mes fichiers informatiques ?
What should I do to tidy up my computer files?

À quoi cette enquête a-t-elle contribué ?
Where did this investigation lead?

Votre mère était-elle de votre côté ?
Was your mother on your side?

Que font ces gens avec toutes ces caméras ?
What are they doing with all those cameras?

EXPRESSIONS

■ **Baptême de l'air** • *First (or maiden) flight*
Il a reçu son baptême de l'air alors qu'il avait quatre-vingt-dix ans. • *He made his first flight at ninety.*

■ **Chemin faisant** • *Along the way*
Chemin faisant, elle m'a déclaré qu'elle voulait partir pour de bon. • *Along the way, she told me she wanted to leave for good.*

■ **Examiner sous (ou sur) toutes les coutures** • *To take a hard look at sthg*
Avant de signer le contrat, examinons la proposition sous toutes ses coutures. • *Let's take a hard look at the proposal before signing the contract.*

■ **La goutte qui fait déborder le vase** • *The straw that breaks the camel's back*
Ce dernier affront est la goutte qui fait déborder le vase. • *This last insult is the straw that breaks the camel's back.*

■ **Les trucs du métier** • *The tricks of the trade*
Consultez cet avocat, il connaît tous les trucs du métier. • *Consult this lawyer, he knows all the tricks of the trade.*

■ **Marcher de long en large** • *To pace the floor*
En attendant le médecin, il marchait de long en large. • *He paced the floor while waiting for the doctor.*

■ **Mettre à jour** • *To bring up to date*
Vous devriez mettre à jour tous vos dossiers au sujet des clients. • *You should bring all customer records up to date.*

■ **Mettre au jour** • *To bring to light*
La Sûreté provinciale a mis au jour un important réseau de braconnage. • *The Provincial Police brought to light an important poaching ring.*

■ **Prendre le parti de** • *To speak up for*
Fait inusité, les politiciens ont pris le parti des sans-abri. • *For once, the politicians spoke up for the homeless.*

■ **Tourner un film** • *To shoot a film*
Mon ami va tourner un film sur les champignons de notre forêt. • *My friend will shoot a film about the mushrooms of our forest.*

AIDE-MÉMOIRE

A-t-elle les aptitudes pour faire ce genre de travail ?
Does she have the qualifications for this kind of work?

Que pensez-vous du goût soi-disant amélioré de cette nouvelle confiture ?
What do you think of this so-called new and improved jam?

Reconnaissez-vous cet homme ?
Do you recognize this man?

Avez-vous pris le temps de manger un peu ?
Did you take time to eat something?

Portait-elle des vêtements quand ils l'ont trouvée dans le bosquet ?
When they found her in the grove, was she wearing any clothes?

Depuis quand l'homme éprouve-t-il des désirs pour la femme ?
Since when have men desired women?

Ses paroles étaient-elles à ce point violentes ?
Did he really speak in such violent terms?

Les éléments de cette chaîne stéréophonique sont-ils difficiles à assembler?
Are the components of this stereo sound system easy to assemble?

Que pourriez-vous faire pour qu'il sorte de cette aventure sans lendemain ?
What can we do to help him put an end to this hopeless adventure to nowhere?

Comment ont-ils réussi à vaincre cette équipe ?
How did they manage to overcome this team?

EXPRESSIONS

■ **Avoir du cœur à l'ouvrage** • *To work with a will*
Embauchez ce jeune homme, car il a du cœur à l'ouvrage. • *Hire this young man because he works with a will.*

■ **C'est bonnet blanc et blanc bonnet / c'est du pareil au même** • *It's all much of a muchness / it's six of one and a half dozen of the other*
Libéral, conservateur, c'est bonnet blanc et blanc bonnet. • *Liberal, Conservative, it's all much of a muchness.*

■ **Connu comme le loup blanc [ou comme Barabbas (Barrabas) dans la Passion ❖]** • *Known all over*
Ce vendeur de calendriers est connu comme le loup blanc. • *This calendar salesman is known all over.*

■ **Danser devant le buffet** • *To go without supper*
Trop occupé à travailler, il dansait devant le buffet très souvent. • *He often went without supper because he was too preoccupied with his work.*

■ **Dans le plus simple appareil** • *In the altogether / in the raw / stripped to the buff*
Sur la plage, de nombreux nageurs se dandinaient dans le plus simple appareil. • *There were a lot of swimmers waddling in the altogether on the beach.*

■ **Depuis que le monde est monde** • *Since the beginning of time*
Depuis que le monde est monde, la mer est un endroit dangereux. • *The sea has been a dangerous place since the beginning of time.*

■ **Jurer comme un charretier** • *To swear like a trooper*
Les policiers le retenaient et il jurait comme un charretier. • *The policemen held him down and he was swearing like a trooper.*

■ **L'enfance de l'art** • *Child's play*
Vous pouvez apprendre ce nouveau sport sans difficulté, car c'est l'enfance de l'art. • *You can learn this new sport easily for it's child's play.*

■ **Ouvrir les yeux à qqn** • *To set s.o. wise*
Cette nouvelle preuve devrait vous ouvrir les yeux à son sujet. • *This latest evidence should set you wise about him.*

■ **Revenir à la charge** • *To keep harping on sthg*
Les parents reviennent à la charge au sujet de la construction d'une école plus grande. • *Parents keep harping about the construction of a larger school.*

AIDE-MÉMOIRE

Qu'ont fait les fantassins devant la cavalerie ?
What did the infantry do against the cavalry?

Est-ce que ses affirmations sont crédibles ?
Is his statement credible?

Que pourrais-je vous dire pour vous inciter à entamer le travail ?
What can I tell you that will help you start on the project?

Est-ce qu'il a également des talents en musique ?
Is he also musically talented?

Vous croyez qu'elle l'aime au point de faire des bassesses ?
Do you think she loves him to the point of kowtowing to him?

Est-ce que votre nouvelle voiture fonctionne mieux que la précédente ?
Does your new car run better than your old one?

Est-elle vraiment malade ?
Is she really sick?

Est-ce que les textes des Surréalistes étaient difficiles à suivre ?
Were the writings of the Surrealists difficult to understand?

Maintenant qu'il a dépensé toutes ses économies, comment vivra-t-il ?
Now that he has spent all his savings, what will he live on?

Est-ce qu'elle s'attendait à cette nouvelle ?
Was that the kind of news she expected?

EXPRESSIONS

■ **Battre en retraite** • *To beat a retreat*
Les opposants à la nouvelle loi sur la fonction publique ont battu en retraite. • *The opponents of the new civil service law beat a retreat.*

■ **Cousu de fil blanc** • *Easy to see through*
Ses histoires de voyages sont cousues de fil blanc. • *His travel stories are easy to see through.*

■ **En avant la musique** • *Let's get moving*
Nous avons perdu assez de temps, en avant la musique ! • *We have lost enough time already, let's get moving!*

■ **Être dans les cordes de qqn** • *To be right up one's alley / to be in s.o.'s line / to be in s.o.'s line of country Br*
Vous devriez vous mettre à écrire des romans, c'est sûrement dans vos cordes. • *You should start writing novels, it's right up your alley.*

■ **Être l'âme damnée de qqn** • *To be the tool of s.o.*
C'est l'âme damnée de votre plus grand adversaire depuis des années. • *He has been the tool of your worst opponent for years.*

■ **Jouer de malheur** • *To have a run of bad luck*
Je l'ai cherché partout, mais je ne l'ai pas trouvé ; j'ai joué de malheur. • *I looked everywhere for him, but I didn't find him; I had a run of bad luck.*

■ **Monter sur le billard** • *To go under the knife*
Elle monte sur le billard demain matin ; le docteur l'y attend. • *She is going under the knife tomorrow morning; the doctor is expecting her.*

■ **Passer du coq à l'âne** • *To jump from one topic to another*
Nous n'avions pas grand-chose à dire et nous passions du coq à l'âne. • *We didn't have a lot to talk about and we jumped from one topic to another.*

■ **Réduire son train de vie** • *To draw (or pull) in one's horns / to trim one's sails*
Puisqu'il a perdu son emploi, il se devra de réduire son train de vie. • *Since he lost his job, he will have to draw in his horns.*

■ **Venir de nulle part** • *To come out of a clear blue sky (or of the blue, or of nowhere)*
La motocyclette est venue de nulle part et a frappé le vieillard qui traversait la rue. • *The motorcycle came out of a clear blue sky and hit the old man crossing the street.*

AIDE-MÉMOIRE

À quel endroit ont-ils trouvé les survivants ?
Where did they find the survivors?

À quelle période de la journée préférez-vous vous balader ?
What is your favorite time of day to go for a stroll?

Pensez-vous qu'il a bien fait d'acheter ce commerce ?
Do you think he did the right thing when he bought the store?

Et puis, est-ce que le film était aussi bon qu'on le disait ?
So, was the movie as good as they said?

Va-t-il enfin lui dire ce qu'il attend d'elle ?
Will he finally tell her exactly what he expects of her?

Est-ce qu'elle se sent mieux aujourd'hui ?
Is she feeling better today?

Croyez-vous qu'il ait les compétences requises pour remplir ce poste ?
Do you think he has the required skills for the job?

Alors, comment étaient les naturistes ?
So, how were the nudists?

De quelle façon la ministre a-t-elle été reçue à Paris ?
How did the Parisians welcome the Minister?

Est-ce qu'il a réussi à percer en informatique ?
Has he begun to make a name for himself in the computer field?

EXPRESSIONS

■ **En pleine mer** • *On the high seas*
Les deux barreurs de voiliers ont été rescapés en pleine mer. • *The two skippers were rescued on the high seas.*

■ **Entre chien et loup** • *At twilight*
Le carambolage d'une centaine de voitures s'est produit entre chien et loup. • *The collision involving a hundred cars occurred at twilight.*

■ **Faire une gaffe** • *To drop a brick*
Tu as fait une gaffe en mentionnant son séjour à La Barbade. • *You dropped a brick when you spoke about his vacation in Barbados.*

■ **Jeter de la poudre aux yeux** • *To pull the wool over s.o.'s eyes*
Ce petit politicien n'est bon qu'à jeter de la poudre aux yeux des électeurs. • *This minor politician is only good at pulling the wool over voters' eyes.*

■ **Mettre les points sur les i** • *To dot the i's and cross the t's*
Laissez-moi mettre les points sur les i : il n'est pas question de partir demain. • *Let me dot the i's and cross the t's: we won't be leaving tomorrow.*

■ **Ne pas être dans son assiette** • *To be under the weather*
Je ne sais pas ce qui la chicote, mais elle n'est pas dans son assiette. • *I don't know what's going through her mind but she's under the weather.*

■ **Ne pas faire le poids** • *Not to come up to scratch*
L'aspirant ne faisait pas le poids devant le champion en titre. • *The challenger did not come up to scratch with the defending champion.*

■ **Nu comme un ver** • *Stark naked*
Le petit enfant, nu comme un ver, prenait ses ébats dans la piscine. • *The young child, stark naked, was having fun in the swimming-pool.*

■ **Porter aux nues / tresser des couronnes à qqn** • *To praise to the skies*
On a porté aux nues cet artiste, et voyez ce qu'il est devenu aujourd'hui. • *We praised this artist to the skies and look what has become of him today.*

■ **Se faire un nom** • *To make one's mark*
Elle travaille beaucoup et espère se faire un nom dans le domaine de la mode. • *She's working hard and hopes to make her mark in the fashion world.*

AIDE-MÉMOIRE

Ont-elles remporté le championnat national ?
Did the girls win the national championship?

Comment en sont-ils venus à ourdir le complot ?
How did they hatch the plot?

Êtes-vous capable de rester immobile longtemps sur l'eau sans couler ?
Can you float for a long time in the water without moving and not sink?

Cet homme est-il toujours soumis comme cela devant ses patrons ?
Is this man always so submissive when he is with his superiors?

Se sont-ils pliés à l'injonction ?
Did they submit themselves to the injunction?

Faites-vous des recherches sur l'écrasement d'avion ?
Are you doing research on the plane crash?

Pensez-vous que ce nouveau parc d'attractions saura plaire aux touristes ?
Do you think the new amusement park will draw tourists?

Y avait-il beaucoup de monde à ce match inaugural de la saison de base-ball ?
Were there lots of people at the first ball game of the season?

Pour quelle raison ce conflit ne semble-t-il pas se régler ?
Why does this conflict seem unsolvable?

Avait-il réfléchi avant de lui lancer cette boutade de mauvais goût ?
Did he ever think of what he was saying before telling him a bad joke?

EXPRESSIONS

À un poil près • *By a hair's breadth*
Il a remporté la course à bicyclette interprovinciale à un poil près. • *He won the interprovincial cycling race by a hair's breadth.*

De fil en aiguille • *One thing leading to another*
Nous nous fréquentions et, de fil en aiguille, nous étions mariés. • *We went out together and, one thing leading to another, we were married.*

Faire la planche • *To float on one's back*
Il est très bon pour faire la planche, et plus particulièrement dans la mer. • *He is quite good at floating on his back, especially in the sea.*

Faire les quatre volontés de qqn • *To dance to s.o.'s tune*
Elle avait peur de cet homme et faisait donc ses quatre volontés. • *She was afraid of the man and she was dancing to his tune.*

Jeter les hauts cris • *To complain bitterly*
Le locataire a jeté les hauts cris quand on lui a demandé de quitter les lieux. • *The tenant complained bitterly when he was asked to leave the premises.*

Ne pas éveiller (ou réveiller) le chat qui dort • *To let sleeping dogs lie*
Ne tentez pas de faire revivre cette histoire ; il est préférable de ne pas éveiller le chat qui dort. • *Don't try to revive this story; it is preferable to let sleeping dogs lie.*

Ne rimer à rien • *To have no rhyme nor reason*
Cette idée de construire un nouvel hôtel de ville ne rime à rien. • *The construction of a new city hall has no rhyme nor reason.*

Plein à craquer (ou à crever) • *Bursting at the seams*
L'amphithéâtre était plein à craquer pour accueillir cette vedette. • *The auditorium was bursting at the seams for this star.*

Tirer à hue et à dia • *To pull in opposite directions*
On comprend pourquoi ça ne marche pas : tout le monde tire à hue et à dia. • *We know why it's not working: everybody's pulling in opposite directions.*

Tout à trac • *Without thinking*
Il lui confia tout à trac qu'il était prêt à faire partie du groupe d'étude. • *Without thinking, he told him he was ready to be part of the task force.*

AIDE-MÉMOIRE

Que faut-il faire quand on décide de doubler une voiture sur
l'autoroute ?
What should you do if you want to pass a car on the highway?

Est-ce que vous avez beaucoup de travail cette semaine ?
Do you have a lot of work this week?

La fille prend-elle bien soin de sa mère ?
Is the daughter taking good care of her mother?

Comment vont les amours?
How is your love life?

Est-ce qu'il a déniché de petites merveilles à l'encan ?
Did he find any treasures at the auction?

Est-elle toujours aussi silencieuse ?
Is she always so quiet?

La charade va-t-elle durer encore longtemps ?
Can we expect a resolution soon?

Dites-vous que tous les athlètes professionnels ne sont intéressés qu'à
l'argent ?
*Are you saying that all professional athletes are only interested in
money?*

Comment ont-ils reçu les visiteurs de marque ?
How did they receive the distinguished visitors?

D'après vous, deviendra-t-elle une vedette un jour ?
In your opinion, will she become a star one day?

EXPRESSIONS

■ **Appuyer sur le champignon** • *To step on the gas*
Nous sommes pressés, mais ce n'est pas une raison pour appuyer sur le champignon.
• *We are in a hurry but it's no reason to step on the gas.*

■ **Avoir du pain sur la planche** • *To have a long row to hoe*
Je ne pourrai prendre de vacances cet été, car j'ai du pain sur la planche. • *I will not be able to go on vacation this summer because I have a long row to hoe.*

■ **Bâton de vieillesse** • *Staff (or prop) of old age*
Ce jeune fils est son bâton de vieillesse, et elle en est fière. • *This young son is the staff of her old age and she is proud of him.*

■ **Comme ci, comme ça** • *So-so*
– Êtes-vous heureux ces temps-ci ? – Comme ci, comme ça. • *– Are you happy these days? – So-so.*

■ **Faire bonne chasse** • *To get a good bag*
Ils sont revenus tout sourires parce qu'ils avaient fait bonne chasse. • *They came back all smiles because they got a good bag.*

■ **Faire tapisserie** • *To be a wallflower*
Elle est tellement gênée qu'elle fait constamment tapisserie. • *She's so shy that she tends to be a wallflower.*

■ **La minute (ou l'heure) de vérité** • *The moment of truth*
Il faut tout avouer, ma chère, car la minute de vérité a sonné. • *My dear, you must make a full confession because the moment of truth has come.*

■ **Mettre dans le même panier (ou même sac)** • *To be tarred with the same brush / to lump together*
Vous ne pouvez tout de même pas mettre tous les politiciens dans le même panier. • *All politicians are not tarred with the same brush.*

■ **Mettre les petits plats dans les grands** • *To put on a big spread*
Pour nous impressionner, ils ont mis les petits plats dans les grands. • *They put on the big spread to impress us.*

■ **N'avoir aucune chance** • *To have a snowball's chance in hell*
Vous n'avez aucune chance de gagner contre cet astucieux joueur d'échecs. • *You have a snowball's chance in hell chance of winning against this brilliant chess-player.*

AIDE-MÉMOIRE

Est-ce que vous avez assez d'espace dans votre bureau ?
Do you have plenty of space in your office?

Pourquoi me recommandez-vous de présenter ma demande maintenant ?
Why should I apply now?

Était-il à jeun lorsqu'il a heurté la statue avec sa voiture ?
Was he sober when his car bumped into the statue?

Quelle était la spécialité de Sherlock Holmes ?
What was Sherlock Holmes' specialty?

Vous a-t-elle parlé de ses histoires de couple ?
Has she told you about her marital squabbles?

Quel est le dernier sujet à l'ordre du jour ?
What is the last point on the agenda?

Les routes de ce coin de pays sont-elles carrossables ?
Are the roads suitable for motor vehicles in that neck of the woods?

Vaut-il la peine de leur parler de ce projet ?
Is it worth talking to them about the project?

Qu'est-ce qu'un clown réussit le mieux à faire ?
What is a clown best at?

Est-il préférable de donner tous les détails dans certaines circonstances ?
In certain situations, are all the details necessary?

EXPRESSIONS

■ **À l'étroit** • *Cramped for space*
Notre entreprise grandit sans cesse et nous sommes de plus en plus à l'étroit. • *Our company is constantly growing and we're more and more cramped for space.*

■ **Battre le fer pendant qu'il est chaud** • *To make hay while the sun shines*
Si vous voulez réussir dans la vie, il faut battre le fer pendant qu'il est chaud • *You must make hay while the sun shines if you want to succeed in life.*

■ **Dans les vignes du Seigneur** • *In one's cups*
Depuis qu'il a appris la bonne nouvelle, il est dans les vignes du Seigneur. • *Since he learned the good news, he's been in his cups.*

■ **Découvrir le pot aux roses** • *To blow the lid off sthg*
Ils ont interrogé toutes les personnes présentes et ont découvert le pot aux roses. • *They questioned everyone present and blew the lid off the enigma.*

■ **En conter des vertes et des pas mûres** • *To tell tall tales*
Ce voyageur de commerce nous en conte toujours des vertes et des pas mûres. • *This commercial traveler always has tall tales to tell us.*

■ **Lever la séance** • *To adjourn a session*
Fatigué, le président a levé la séance aux premières heures du matin. • *The chairman was tired and so the session was adjourned in the wee hours of the morning.*

■ **Nid-de-poule** • *Pothole*
Au printemps, il y a des milliers de nids-de-poule dans les rues de notre ville. • *In the spring, there are thousands of potholes in the streets of our city.*

■ **Prêcher dans le désert** • *To talk to deaf ears*
Essayer de convaincre ces gens têtus, c'est vraiment prêcher dans le désert. • *Trying to convince such pigheaded persons is really talking to deaf ears.*

■ **Se dilater la rate / se payer une pinte de bon sang** • *To have a good laugh*
À l'occasion, je me paie ce genre de spectacle pour me dilater la rate. • *Once in a while, I go to a show like that to make me laugh.*

■ **Tenir sa langue** • *To hold one's peace*
Quand nous le rencontrerons, tenez votre langue et ainsi vous ne révélerez rien. • *When we meet him, hold your peace so that you reveal nothing.*

AIDE-MÉMOIRE

Est-ce que les gens ont bien reçu son message ?
Was his message well understood?

Est-elle bien avec lui ?
How is she getting along with him?

La concurrence est-elle forte dans ce domaine ?
Is competition fierce in this field?

Que pensez-vous de cette voiture ?
What do you think of this car?

Le cessez-le-feu a-t-il été respecté ?
Was the ceasefire respected?

A-t-elle pu garder longtemps en dedans ce qu'elle avait sur le cœur ?
Was she able to keep quiet very long over what she had on her mind?

Comment est-il devenu riche ?
How did he become so rich?

Jusqu'où puis-je aller dans cette enquête ?
How far can I go in this investigation?

Pourquoi a-t-il avoué sa culpabilité dès la première journée du procès ?
Why did he confess his crime on the very first day of the trial?

Pensez-vous que je l'ai offusquée ?
Do you think I offended her?

EXPRESSIONS

■ **Abonder dans le sens de** • *To be entirely in agreement with*
La foule abondait dans le sens de l'orateur enflammé. • *The crowd was entirely in agreement with the passionate speaker.*

■ **Aimer à la folie** • *To be madly in love with s.o. / to love s.o. to distraction*
Il aimait sa femme à la folie et ne peut se remettre de sa disparition subite. • *He was madly in love with his wife and cannot get over her sudden death.*

■ **Aller (ou marcher) sur les brisées de qqn** • *To tread on s.o.'s territory*
Le vendeur d'ordinateurs allait sur les brisées de son concurrent. • *The computer dealer was treading on his competitor's territory.*

■ **Avoir du chien** • *To have style*
Cette lectrice de nouvelles n'est pas frappante de prime abord, mais elle a du chien.
• *This newscaster is not striking at first sight but she has style.*

■ **Échanger des coups de feu** • *To have a shoot-out*
Les deux clans ennemis de la mafia ont échangé des coups de feu au restaurant. • *The two opposing clans of the mafia had a shoot-out at the restaurant.*

■ **Égrener son chapelet** • *To get a load off one's mind*
Nerveuse, elle tremblait ; alors, elle décida d'égrener son chapelet. • *Anxious and trembling, she decided to get a load off her chest.*

■ **Faire son beurre** • *To make a pile*
Il a fait son beurre dans un drôle de métier : la vente de guenilles. • *He made a pile in an odd business: the rag trade.*

■ **Laisser carte blanche** • *To give a free hand*
J'aimerais que vous me laissiez carte blanche dans la conduite de cette affaire. • *I would like you to give me a free hand in the direction of this project.*

■ **Par acquit de conscience** • *To ease one's conscience*
Par acquit de conscience, je suis allé la voir pour lui demander pardon. • *To ease my conscience, I went to see her to apologize.*

■ **Piquer au vif** • *To cut to the quick*
Pendant la réunion, vos commentaires désobligeants l'ont piqué au vif. • *During the meeting, your unkind remarks cut him to the quick.*

AIDE-MÉMOIRE

Le journaliste a-t-il rapporté les révélations que vous lui avez faites ?
Did the journalist report on the new evidence you gave him?

As-tu aimé la conférence sur la philosophie au XXe siècle ?
Were you interested in the conference on 20th-century philosophy?

Pensez-vous qu'il agira avec délicatesse ?
Do you think he'll act thoughtfully?

Après ces gains surprenants, qu'est-ce qu'il a fait ?
What did he do after his remarkable win?

Vous êtes-vous bien rassasiés ?
Did you have a good lunch?

D'accord, tout allait mal ; qu'est-ce que vous avez décidé ensuite ?
Everything was going wrong, of course= so what was your decision?

Penses-tu qu'il va t'aider financièrement ?
Do you think he'll help you with your financial problems?

Que reste-t-il quand on a rêvé pendant des mois ?
What can one do after daydreaming for months?

A-t-elle atteint son objectif ?
Did she get what she wanted?

Est-ce là votre dernier mot ?
Is that your final offer?

EXPRESSIONS

■ **Attacher le grelot** • *To bell the cat*
Devant la faillite imminente de l'entreprise, c'est elle qui attacha le grelot en premier.
• *Upon the impending failure of the business, she was the first to bell the cat.*

■ **Bayer aux corneilles** • *To stand gaping*
Pendant qu'elle donnait son cours de science, les étudiants bayaient aux corneilles. •
All the students stood gaping while she was giving her science class.

■ **Comme un éléphant dans un magasin de porcelaine** • *Like a bull in a china shop*
Il est arrivé dans la pièce comme un éléphant dans un magasin de porcelaine. • *He came in the room like a bull in a china shop.*

■ **Jouer à quitte ou double** • **To play double or quits**
Ils croyaient retrouver tout l'argent perdu en jouant à quitte ou double. •
They thought that they would get all their money back by playing double or quits.

■ **Manger sur le pouce** • *To grab a bite*
Comme elle a du travail à terminer, elle se contente de manger sur le pouce pour dîner.
• *Since she has a lot of work to finish up, she'll grab a bite for dinner.*

■ **Mettre les pouces** • *To cry uncle*
Nous étions convaincus de la défaite, alors nous avons mis les pouces. • *We were convinced we'd lose, so we cried uncle.*

■ **Prêter à la petite semaine** • *To be a loan shark*
Surtout, ne vous adressez pas à lui pour de l'argent, car il prête à la petite semaine. •
Above all, don't ask him for money, because he's a loan shark.

■ **Revenir sur terre** • *To come down to earth with a bump*
Ils sont revenus sur terre en voyant leur maison détruite par un incendie. • *They came down to earth with a bump when they saw their house destroyed by fire.*

■ **Tant bien que mal** • *Somehow or other*
Elle a réussi tant bien que mal à terminer ses études universitaires. • *Somehow or other, she succeeded in graduating from university.*

■ **Un point c'est tout** • *That is that*
Je vous demande de faire cette course immédiatement, un point c'est tout! •
I'm asking you to run this errand right now, and that's that!

AIDE-MÉMOIRE

Pourra-t-il mettre de l'ordre dans mes affaires ?
Will he be able to put my affairs in order?

Pourrais-je compter sur une forme d'équité ?
I'll do my share, will she?

Elle refuse de régler le conflit ?
Does she want to settle the score?

Quand ils furent fatigués de la guerre, qu'est-ce qu'ils ont fait ?
After the long war, what did they do?

Comment s'annoncent les discussions de paix ?
What can we expect from the peace talks?

Son entreprise sera-t-elle un succès ?
Is her project going to succeed?

Comment s'est réglée la réclamation auprès de ton assureur ?
What happened to your claim from the insurance company?

Est-ce là sa véritable personnalité ?
Is this the real person I see before me?

Comment s'est-il senti après la campagne électorale ?
How was he after the election campaign?

Quelle stratégie devons-nous adopter contre lui ?
What should be our strategy against him?

EXPRESSIONS

■ À la va-comme-je-te-pousse • *Any old way*
Peu ordonné dans la vie de tous les jours, il fait tout à la va-comme-je-te-pousse. • *Since he isn't very organized in his everyday life, things get done any old way.*

■ C'est donnant, donnant • *To be even-steven*
Je vous aide aujourd'hui, vous devrez faire de même demain : c'est donnant, donnant ! • *I'll help you today, you'll have to help me tomorrow: we'll be even-steven.*

■ Chercher des poux à qqn (ou dans la tête de qqn) • *To try to pick a fight with s.o.*
Au lieu de chercher des poux, vous devriez vous regarder vous-même. • *Instead of trying to pick a fight with him, you should take a look at yourself.*

■ Fumer le calumet de paix • *To make peace*
La querelle dure depuis des années ; ils ont enfin décidé de fumer le calumet de paix. • *The quarrel has been going on for years; they now have decided to make peace.*

■ Jouer serré • *To play it close to the vest*
On peut dire que vous jouez serré dans cette négociation. • *Let me tell you that you are playing it close to the vest in these negotiations.*

■ Partir du bon pied • *To get off to a good start*
Son petit restaurant, tout près d'un lac fort couru, est parti du bon pied. • *His little restaurant, situated near a popular lake, got off to a good start.*

■ Se montrer beau joueur • *To be a good sport*
En fin de compte, il s'est montré beau joueur et il lui a remboursé ses frais de voyage. • *Finally, he was a good sport and he reimbursed him for his traveling expenses.*

■ Se montrer sous son vrai jour • *To show one's true colors*
C'est à l'occasion de sa défaite aux Jeux olympiques qu'elle s'est montrée sous son vrai jour. • *She showed her true colors when she lost at the Olympic Games.*

■ Se retrouver Gros-Jean comme devant • *To feel deflated*
Ses nombreuses erreurs lui ont coûté son poste et il se retrouve Gros-Jean comme devant. • *His many errors cost him his job and he feels totally deflated.*

■ Tenir qqn en échec • *To hold s.o. in check*
Vous savez comment vous y prendre pour le tenir en échec. • *You know what to do to hold him in check.*

AIDE-MÉMOIRE

Quel effet tes commentaires ont-ils eu ?
Do you expect any impact from your intervention?

À qui doit-on ce programme d'avenir ?
Who designed this wonderful program?

Comment décrirais-tu ton conseiller municipal ?
What kind of man is your alderman?

La discrétion nécessaire a-t-elle été respectée ?
Was there a leak from the inner circle?

Pourrons-nous compter sur vous pour notre collecte de fonds ?
Will you help us in our fund-raising drive?

Leur réaction était-elle justifiée ?
Whas their reaction justified?

Comment a-t-elle répondu à votre intervention hostile ?
What did she reply to your hostile intervention?

Dans quel état vous trouviez-vous en rentrant de votre promenade sous la pluie ?
How were you when you came back from your walk in the rain?

Comment se débrouillera-t-elle, elle qui n'a jamais eu d'emploi depuis son mariage ?
How will she support herself, she hasn't had a job since before she got married?

Qu'est-ce qu'il a fait après la faillite de son père ?
What did he do after his father's bankruptcy?

EXPRESSIONS

■ **Coup d'épée dans l'eau • *Shot in the dark***
Ces critiques ne donneront aucun résultat ; c'est un coup d'épée dans l'eau. • *All our criticism will have no result; it's just a shot in the dark.*

■ **Grand commis de l'État • *Senior civil servant***
Ce grand commis de l'État est au centre d'un scandale politique énorme. • *This senior civil servant is at the center of a huge political scandal.*

■ **Grosse légume • *Bigwig***
Les grosses légumes de cette ville fréquentent un bar peu recommandable. • *The city's bigwigs hang out at a disreputable bar.*

■ **Secret de Polichinelle • *Open secret***
C'est un secret de Polichinelle qu'il se présente aux prochaines élections. • *It's an open secret that he will run in the next election.*

■ **Se faire un devoir de • *To make a point of***
Elle se fait un devoir de venir nous saluer au moins une fois par semaine. • *She makes it a point to come by at least once a week.*

■ **Se noyer dans une goutte d'eau (ou dans un bol d'eau, ou dans un verre d'eau) • *To make a mountain out of a molehill***
Un rien l'énerve ; alors, il se noie dans une goutte d'eau. • *Everything gets on his nerves; so, he makes mountains out of molehills.*

■ **Traiter qqn de tous les noms • *To call s.o. names***
Il était en colère et a traité les membres du comité de tous les noms. • *He was angry and he called the members of the committee names.*

■ **Trempé jusqu'aux os • *Soaked to the skin / wringing wet***
Nous sommes revenus du concert en plein air trempés jusqu'aux os. • *We came back from the outdoor concert soaked to the skin.*

■ **Vivre aux crochets de qqn • *To sponge off s.o.***
Il n'a jamais pu garder un emploi, il a toujours vécu aux crochets de sa mère. • *As he's never been able to hold down a job, he sponges off his mother.*

■ **Voler de ses propres ailes • *To paddle one's own canoe / to hoe one's own row***
Elle lui a tout appris ; il peut maintenant voler de ses propres ailes. • *She taught him all he needed to know; now he can paddle his own canoe.*

AIDE-MÉMOIRE

Comment la nouvelle a-t-elle été annoncée ?
How was the news announced?

Que nous faudra-t-il éviter pour nous assurer que le travail sera bien fait ?
How can we avoid a half-done job?

Qu'arrivera-t-il si notre commanditaire principal se retire ?
What if our main sponsor defects?

Qu'a-t-il fait en entendant les sirènes de la police ?
When he heard the police sirens, what did he do?

Que lui est-il arrivé après l'échec de son premier roman ?
What did he do after his first book bombed?

Comment s'est-il retrouvé tout seul ?
How did he end up on his own?

Peut-elle encore entrer dans sa robe de mariée dix ans plus tard ?
Ten years later, does her wedding gown still fit?

Comment allez-vous célébrer votre succès ?
What do you feel like doing to celebrate your victory?

Quel était le ton de l'entrevue télévisée ?
How did the interview on television go?

Comment l'impôt t'a-t-il traité l'an dernier ?
How hard did the taxman hit you last year?

EXPRESSIONS

■ **À la cantonade** • *To all present*
Et il a déclaré à la cantonade : « Je me retire dans un pays plus accueillant. » • *And he shouted to all present: "I'm leaving for a friendly country".*

■ **Brûler les étapes** • *To take short cuts*
Il ne sert à rien de brûler les étapes, car tout le monde sera évalué en même temps. • *It's no use taking short cuts, everybody will be evaluated at the same time.*

■ **C'est la fin des haricots** • *It's all over*
Si le gouvernement ne nous appuie pas dans nos démarches, c'est la fin des haricots. • *If the government doesn't support our project, it's all over.*

■ **Courir comme un dératé** • *To run like mad*
Il courait comme un dératé dans la rue ; heureusement nous l'avons rattrapé. • *He was running like mad along the street; fortunately, we caught up with him.*

■ **Disparaître de la circulation** • *To vanish into thin air*
Cette actrice est disparue de la circulation depuis plusieurs années. • *The actress vanished into thin air several years ago.*

■ **Donner un coup de canif au contrat** • *To be unfaithful to one's spouse*
Il a donné un coup de canif au contrat. Résultat : il demeure tout seul désormais. • *He was unfaithful to his spouse. As a result, he now lives alone.*

■ **Être maigre comme un clou** (ou **comme un cent de clous**) / **n'avoir que la peau et les os** • *To be skinny as a rail / to be a bag of bones*
S'il enlevait ses vêtements de travail, vous verriez qu'il est maigre comme un clou. • *If he took off his working clothes, you would see that he's skinny as a rail.*

■ **Faire la fête** • *To live it up*
Je me sens très heureux tout d'un coup et j'aimerais faire la fête ce soir. • *All of a sudden, I feel very happy and I'd like to live it up tonight.*

■ **Parler à cœur ouvert** • *To have a heart-to-heart talk*
Il serait temps que nous parlions à cœur ouvert au sujet de cette triste expérience. • *It's time that we had a heart-to-heart talk about this unfortunate experience.*

■ **Presser comme un citron** • *To squeeze dry*
Son employeur n'a pas hésité à le presser comme un citron toute sa vie. • *His employer didn't hesitate to squeeze him dry all his life.*

AIDE-MÉMOIRE

Ta mère a-t-elle aimé suivre un cours à l'université ?
How did your mother like the course she took at the university?

Ton arrière-grand-mère n'a-t-elle pas tendance à s'isoler dans cette institution pour les personnes âgées ?
Doesn't your great-grandmother tend to keep to herself in the senior citizens' home?

Croyez-vous que la réorganisation du bureau va régler le problème ?
Do you think your office reorganization will fix the problem?

As-tu trouvé ta montre ?
Did you find your watch?

Comment la nouvelle enseignante est-elle accueillie ?
How has the new teacher been accepted by the school community?

Est-ce que je devrais te croire ?
Should I believe you?

Ont-ils bien suivi leurs instructions ?
Did they do as they were told?

Comment devrait-il aborder cette nouvelle énigme ?
What advice could help him solve this new puzzle?

Étaient-ils heureux d'arriver à la fin de l'année scolaire ?
How did they greet the end of the school year?

Qui se pavane dans la rue Principale ?
Who is this man parading like a star down Main Street?

EXPRESSIONS

■ **Bain** (ou eau) **de jouvence** • *Regenerating (or rejuvenating) experience*
Ce voyage impromptu a été un bain de jouvence pour nos parents. • *This unexpected trip was a regenerating experience for our parents.*

■ **Battre la campagne** • *To be in one's own little world*
C'était curieux : tous les patients du petit hôpital battaient la campagne. • *It was strange: all the small hospital's patients were in their own little world.*

■ **Comme un cataplasme** (ou cautère, ou emplâtre) **sur une jambe de bois** • *Like a poultice on a wooden leg*
Ce médicament ne vaut rien, c'est comme un cataplasme sur une jambe de bois. • *This medicine is worth nothing; it's like putting a poultice on a wooden leg.*

■ **De fond en comble** • *From top to bottom*
Les policiers ont fouillé la maison de fond en comble, mais ils n'ont pas trouvé l'arme.
• *The policemen searched the house from top to bottom but they didn't find the weapon.*

■ **Fuir qqn comme la peste** • *To avoid s.o. like the plague*
Je ne comprends pas qu'ils fuient cette femme comme la peste. • *I don't understand why they avoid this woman like the plague.*

■ **La main sur la conscience** • *Cross my heart*
La main sur la conscience, je vous affirme que je ne suis jamais allé à cet endroit. • *I never went to this place, cross my heart.*

■ **Manger la consigne** • *To forget one's orders*
Vous avez bien expliqué ce qu'ils devaient faire ; pourtant ils ont mangé la consigne. • *You clearly explained what they had to do; nonetheless they forgot your orders.*

■ **Prendre du champ** (ou du recul) • *To stand back*
Avant de vous engager dans cette nouvelle fonction, prenez du champ. • *Before taking over your new job, stand back a little.*

■ **Sabler le champagne** • *To crack a bottle of champagne*
Les champions de la ligue de balle-molle ont sablé le champagne hier soir. • *The softball league champions cracked a bottle of champagne last night.*

■ **Un illustre inconnu** • *A famous unknown*
Avant de jouer dans ce film à succès, ce comédien était un illustre inconnu. • *Before appearing in this acclaimed film, the actor was a famous unknown.*

AIDE-MÉMOIRE

Où tes anciens voisins se sont-ils installés ?
Where did your former neighbors move?

Ont-ils gagné à la loterie ?
Did they win the lottery?

A-t-elle connu une enfance difficile ?
Did she have a difficult childhood?

Quelle était sa situation financière au moment de la fusion forcée ?
How was his financial standing when he was forced to merge?

Quel est le rôle du service de création dans votre entreprise ?
Where does creativity rank in your company?

L'incident est-il très connu ?
Is the incident known to the public?

Comment l'assemblée a-t-elle réagi à sa déclaration ?
How did the audience react to his words?

Pouvez-vous me décrire l'atmosphère qui régnait dans la salle ?
Can you describe the atmosphere in the room?

Pouvons-nous attaquer son programme politique ?
Can we attack his political platform?

Par où devrais-je commencer mon histoire ?
Where should I begin my story?

EXPRESSIONS

■ **Au diable vauvert (ou vert)** • *In the sticks*
Leur très belle résidence secondaire est située au diable vauvert. • *Their beautiful second home is situated somewhere in the sticks.*

■ **Corne d'abondance** • *Horn of plenty*
Après de nombreuses années difficiles, c'est la corne d'abondance pour eux. • *It's the horn of plenty for them after many difficult years.*

■ **Élever qqn dans de la ouate (ou dans du coton)** • *To mollycoddle s.o.*
Elle n'a jamais connu la misère, car elle a été élevée dans de la ouate. • *She never understood poverty because she was mollycoddled.*

■ **Être acculé au pied du mur** • *To have one's back against the wall*
Vous êtes acculé au pied du mur ; vos chances de vous en tirer sont maigres. • *You have your back against the wall ; you have very little chance of getting out of it.*

■ **Être la cheville ouvrière de qqch.** • *To be the mainspring of sthg*
Elle a été la cheville ouvrière de ce mouvement communautaire pendant des années. • *She was the mainspring of this community movement for years.*

■ **Faire couler beaucoup d'encre (ou des flots d'encre)** • *To cause a lot of ink to flow*
Ce procès sur l'euthanasie fait couler beaucoup d'encre. • *The case on euthanasia caused a lot of ink to flow.*

■ **Faire des gorges chaudes sur qqch.** • *To gloat over*
Ce n'est pas tellement gentil de faire les gorges chaudes sur leurs mésaventures de vacances. • *It's not very kind to gloat over their holiday mishaps.*

■ **Il y a de l'électricité dans l'air** • *There's a storm brewing*
Beaucoup de gens se sont présentés à l'assemblée, car il y a de l'électricité dans l'air. • *A lot of people went to the meeting because there's a storm brewing.*

■ **Le défaut de la cuirasse** • *The chink in the armor*
Ils n'ont pas d'expérience sur la scène internationale ; c'est le défaut de la cuirasse. • *They have no experience on the international scene ; it's the chink in their armor.*

■ **Ne remontez pas au déluge** • *Give us a short version*
Nous comprenons votre point de vue, ne remontez pas au déluge ! • *We understand your point of view, give us the short version!*

AIDE-MÉMOIRE

Pourra-t-il payer les mensualités de sa voiture de luxe?
Can he afford the monthly payments on the Mercedes?

Pensez-vous que le changement de gouvernement sera profitable?
Did the voters do the right thing in changing the government?

Comment vit-elle depuis qu'elle a hérité?
How does she live since her inheritance?

Pourra-t-il s'adapter à sa nouvelle situation?
Will he be able to adapt to his new situation?

Est-elle bien considérée par ses employées?
What do her employees think of her?

Êtes-vous content de l'augmentation négociée?
Are you satisfied with the newly negotiated pay rate?

Comment le directeur a-t-il réagi à l'agitation des étudiants?
How did the school principal react to the student unrest?

Et votre fille, comment se déroule sa carrière?
Is your daughter happy with her professional advancement?

Regrette-t-elle son séjour chez les punks?
Does she regret the time she spent with the punks?

Que fait-il pour tenter de retrouver la disparue?
What is he doing to find the missing woman?

EXPRESSIONS

■ **Avoir la poche bien garnie** • *To be on easy street*
Ne craignez rien pour son avenir, il a la poche bien garnie. • *Don't worry about his future, he's on easy street.*

■ **Changer son cheval borgne pour un aveugle** • *To go from the frying pan into the fire*
Pauvre lui, il n'est pas plus avancé : il a changé son cheval borgne pour un aveugle. • *Poor guy, he's no better off: he's gone from the frying pan into the fire.*

■ **Dans le grand luxe** • *In the lap of luxury*
Elle a vécu dans le grand luxe jusqu'à sa mort récente. • *She was in the lap of luxury right up to her recent death.*

■ **Être souple comme un gant** • *To kowtow to one's superiors*
Son patron le laisse aller, car il est souple comme un gant. • *His boss lets him do what he wants, because he kowtows to his superiors.*

■ **Faire la pluie et le beau temps / faire la loi** • *To rule the roost*
Au conseil d'administration, c'est lui qui fait la pluie et le beau temps. • *He is the one who rules the roost on the board of directors.*

■ **Mettre du beurre dans les épinards** • *To get a little gravy*
Sa dernière augmentation de salaire lui permet de mettre du beurre dans les épinards. • *She can get a little gravy thanks to her latest wage increase.*

■ **Mettre le holà** • *To blow the whistle / to put an end (or a stop) to sthg*
La corruption était si généralisée que le premier ministre a dû y mettre le holà. • *Corruption was so widespread the prime minister had to blow the whistle.*

■ **Monter en grade / prendre du galon** • *To take a step up the ladder*
Eh bien ! vous montez en grade dans l'administration municipale. • *Well! Well! You are taking a step up the ladder in municipal government.*

■ **S'en mordre les doigts** • *To kick o.s. for sthg*
Je n'ai pas accepté le poste, et aujourd'hui je m'en mords les doigts. • *I didn't accept the job and today I'm kicking myself for it.*

■ **Suivre à la trace** • *To track down*
L'enquêteur suivait à la trace le présumé assassin de trois enfants. • *The detective was tracking down the alleged murderer of three children.*

AIDE-MÉMOIRE

Comment avez-vous pu voir tant de pays ?
How could you travel through so many countries?

Qui vous a dit de signer ce consentement ?
Who told you to sign the consent form?

Comment son ancienne épouse a-t-elle répondu à ce tricheur ?
How did his ex-wife respond to this liar?

Ce bahut, il est de style Louis XV ou Directoire ?
What is the style of this cabinet, Louis XV or Directoire?

Comment ses patrons prennent-ils ses excentricités ?
What is the impact of his odd behavior toward management?

Que s'est-il passé après l'annonce du rejet de la proposition controversée ?
What happened when news that the litigious proposal had been rejected got out?

Pourquoi n'êtes-vous pas venue au bureau hier ?
Why weren't you at work yesterday?

Vous entendez-vous bien avec la directrice générale ?
Do you get along with the new CEO?

Son projet de loi a-t-il eu une incidence sur la vie des démunis ?
Will the private member's bill benefit the poor in any way?

Comment financerons-nous la soirée communautaire ?
How will we finance the community evening?

EXPRESSIONS

■ **Aux frais de la princesse** • *On expense account / on expenses*
Il se permet de nombreux déplacements, car il voyage aux frais de la princesse. •
He can afford to go here and there because it's all on expenses.

■ **Conseiller juridique** • *Legal advisor*
Mon frère est le conseiller juridique de ce nouvel organisme régional. • *My brother is
legal advisor to the new regional organization.*

■ **Dire à qqn ses quatre vérités** • *To tell s.o. a few home truths*
Il faudra lui dire ses quatre vérités ; elle comprendra que ses gestes nous agacent. •
We will tell her a few home truths so she will understand that she gets on our nerves.

■ **Donner sa langue au chat** • *To give up*
Je ne connais vraiment pas la capitale de ce pays, alors je donne ma langue au chat. •
I really don't know what the capital of this country is, so I give up.

■ **Faire damner qqn** • *To drive s.o. round the bend / to drive s.o. up the wall*
Elle fait damner ses parents à cause de ses vêtements déchirés et ses cheveux violets.
• *She drives her parents round the bend with her ripped clothing and purple hair.*

■ **Foire d'empoigne** • *Free-for-all*
La partie de hockey s'est terminée en véritable foire d'empoigne. • *The hockey game
ended in a real free-for-all.*

■ **Le chemin des écoliers** • *The long way around*
On voit qu'elle n'est pas pressée de se rendre à cette réunion, car elle prend le chemin
des écoliers. • *It's clear that she's in no hurry to get to the meeting; she's taken the long
way around.*

■ **Mener à la baguette** • *To run a tight ship / to ride herd on*
Il a toujours mené les gens à la baguette : sa femme, ses enfants, ses amis, ses
employés. • *He has always run a tight ship with his wife, children, friends, employees.*

■ **Ouvrir la voie (ou le chemin)** • *To pave the way*
Sa maison d'édition a ouvert la voie à une vie littéraire intense ici. • *His publishing
house paved the way to an intense literary life here.*

■ **Payer son écot** • *To pay one's share*
Afin d'être juste envers tout le monde, chacun devra payer son écot pour le repas. •
We'll each pay our share of the meal so it's fair to everybody.

AIDE-MÉMOIRE

Où êtes-vous allés faire votre promenade ?
Where did you go for your walk?

Comment a-t-il pu devenir si gros ?
How did he get so fat?

Alors, ça marche, la carrière de comédien de votre fils ?
Is your actor son doing well in his career?

Cet emploi est-il bien rémunéré ?
Is that new job paying good money?

Où votre argument massue l'a-t-il placée ?
What effect did your bombshell argument have on the discussion?

Les membres du conseil ont-ils adopté une position commune ?
Did the board members reach a common position?

Qu'est-ce que la vedette a fait après sa conférence de presse ?
What did the star do after her press conference?

Sa tentative de prise de contrôle a-t-elle réussi ?
Did she succeed in her takeover bid?

Quel rôle jouez-vous avec vos objections systématiques ?
What are you playing at when you bring forward all those objections?

Comment vont les relations entre les deux héritiers ?
How are relations between the heirs?

EXPRESSIONS

■ **Aller par monts et par vaux** • *To wander up hill and down dale*
N'ayant aucune destination précise, ils vont par monts et par vaux. • *They have no specific destination, so they wander up hill and down dale.*

■ **Avoir un bon coup de fourchette** • *To be a hearty eater*
Il vient souper? Préparez un gros repas, car il a un bon coup de fourchette. • *He's coming to dinner? Prepare a big meal because he's a hearty eater.*

■ **Être la coqueluche de** • *To be the darling (or the heart-throb) of*
Ce groupe de chanteurs populaires est la coqueluche des petites filles de six ans. • *This popular group of singers is the darling of six-year-old girls.*

■ **Gagner (ou toucher) des mille et des cents** • *To make money hand over fist*
Il peut acheter cette maison puisqu'il gagne des mille et des cents. • *It's easy for him to buy that house because he makes money hand over fist.*

■ **Pousser qqn dans ses derniers retranchements** • *To drive s.o. into a corner*
La mise en demeure l'a poussé dans ses derniers retranchements. • *The formal demand drove him into a corner.*

■ **Prêcher pour sa paroisse (ou pour son saint)** • *To have an axe to grind*
À l'Administration régionale, chacun prêche pour sa paroisse. • *On the Regional Administration, everyone has an axe to grind.*

■ **Prendre un bain de foule** • *To go on a walkabout*
Le président du pays a pris son premier bain de foule depuis son élection. • *The president of the country went on a walkabout for the first time since his election.*

■ **Prendre (ou ramasser) un billet de parterre / prendre (ou ramasser) une pelle** • *To take a spill*
Elle courait pour attraper le dernier autobus et elle a pris un billet de parterre. • *She was running to catch the last bus and she took a spill.*

■ **Se faire l'avocat du diable** • *To be the devil's advocate*
Dans cette cause qui a passionné toute la population, il s'est fait l'avocat du diable • *He was the devil's advocate in this case which enthralled the public.*

■ **Se regarder en chiens de faïence** • *To glare at one another*
Je serais surpris de les voir travailler ensemble, car ils se regardent en chiens de faïence. • *I would be surprised to see them work together because they glare at one another.*

AIDE-MÉMOIRE

Comment la course à la direction du parti s'est-elle déroulée ?
Can you give me a picture of the leadership race?

Jusqu'où mon mandat me permettra-t-il d'aller dans l'élaboration du scénario ?
How far can I go in developing the scenario?

Le groupe rock a-t-il continué à chanter après ces excellentes critiques ?
Did the pop group continue to sing after the rave reviews?

Est-il aussi près du pouvoir qu'il le laisse entendre ?
Is he as close to power as he suggests?

Parmi tous ses défauts, lequel causera sa perte, selon vous ?
Which one of his faults will bring about his downfall?

Quelle est sa contribution aux projets de son épouse ?
What is his contribution to his wife's projects?

Sa connaissance du français est-elle bonne ?
Does she have a good knowledge of French?

Qu'a-t-il fait quand tu lui as dit que son équipe avait perdu ?
What did he do when told that his team had lost?

Où est-elle allée après son tour de l'Europe ?
Where did she go after touring Europe?

Quelle recommandation a-t-il faite à la suite de sa nomination ?
What was his recommendation after being appointed?

EXPRESSIONS

■ **Coude à coude** • *Nip and tuck*
Les deux coureurs étaient coude à coude jusqu'à cinquante mètres de la fin de la course. • *The two runners were nip and tuck up to fifty meters from the end of the race.*

■ **Donner libre cours à** • *To give free rein (or vent) to*
Pendant la pause, vous pouvez donner libre cours à votre imagination. • *You can give free rein to your imagination during the break.*

■ **Dormir (ou s'endormir, ou se reposer) sur ses lauriers** • *To rest on one's laurels (or on one's oars)*
Vous avez gagné aujourd'hui, mais ce n'est pas une raison pour dormir sur vos lauriers. • *You won today but that's no reason to rest on your laurels.*

■ **Être dans le secret des dieux** • *To be in the know / to have inside information*
Demandez-lui s'il y aura des élections cet automne, elle est dans le secret des dieux. • *Ask her if there will be an election this fall; she's in the know.*

■ **Lever le coude** • *To bend an elbow*
Il a acquis cette mauvaise habitude de lever le coude alors qu'il était dans l'armée. • *He caught this bad habit of bending an elbow while he was in the army.*

■ **Mettre son grain de sel** • *To stick one's oar in*
Il faut qu'il mette son grain de sel dans nos discussions sur l'avenir du groupe. • *He has to stick his oar in the discussion we're having on the future of the group.*

■ **Parler français comme une vache espagnole** • *To murder the French language / to speak broken French*
Suivez des cours de diction, car vous parlez français comme une vache espagnole. • *Please take speech lessons, you murder the French language.*

■ **Prendre le mors aux dents** • *To take the bit in one's teeth*
Il a pris le mors aux dents dès que je lui ai demandé s'il avait terminé son travail. • *He took the bit in his teeth as soon as I asked him if he had finished his work.*

■ **Rentrer (ou revenir) au bercail** • *To come back home*
Le plus jeune est rentré au bercail : toute la famille en était fort heureuse. • *The whole family were quite happy: the youngest one came back home.*

■ **Renverser la vapeur** • *To turn the tables*
Son arrivée dans l'entreprise a renversé la vapeur et tout va mieux maintenant. • *His arrival in the company turned the tables and everything is going fine now.*

135

AIDE-MÉMOIRE

Comment voulez-vous qu'ils se présentent ?
How do you want them to come in?

Les conditions de sécurité sont-elles adéquates ?
What are the security conditions like?

A-t-il beaucoup d'ancienneté dans cet emploi ?
Has he been working here very long?

Tenez-vous vraiment à ce bijou de tableau ?
Are you really eager to acquire that gem of a painting?

Ses remarques ont-elles provoqué des remous dans la foule ?
How did the crowd react to his remarks?

Son procédé révolutionnaire lui a-t-il profité ?
Did she profit from the revolutionary process she invented?

Quelle serait l'utilité d'une comptable dans l'équipe ?
Would an accountant be of any use on the team?

Les autorités ont-elles choisi l'emplacement du pont ?
Has a site been selected for the bridge?

Avez-vous réussi à intéresser votre investisseur à notre entreprise ?
So, will your investor friend take part in our big adventure?

Cette caractéristique de l'être humain est-elle apparue récemment ?
Have human beings always been that way?

EXPRESSIONS

■ **À la queue leu leu** • *In Indian (or single) file*
C'était merveilleux de voir les enfants de la maternelle marcher à la queue leu leu. • *It was marvelous to see the kindergarten children walking in Indian file.*

■ **À ses risques et périls** • *At one's own risk*
Vous pouvez faire partie de l'expédition, mais c'est à vos risques et périls. • *You can be part of the expedition, but it's at your own risk.*

■ **Blanchir sous le harnais** • *To grow old in a job*
Pourra-t-il faire le rapport ? J'en doute, car il a blanchi sous le harnais. • *Will he be able to write the report? I doubt it, he has grown old on the job.*

■ **Coûte que coûte** • *By hook or by crook*
Il veut se présenter à la présidence du comité, coûte que coûte. • *He wants to run for the chair of the committee, by hook or by crook.*

■ **Crier haro sur qqn** (ou qqch.) • *To raise a hue and a cry against s.o. (or sthg)*
La classe entière criait haro sur le pauvre professeur de mathématiques. • *The entire class raised a hue and cry against the math teacher.*

■ **Faire du** (ou un) **foin** • *To kick up a row*
Grâce à sa petite invention toute simple, il fait du foin. • *Thanks to his small and simple invention, he kicked up a row.*

■ **La cinquième roue de la charrette** (ou du carrosse) • *The fifth wheel*
Nous avons assez de travailleurs, il serait la cinquième roue de la charrette. • *We have enough workers, he would be a fifth wheel.*

■ **Les dés sont jetés** • *The die is cast*
N'essayez pas de lui faire changer d'avis : les dés sont jetés. • *Don't try to make him change his mind: the die is cast.*

■ **Rester sur son quant-à-soi** • *To remain aloof (or distant)*
Ce drame ne semble même pas l'atteindre ; il reste sur son quant-à-soi. • *His tragedy doesn't seem to affect him; he's remaining aloof.*

■ **Vieux comme le monde** (ou **comme les chemins**, ou **comme les rues**) • *As old as the hills*
Les problèmes dans le centre-ville sont vieux comme le monde. • *Problems in the downtown area are as old as the hills.*

AIDE-MÉMOIRE

As-tu terminé ton manuel d'enseignement du français ?
Have you finished your new French manual?

Ta fille de dix ans va-t-elle accepter de partir en vacances avec vous ?
Will your ten-year old daughter go on vacation with you?

Pouvons-nous nous fier qu'elle sera là comme promis ?
Can we trust her to come as she promised?

Les détenus ont-ils mis fin à leur manifestation ?
Have the prisoners stopped demonstrating?

Ont-ils fait le bon choix ?
Did they make the right choice?

Que dire de cette salle à manger ?
What do you think of this dining room?

Pensez-vous qu'elle soit honnête quand elle me défend de la sorte ?
Do you think she is honest when she comes to my defense like that?

Comment allez-vous le convaincre de se joindre à nous ?
How will you convince him to join us?

Comment faut-il s'habiller pour aller au casino ?
What is the dress code at the casino?

Pourquoi êtes-vous fâchée, qu'est-ce qu'il vous a fait ?
Why are you angry, what did he do to you?

EXPRESSIONS

◾ **Bon à tirer** • *Press proof*
Je viens de signer le bon à tirer; mon premier roman sortira dans trois semaines. • *I just initialed the press proof; my first novel will be out in three weeks.*

◾ **Bon gré mal gré** • *Whether one wants it or not*
Pris en otage, le gérant de banque a dû faire tout ce qu'on lui demandait, bon gré mal gré. • *As a hostage, the bank manager had to do what he was asked whether he wanted to or not.*

◾ **Changer d'idée comme de chemise** • *To keep changing one's mind*
Il est difficile de le croire, car il change d'idée comme de chemise. • *It is difficult to believe him; he keeps changing his mind.*

◾ **De gré ou de force** • *By fair means or foul*
Il faudra qu'il comprenne, de gré ou de force, les exigences de la profession. • *By fair means or foul, he will have to meet the requirements of the profession.*

◾ **Être sur la mauvaise piste** • *To bark up the wrong tree*
Vous êtes sur la mauvaise piste, car vous ne voyez pas ce qui se passe vraiment. • *You are barking up the wrong tree because you don't see what's really going on.*

◾ **Faire bonne chère** • *To eat well*
Nous avons rendez-vous dans un restaurant où, j'en suis sûr, nous ferons bonne chère. • *We have a rendezvous in a restaurant where we will eat well, I am sure.*

◾ **Lire dans le jeu de qqn** • *To see through s.o.'s little game*
Nous pouvons lire dans son jeu : elle ne veut certes pas le bien de la communauté. • *We can see through her little game: it is not for the good of the community.*

◾ **Mordre à l'hameçon** • *To fall for sthg*
Je lui ai parlé de notre idée de lancer une entreprise, et il a mordu à l'hameçon. • *I talked to him about our idea to start a company and he fell for it.*

◾ **Être tiré à quatre épingles / se mettre sur son trente et un** • *To be dressed up to the nines / to be in one's best bib and tucker / to be in one's Sunday best / to be in Sunday go-to-meeting clothes*
Chaque fois qu'il sort, il est tiré à quatre épingles. • *Whenever he goes out, he is dressed to the nines.*

◾ **Tirer la langue** • *To stick out one's tongue*
Très impoli, le jeune enfant nous tirait la langue sans cesse. • *The child was very impolite: he constantly sticked out his tongue at us.*

AIDE-MÉMOIRE

Vous voulez me vendre cet immeuble ; résistera-t-il au temps ?
This building you want me to buy, how will it resist the passage of time?

Devrai-je endurer sa présence encore longtemps ?
Will I have to put up with her much longer?

Quelle performance ! Elle était convaincante, n'est-ce pas ?
What a performance! Wasn't she convincing?

Cette solution ne lui paraît-elle pas claire ?
Isn't this solution clear to him?

Quoi ! Tout le monde est déjà au courant ?
What! Everybody already knows?

Cette nouvelle a dû la peiner beaucoup. Qu'a-t-elle fait ?
Has she been devastated by the news?

Tu dis qu'il faut nous méfier de lui, pourquoi ?
Your advice is not to trust him. Why?

J'ai besoin d'un demi-million, où pourrais-je m'adresser pour obtenir un emprunt ?
I need half a million, how should I go about getting a loan like that?

Que faire pour attirer l'attention sur notre magazine ?
How can we draw attention to our magazine?

J'ai envie de me débarrasser de ce vieux vase, qu'en penses-tu ?
Should I get rid of this old vase? What do you think?

EXPRESSIONS

■ **Bâti à chaux et à ciment** (ou et à sable) • *Made of solid rock*
Cette maison, bâtie à chaux et à ciment, ne tombera sans doute jamais. • *Without a doubt, this house, made of solid rock, will never crumble.*

■ **Boire la coupe** (ou le calice) jusqu'à la lie • *To put up with every last humiliation*
Je n'ai pas été chanceux dans la vie, j'ai dû boire la coupe jusqu'à la lie. • *I haven't been fortunate in life, I've had to put up with every last humiliation.*

■ **C'est de la bouillie pour les chats** • *It's a dog's breakfast*
Ne vous laissez pas avoir par ses histoires, c'est de la bouillie pour les chats. • *Don't be fooled by his old stories, it's a dog's breakfast.*

■ **Chercher midi à quatorze heures** • *Look for complications*
L'enjeu est pourtant clair, ne cherchez pas midi à quatorze heures. • *The stakes are very clear, don't look for complications.*

■ **De bouche à oreille** • *By word of mouth / from the grapevine*
Même si la nouvelle s'est répandue de bouche à oreille, tous étaient au courant dès le lendemain. • *Even if the news spread by word of mouth, everybody knew about it by the next morning.*

■ **Errer comme une âme en peine** • *To wander around like a lost soul*
Le personnage énigmatique errait comme une âme en peine dans les rues de la ville. • *The mysterious individual was wandering around like a lost soul in the city.*

■ **Jouer double jeu** • *To play fast and loose*
Ils ont voulu jouer double jeu avec nous, mais ils n'ont pas réussi à nous tromper. *They tried to play fast and loose with us, but they didn't succeed in foiling us.*

■ **Ne pas se trouver sous le pas d'un cheval** (ou d'une mule) / **ne pas se trouver en dessous de la queue d'une chatte** ❖ • *To be hard to come by*
J'aurais besoin d'argent tout de suite ; ça ne se trouve pas sous le pas d'un cheval. • *I will need money immediately, but it's hard to come by.*

■ **Sortir des sentiers battus** • *To wander off the beaten track*
N'essayez pas d'imiter tout ce qui a déjà été fait, sortez des sentiers battus. • *Don't try to imitate something already done, wander off the beaten track.*

■ **Valoir son pesant d'or** • *To be worth one's weight in gold*
J'ai l'impression que la bague que vous avez trouvée vaut son pesant d'or. • *I am under the impression that the ring you found is worth its weight in gold.*

AIDE-MÉMOIRE

Le garde du corps suivait-il le premier ministre ?
Was the bodyguard following the prime minister?

Comment expliquer que ce pays prospère doit emprunter pour ses services de base ?
How come this prosperous country is forced to borrow to finance basic services?

Cette proposition est alléchante, mais allez-vous en profiter ?
His offer is really interesting, are you going to seize the opportunity?

Que fait-on, normalement, après trente-cinq ans dans la fonction publique ?
After 35 years in public service, what does one usually do?

Pourquoi devrais-je poser la question au professeur ?
Why should I ask the old professor?

Comment s'appelait cet empereur romain ?
What was the name of that Roman emperor?

Est-il capable d'occuper les invités si la fête tombe à plat ?
Do you think he can keep everybody happy if the party is dull?

À qui devons-nous demander de nous payer ?
Who should get the bill?

On ne la voit plus, où est-elle passée ?
Where is she these days, we never see her anymore?

Une fois la décision prise et les arrangements faits, que reste-t-il à dire ?
Once the decision is made and everything is ready, what is left to be said?

EXPRESSIONS

■ **Droit comme un cierge** (ou **un échalas**, ou **un i**, ou **un piquet**) • *Stiff as a poker (or as a ramrod)*
Il a mal au dos parce qu'il s'est tenu droit comme un cierge pendant de longues heures. • *He has a sore back because he stood as stiff as a poker for hours.*

■ **Économie parallèle** (ou **souterraine**) • *Black-market economy*
L'économie parallèle, dit-on, fait perdre beaucoup d'argent aux gouvernements du monde entier. • *Governments worldwide lose a lot of money to the black-market economy.*

■ **Marché de dupes** • *Bad deal*
Ce que vous m'offrez là est un véritable marché de dupes. Ne comptez pas sur moi. • *What you are offering me is really a bad deal. Don't count me in.*

■ **Prendre sa retraite** • *To go into retirement*
Elle a pris sa retraite au mois de juin dernier et elle est morte deux mois plus tard. • *She retired last June and died two months later.*

■ **Puits de science** • *Fount of knowledge / walking encyclopedia*
Il répondra à toutes vos questions : c'est un puits de science. • *He will answer all your questions: he is a fount of knowledge.*

■ **Sur le bout de la langue** • *On the tip of one's tongue*
J'ai le mot sur le bout de la langue, mais je ne puis le dire. • *The word is on the tip of my tongue, but I can't say it.*

■ **Tenir le crachoir** • *To go on and on*
Dans une soirée, cet homme peut tenir le crachoir pendant des heures. • *This man can go on and on for hours at a party.*

■ **Tenir les cordons de la bourse** • *To hold the purse strings*
C'est elle qui tient les cordons de la bourse dans le ménage. • *She holds the purse strings in that family.*

■ **Tirer sa révérence** • *To walk out on s.o.*
Après trente ans de travail bénévole, il a tiré sa révérence à l'hôpital. • *After thirty years as a volunteer, he walked out on the hospital.*

■ **Vogue la galère** • *Whatever will be will be*
Finissons nos préparatifs, sautons dans la voiture et vogue la galère ! • *Let's finish our preparations, hop in the car, and whatever will be will be!*

AIDE-MÉMOIRE

Votre fille vise-t-elle le niveau international en gymnastique ?
Is your daughter aiming for the international level in gymnastics?

Y avait-il beaucoup de discussions à la réunion ?
Was there a lot of discussion at the meeting?

Ton fils pourra-t-il bien s'intégrer dans le groupe d'élite ?
Will your son be able to crack the team?

Que pensez-vous de la prise de position de ce chef syndical ?
What do you think of the union leader's stand?

Comment trouvez-vous la nouvelle image de la présidente ?
What do you think about the president's new look?

Aurez-vous accès au lac sans être embêtés ?
Will you have access to the lake without being challenged?

M'en voulez-vous toujours d'avoir manqué notre rendez-vous ?
Are you still angry with me for missing our date?

Il paraît bien, mais a-t-il des chances de devenir le président de l'organisme ?
He looks good but is he a likely candidate as chairman of the organization?

Comment expliquer l'étendue des dommages ?
Why was there so much damage?

Avons-nous encore des chances d'ouvrir notre garderie ?
Is there any chance that we can open our daycare center?

EXPRESSIONS

■ **Avoir qqch. dans le sang** • *Bred in the bone*
On dirait qu'il a l'équitation dans le sang; il fera peut-être un grand champion. • *It seems that he has horseback-riding bred in the bone; he may become a great champion.*

■ **Briser (ou rompre) la glace** • *To break the ice*
C'est le député qui a brisé la glace lors des audiences de la commission. • *The deputy broke the ice at the committee hearing.*

■ **De la même farine** • *Of the same ilk (or sort)*
Il est de la même farine que ces petits truands avec lesquels il se tient. • *He is of the same ilk as the small crooks he hangs out with.*

■ **Dépasser la mesure (ou les bornes)** • *To go too far*
En demandant l'annulation de l'élection, ils ont dépassé la mesure. • *When they requested the cancellation of the election, they went too far.*

■ **Être en beauté** • *To look stunning*
Chère amie, vous êtes particulièrement en beauté aujourd'hui. • *My dear, you look particularly stunning today.*

■ **Être chose acquise** • *To be a sure thing*
Le contrat que nous recherchions est chose acquise maintenant. • *The contract we were hoping for is now a sure thing.*

■ **Oublions le passé** • *Let bygones be bygones*
Oublions le passé! Pensons à ce que nous allons faire à partir de demain. • *Let bygones be bygones! Let's concentrate on what we'll be doing as of tomorrow.*

■ **Poser pour la galerie** • *To make a grandstand play*
Il est rarement sérieux; tout ce qu'il fait, c'est poser pour la galerie. • *He is seldom serious; all he ever does is make a grandstand play.*

■ **Prendre au dépourvu** • *To catch off guard / to take unawares*
Cette tornade a pris au dépourvu la population de la péninsule. • *The residents of the peninsula were caught off guard by the tornado.*

■ **Sonner le glas de qqch.** • *To sound the knell for sthg*
La décision du ministère a sonné le glas de notre beau projet. • *The department's decision sounded the knell for our fine project.*

AIDE-MÉMOIRE

Savez-vous s'ils ont l'intention de poursuivre le vendeur de voitures ?
Do you know if they intend suing the car dealer?

Dites-moi si je me trompe, ont-ils le sens de la discrétion ?
Correct me if I'm wrong, are they discreet?

Quel est le mandat de l'enquêteur dans cette affaire ?
How narrow is the investigator's mandate?

Comment peut-il démontrer un comportement aussi grossier ?
How can he display such rude behavior?

De quelle manière répand-elle ses commérages ?
How does she spread her gossip?

Quelle raison l'assureur a-t-il donnée pour refuser la réclamation?
What reason did the insurance company give for denying the claim?

Qu'a-t-il fait après le refus de sa proposition ?
What did he do once his proposal was rejected?

Nous n'arrivons pas à conclure une entente, que pouvons-nous faire ?
We're making no progress toward an agreement, what should we do?

Comment s'est terminée son aventure passionnante ?
What ever happened to his fabulous initiative?

La nouvelle élève se comporte-t-elle bien en classe ?
Is the new girl behaving well in class?

EXPRESSIONS

■ **À la (ou en) vérité** • *To tell the truth*
À la vérité, ce sont de bons voisins qui aiment nous aider. • *To tell the truth, they are good neighbors who like to help us.*

■ **Au vu et au su de tous** • *Openly*
Ils pratiquent ce commerce illicite au vu et au su de tous. • *They run this shady business quite openly.*

■ **Avoir les coudées franches** • *To have elbow room*
Elle aimerait avoir les coudées franches pour régler ce dossier épineux. • *She would like to have some elbow room in order to settle this prickly case.*

■ **Boire à tire-larigot** • *To drink one's fill*
Lors du carnaval, on tenait un concours assez curieux : il fallait boire à tire-larigot. • *During the carnival, there was an odd contest: we had to drink our fill.*

■ **Dire qqch. dans le tuyau de l'oreille** • *To whisper sthg in s.o.'s ear*
Je vous dis le résultat final dans le tuyau de l'oreille, mais ne le répétez à personne. • *I'll whisper the final result in your ear, but don't let anyone know.*

■ **Être de mèche** • *To be in cahoots*
À ce qu'il paraît, le marchand de meubles était de mèche avec les voleurs. • *Apparently, the furniture merchant was in cahoots with the thieves.*

■ **Faire sa valise (ou ses valises)** • *To pack one's bags*
Ils se sont querellés pendant des heures et elle a fait sa valise. • *They quarreled for hours and she packed her bags and left.*

■ **Jeter (ou lâcher) du lest** • *To make concessions (or sacrifices)*
Si vous voulez que le tout se règle rapidement, vous devrez jeter du lest. • *If you want a quick solution, you'll have to make concessions.*

■ **Prendre (ou ramasser, ou remporter) une veste** • *To take a beating (or a licking)*
Son expérience a été catastrophique ; il a pris une veste. • *His experience was a catastrophe; he took a beating.*

■ **Sage comme une image** • *As good as can be (or as gold)*
Cette enfant ne vous causera aucun problème, elle est sage comme une image. • *This little girl will cause you no problem, she is as good as can be.*

AIDE-MÉMOIRE

Comment s'est conclu ton périple à Turin ?
How was your trip to Turin?

Pourquoi le premier ministre a-t-il exigé la présence de cette chanteuse populaire ?
Why did the Premier demand that the pop singer be there?

Que pensez-vous de ma tactique révolutionnaire ?
What do you think of my revolutionary method of getting things done?

Cette pomme de terre sans fécule nous amènera-t-elle la prospérité à long terme ?
Will this starchless potato make us rich in the long run?

Pourra-t-elle s'occuper de mon dossier exclusivement ?
Will she be able to give me her undivided attention?

Je veux bien accompagner ta tante, mais pourrai-je aller au cinéma sans elle ?
I'll stay with your aunt, but will I be able to go to the movies without her?

L'opinion publique est exigeante, comment la satisfaire ?
Public opinion is demanding, how can we live up to expectations?

Comment a-t-elle pu se tirer de ce guêpier ?
How did she manage to get out of that trap?

Était-il content des résultats obtenus par son équipe de vendeurs ?
Was he happy with his salespeople's results?

S'est-il bien débrouillé dans sa première mission dans l'Ouest canadien ?
How did he get along on his first trip to Western Canada?

EXPRESSIONS

■ **Arriver à bon port** • *To get somewhere safely*
Sa course en voilier a été fort houleuse, mais il est arrivé à bon port. • *The sailboat race was very rough, but he got there safely.*

■ **Chauffer à blanc** • *To work up into a frenzy*
L'animateur a chauffé l'auditoire à blanc avant l'arrivée de l'orateur. • *The host worked up the audience into a frenzy before the arrival of the speaker.*

■ **Enfoncer une porte ouverte** • *To belabor the obvious*
L'idée n'est pas neuve : vous ne faites qu'enfoncer une porte ouverte. • *The idea's not new: you're just belaboring the obvious.*

■ **Feu de paille** • *Flash in the pan*
Le succès imprévu de ce chanteur populaire n'est qu'un feu de faille. • *This popular singer's unexpected success is only a flash in the pan.*

■ **Mener de front** • *To run at once*
Elle mène de front plusieurs carrières, ce qui n'est pas bon pour sa santé • *She runs many careers at once, which isn't good for her health.*

■ **Ne pas lâcher (ou quitter) d'une semelle** • *To watch over like a shadow*
Ne lâchez pas ce suspect d'une semelle ; il pourrait s'éclipser. • *Watch over this suspect like a shadow; he could take off.*

■ **Remuer ciel et terre** • *To leave no stone unturned*
Les policiers et tout le village ont remué ciel et terre pour retrouver l'enfant perdu. • *Police officers and all the villagers left no stone unturned in order to find the lost child.*

■ **Se ménager une porte de sortie** • *To leave o.s. a way out*
Si vous ne voulez pas tout perdre, ménagez-vous une porte de sortie. • *If you don't want to lose everything, leave yourself a way out.*

■ **Tirer son chapeau** • *To tip one's hat*
Je tire mon chapeau à cet athlète handicapé qui a démontré beaucoup de courage • *I tip my hat to this handicapped athlete who showed a lot of courage.*

■ **Voler la vedette** • *To steal the show (or the spotlight)*
La comédienne, encore inconnue hier, a volé la vedette dans la nouvelle pièce de théâtre. • *The actress, still unknown yesterday, stole the show in the new play.*

AIDE-MÉMOIRE

Le règlement est adopté, que manque-t-il pour que ses bienfaits se fassent sentir ?
The regulation was adopted, what's still required before we can reap its benefits?

Dites-moi franchement : que pensez-vous de ma proposition ?
Frankly, do you like what I am proposing?

Est-ce que ce tournevis vous sera utile ?
Will this screwdriver be useful to you?

Le superviseur était-il fâché de ton retard ?
Was your supervisor very angry that you were late?

La médiatrice a-t-elle réussi à produire un rapport accepté par toutes les parties ?
Did the mediator come up with a report that was acceptable to all parties?

C'est un beau bébé, n'est-ce pas ?
Doesn't the baby look good?

Comment ont-elles pu s'assurer que leur proposition prévaudrait ?
How did they manage to have their proposal adopted?

Ils ont tout fait pour réussir, que reste-t-il à faire ?
They did everything to succeed, what else can be done?

Pensez-vous que le patron va approuver ce nouvel uniforme ?
Will the boss approve the new uniform?

Est-il ouvert aux nouvelles techniques d'information ?
Is he open to new information technologies?

EXPRESSIONS

■ **Entrer en vigueur** • *To come into effect (or into force)*
La loi sur les armes à feu, très controversée, entre en vigueur le mois prochain • *The much debated firearms law comes into effect next month.*

■ **En un mot comme en cent (ou comme en mille)** • *To cut a long story short*
En un mot comme en cent, je ne suis pas d'accord avec votre projet. • *To cut a long story short, I disagree with your plan.*

■ **Faire l'affaire** • *To fit the bill*
Le vendeur est convaincu que ce nouveau produit fera l'affaire. • *The salesman is convinced that this new product will fit the bill.*

■ **Faire tout un plat de qqch. / faire un plat de qqch.** • *To make a big deal out of (or a federal case out of)*
Est-ce nécessaire de faire tout un plat de cette petite bévue ? • *Is it worth making a big deal out of this small blunder?*

■ **Haut la main** • *With flying colors*
Notre équipe de basket-ball a remporté haut la main le championnat provincial. • *Our basketball team won the provincial championship with flying colors.*

■ **Respirer la santé** • *To be the picture of health*
Toute la famille fait de l'exercice physique, et ça paraît : elle respire la santé. • *All the family do physical exercise, and it shows: they are the picture of health.*

■ **Se donner le mot** • *To pass the word*
Ils se sont donné le mot pour que leur candidat soit élu au conseil d'administration. • *They passed the word to get their candidate elected on the board of directors.*

■ **Tenir bon** • *To hold one's own (or one's part)*
Il vous faut tenir bon jusqu'à l'arrivée des secours d'urgence. • *You must hold your own until emergency aid arrives.*

■ **Toucher du bois (ou la corde de pendu)** • *To knock on wood / to touch wood*
J'attends la réponse à ma demande d'emploi : je touche du bois. • *I'm waiting for a reply to my job application and I'm knocking on wood.*

■ **Vieux jeu** • *Old hat*
Passer une soirée en sa compagnie est assez pénible, car il est vieux jeu. • *Spending an evening with him is somewhat distressing because he is a little old hat.*

AIDE-MÉMOIRE

Tout ce fouillis à nettoyer, par où commencer ?
This is quite a mess, where do we begin?

Quel effet a eu la défection du chef de cabinet sur la campagne du maire ?
How is the mayor's campaign going after his executive chief defected?

À quand remonte une inondation d'une telle violence ?
How long ago was it since we've had such a dramatic flood?

A-t-il été difficile de vous entendre avec la décoratrice ?
Did you have any difficulty reaching an agreement with the set designer?

Quel rôle joue votre fils dans cette comédie musicale ?
Who does your son play in the musical?

Quelle attitude devrais-je adopter dans ce conflit ?
What should my attitude be in the conflict?

Alors, tu l'acceptes cette augmentation qui double ton salaire ?
Your salary would double, are you going to accept the proposition?

Après la promenade et la collation, qu'avez-vous fait ?
You went for a stroll and had lunch, then what?

Ces réfugiés ont dû quitter leur pays devant la dictature. Que leur est-il arrivé ensuite ?
What happened to the refugees when they fled the country after it became a dictatorship?

Pourquoi n'ai-je pas pu reconnaître ta nièce dans ce film ?
Why wasn't I able to recognize your niece in the movie?

EXPRESSIONS

■ **Aller (ou parer) au plus pressé** • *First things first*
Pour le moment, oublions ce que nous ferons cet été et allons au plus pressé. • *For the time being, let's forget what we'll be doing this summer: first things first!*

■ **Coup de grâce** • *Final blow*
La disparition de son jeune fils a été son coup de grâce. • *The disappearance of her young son was the final blow for her.*

■ **De mémoire d'homme** • *In living memory*
De mémoire d'homme, nous n'avons jamais vu de citrouille aussi grosse. • *We have not seen such a big pumpkin in living memory.*

■ **Être dur en affaires** • *To drive a hard bargain*
C'est difficile de s'entendre avec lui, car il est dur en affaires. • *It is difficult to get your way with him because he drives a hard bargain.*

■ **Être en vedette** • *To be in the limelight*
Dites, c'est votre amie qui est en vedette dans ce spectacle de variété ? • *Is that your friend in the limelight of this variety show?*

■ **Faire le mort** • *To play possum*
En réponse aux questions de l'avocat, il vaut mieux faire le mort dans cette affaire. • *In answer to the lawyer's questions, it is better to play possum in this case.*

■ **Ne pas savoir quoi dire** • *To be at a loss for words*
Le témoin de l'accident était là, debout devant l'inspecteur, et ne savait quoi dire. • *The witness of the accident, standing in front of the inspector, was at a loss for words.*

■ **Piquer un roupillon (ou un somme)** • *To catch forty winks / to take a kip*
Comme je suis fatigué du long voyage, je vais piquer un roupillon. • *Since this long trip tired me out, I'll just catch forty winks.*

■ **Recommencer (ou repartir) à (de) zéro** • *To go back to square one (or to the drawing board)*
Ils ont tout perdu dans l'inondation ; ils devront recommencer à zéro. • *They lost everything in the flood; they will have to go back to square one.*

■ **Rôle de composition** • *Character part (or role)*
Elle a remporté un trophée pour son rôle de composition dans le film d'horreur. • *She won a trophy for her character part in the horror movie.*

AIDE-MÉMOIRE

Qu'est-ce qu'on peut faire devant cette situation qui a pourri pendant des mois ?
What can we do about this situation that's been dragging on for months?

Comment a-t-il pu justifier son comportement déplorable ?
How did he justify his misconduct?

Le député rebelle va-t-il réintégrer le groupe parlementaire après sa suspension ?
Will the runaway member of Parliament be accepted by his caucus after his suspension?

Sont-ils encore comme des tourtereaux, après quarante ans de mariage ?
Are they still like young lovers, after forty years of marriage?

Pensez-vous que je vais mettre mon vieil ordinateur à niveau ?
Should I update my old personal computer?

Comment l'arbitre a-t-il réagi à la bagarre générale ?
What did the referee do when he saw the brawl?

Ton locataire est-il toujours aussi gentil ?
Is your tenant always so thoughtful?

Comment savoir si les spectateurs apprécient le concert ?
How do you know whether the spectators like the concert?

Pourquoi a-t-elle toujours l'air si triste ?
Why does she always look so sad?

Saura-t-elle dérider l'auditoire ?
Will she manage to make the audience laugh?

EXPRESSIONS

■ **Crever (ou vider) l'abcès** • *To make a clean breast of sthg*
Nous réunirons tous les membres du club afin de crever l'abcès. • *We'll bring together all the members of the club and make a clean breast of it.*

■ **En tout bien, tout honneur** • *With the best of intentions*
Ils ont fait la démarche auprès de la direction en tout bien, tout honneur. • *They approached management with the best of intentions.*

■ **Être en rupture de ban** • *To be at odds with*
L'écrivain le plus populaire est en rupture de ban avec l'Association des auteurs. • *The most popular writer is at odds with the Authors' Association.*

■ **Filer le parfait amour** • *To live a great romance*
Ces deux jeunes gens filent le parfait amour depuis qu'ils se sont rencontrés. • *Those two young persons have been living a great romance ever since they met.*

■ **Jeter l'argent par les fenêtres** • *To throw money down the drain*
C'est un instrument inutile ; en l'achetant, vous jetez l'argent par les fenêtres. • *That tool's a useless instrument; buying it is like throwing money down the drain.*

■ **Lever les bras au ciel** • *To throw up one's hands*
Se sentant incapable de régler le conflit, il leva les bras au ciel. • *Feeling unable to solve the conflict, he threw up his hands.*

■ **Mettre la clé (clef) sous la porte** • *To skip out*
Sans avertir le propriétaire ou le concierge, il a mis la clé (clef) sous la porte. • *He skipped out without warning either the owner or the landlord.*

■ **Opiner du bonnet** • *To nod one's assent*
Dans cette assemblée, les gens sont discrets : ils opinent du bonnet quand ils sont d'accord. • *In this meeting, people are discreet: they nod their assent.*

■ **Traîner un boulet** • *To have a millstone (or an albatross) round one's neck*
Il est rarement de bonne humeur, car il traîne un boulet depuis sa tendre enfance. • *He is seldom in a good mood because he has had a millstone around his neck since childhood.*

■ **Triste comme un bonnet de nuit** • *As dull as dishwater (or as ditchwater)*
Le spectacle présenté au théâtre local est triste comme un bonnet de nuit. • *The show at the local theater is as dull as dishwater.*

AIDE-MÉMOIRE

Comment fait-elle pour écrire des romans, elle qui travaille à temps plein ?
How does she manage to write novels and work full time?

Quel avenir prévoyez-vous pour ce mélangeur à eau minérale ?
Do you see a bright future for this mineral-water mixer?

Est-elle aussi malade qu'on le dit ?
Is she as sick as they say?

La mère et la fille s'entendent-elles bien depuis le départ de cette dernière ?
How do mother and daughter get along since the daughter's departure?

T'es-tu rendu compte que c'était une attrape ?
Did you know he was playing a practical joke?

De quelle façon décririez-vous les costumes des travestis du spectacle ?
How would you describe the show's crossdresser's costumes?

Pouvez-vous expliquer le phénomène de la musique rock ?
Can you explain why rock music is so popular these days?

Pourquoi parle-t-elle si peu ?
Why does she talk so little?

Il ne s'est jamais compromis, comment fait-il ?
He never really made a commitment, did he?

Que me conseillez-vous de faire dans les circonstances ?
What do you suggest I do under the circumstances?

EXPRESSIONS

■ **À ses heures perdues** • *In one's spare time*
À ses heures perdues, il sculpte des animaux sauvages. • *In his spare time, he makes sculptures of wild animals.*

■ **En pleine dérive** • *On the decline*
Je crois que cette activité sportive d'hiver est en pleine dérive. • *I think that this winter sport activity is on the decline.*

■ **En voie de guérison** • *On the mend*
Il a eu peur quand il s'est retrouvé à l'hôpital, mais maintenant il est en voie de guérison. • *He was scared when he arrived at the hospital, but he's on the mend now.*

■ **Être à couteaux tirés avec qqn** • *To be at daggers drawn with s.o.*
Elle est à couteaux tirés avec lui parce qu'il ne fait jamais sa part du travail. • *She is at daggers drawn with him because he never does his share of the work.*

■ **Garder son sérieux** • *To keep a straight face*
Même dans les moments les plus drôles, il est capable de garder son sérieux. • *Even during the funniest moments, he's able to keep a straight face.*

■ **Haut en couleur** • *Very lively*
Le festival annuel des montgolfières est un événement haut en couleur dans notre région. *The annual hot-air balloon festival is a very lively event in our region.*

■ **La couleur du temps** • *The spirit of the times*
Ce genre d'habillement un peu bizarre est dans la couleur du temps. • *This bizarre kind of clothing is in the spirit of the times.*

■ **Marcher sur des œufs** • *To skate (or walk) on thin ice*
En s'immisçant dans cette discussion délicate, elle marche sur des œufs. • *In interfering in this touchy debate, she's skating on thin ice.*

■ **Nager entre deux eaux** • *To play both sides*
Il a l'air d'appuyer tout le monde lors de réunions, car il nage entre deux eaux. • *It looks like he supports everyone at meetings, because he's playing both sides.*

■ **Prendre son courage à deux mains** • *To pluck (or screw) up one's courage*
Il est temps de prendre votre courage à deux mains et de vous remettre à l'œuvre. • *It's time you pluck up your courage and get back to work.*

AIDE-MÉMOIRE

Que fait-il de ses nombreux congés ?
What does he do on his numerous holidays?

Devrions-nous lui faire confiance encore une fois ?
Should we trust him once more?

Que pensez-vous de la dernière déclaration de la ministre ?
What do you think of the latest ministerial declaration?

Comment a-t-il réagi à l'intervention du représentant syndical ?
How did he react to the shop steward's intervention?

C'est récent, sa conversion à l'écologisme ?
His interest in ecology, is that something new?

Peut-elle expliquer ses échecs répétés ?
How does she explain her repeated failures?

Vous allez communiquer avec lui bientôt ?
Will you get in touch with him soon?

Avez-vous une idée de ce qu'elle pense ?
Do you have an idea what she thinks?

Voulez-vous faire connaître votre programme électoral ?
Do you want your platform to be known?

Est-ce l'œuvre d'un jeune romancier que vous avez entre les mains ?
Is that the work of a young novelist that you're holding in your hand?

EXPRESSIONS

■ **À longueur de journée** (ou de semaine, ou de mois, ou d'année) • *All day (or week, or month, or year) long*
Il critique tout le monde et toutes choses à longueur de journée. • *He criticizes everybody and everything all day long.*

■ **À tort ou à raison** • *Rightly or wrongly*
À tort ou à raison, elle a continué à croire en l'innocence de son mari. • *Rightly or wrongly, she continued to believe in her husband's innocence.*

■ **C'est le comble / il ne manquait que ça** • *That's the last straw*
Ils ont coupé le dernier arbre du parc, c'est le comble ! • *They cut the last tree in the park, that's the last straw!*

■ **Hausser les épaules** • *To shrug one's shoulders*
Il ne nous a pas répondu ; c'est tout juste s'il a haussé les épaules. • *He didn't answer us; he just shrugged his shoulders.*

■ **Il y a belle lurette** • *In a month of Sundays / in a dog's age / for donkey's years*
Ce procès, qui a soulevé tant de passions, a eu lieu il y a belle lurette. • *This trial which stirred up so many passions took place over a month of Sundays.*

■ **Jeter le mauvais œil à qqn** • *To give s.o. the evil eye*
Elle était nerveuse quant à son avenir : elle croyait qu'il lui avait jeté le mauvais œil. • *She feared for her future because she thought that he had given her the evil eye.*

■ **Passer chez qqn** • *To call on s.o.*
Je vais passer chez mon cousin alité, ce soir après le travail. • *Tonight after work, I will call on my cousin who is confined to bed.*

■ **Prendre position** • *To make a stand*
Veuillez, s'il vous plaît, prendre position ; vous êtes le seul à ne pas l'avoir fait. • *Please make a stand; you're the only who hasn't.*

■ **Prononcer un discours** • *To make a speech*
C'est la première fois qu'elle prononce un discours et elle se débrouille très bien. • *It's the first time she made a speech and she's doing very well.*

■ **Sur le tard** • *Late in life*
Il a commencé à faire de la peinture sur le tard, mais il réussit très bien. • *He began painting late in life, but he's very successful.*

159

AIDE-MÉMOIRE

Avez-vous aimé le film tout de suite ?
Did you like the movie immediately?

Comment s'est déroulée votre journée avec votre jeune neveu ?
How did your day with your young nephew go?

Allez-vous accepter la proposition de la directrice ?
Will you accept the director's proposal?

Votre entreprise a-t-elle seulement changé d'adresse ?
Did your business change more than its address?

À partir de quand puis-je faire ma mise ?
When can I bet?

Avez-vous visité le parc écologique ?
Have you visited the ecological park?

Et maintenant, savons-nous où nous allons ?
And now, do we know where we're going?

As-tu réussi à calmer ton interlocuteur impoli ?
Any success in dealing with your rude opponent?

Comment le policier va-t-il apprendre la vérité ?
How will the policeman learn the truth?

Sa thèse démolie, quelle fut sa réaction ?
How did she react to having her arguments shot down?

EXPRESSIONS

■ **Au premier abord / de prime abord** • *At first glance (or sight)*
Au premier abord, il avait l'air d'un garçon bien tranquille. • *At first glance, he looked like a very peaceful young man.*

■ **Donner du fil à retordre** • *To lead s.o. a merry (or a pretty) dance*
Le prisonnier a donné beaucoup de fil à retordre à ses gardiens. • *The prisoner lead his guards a merry dance.*

■ **Emboîter le pas à** • *To fall into step with*
Il a emboîté le pas à son frère jumeau ; il est devenu acteur lui aussi. • *He fell into step with his twin brother; he too became an actor.*

■ **Faire peau neuve** • *To make a fresh start*
Rien ne fonctionne pour lui jusqu'à maintenant, il a donc décidé de faire peau neuve. • *Nothing has worked for him so far, so he's decided to make a fresh start.*

■ **Faites vos jeux** • *Place all bets*
« Faites vos jeux ! » a crié fièrement le croupier au tout nouveau casino de notre ville. • *"Place all bets!" proudly shouted the croupier in our town's newest casino.*

■ **Pousser une pointe** • *To push on as far as*
Comme nous nous étions rendus tôt, nous avons poussé une pointe vers le village voisin. • *Since we arrived early, we pushed on as far as the next village.*

■ **Prendre une décision** • *To make a decision*
Le gouvernement a pris une décision : il abolit tout impôt sur le revenu. • *The government made a decision to abolish all income taxes.*

■ **Rabaisser (ou rabattre) le caquet à qqn** • *To make s.o. eat crow*
L'intervention rapide du président lui a rabaissé le caquet. • *The president's quick intervention made him eat crow.*

■ **Tirer les vers du nez à qqn** • *To worm secrets out of s.o.*
C'est une personne taciturne ; il est difficile de lui tirer les vers du nez. • *He's a silent person; it is difficult to worm secrets out of him.*

■ **Tomber de haut (ou de la lune, ou des nues)** • *To be taken aback*
Ils sont tombés de haut quand on leur a dit qu'ils avaient tout perdu à la Bourse. • *They were taken aback when they found out they had lost everything on the stock market.*

AIDE-MÉMOIRE

Pourquoi ta mère ne reste-t-elle jamais plus de deux jours en visite ?
Why does your mother never stay more than two days?

Est-ce qu'il va comprendre ce qu'on attend de lui ?
Will he understand what is expected of him?

D'où lui vient cette subite aisance ?
How come he is so wealthy all of a sudden?

Pensez-vous pouvoir commencer la construction de votre maison bientôt ?
Will you be able to start construction of your house shortly?

Pourquoi tenir la conférence à Paris plutôt qu'ici même ?
Why hold the conference in Paris rather than right here?

Pourquoi y a-t-il tant de bruit à côté ?
Why is there so much noise coming from the upper room?

Avez-vous connu les événements dont le conférencier a parlé ?
Were you aware of the events the speaker talked about?

Êtes-vous satisfaite de votre nouvelle voiture ?
Are you happy with your new car?

Pourquoi est-il allé plonger du haut de la falaise ?
Why did he jump from the cliff?

Si je vous prête cette somme, serez-vous soulagée ?
If I agree to lend you the money, will you be okay?

EXPRESSIONS

■ **Avoir la bougeotte** • *To have the fidgets*
Dès que le printemps arrive, j'ai la bougeotte et je fais des voyages partout au pays. • *As soon as spring arrives, I have the fidgets and I go on trips around the country.*

■ **Avoir l'esprit de l'escalier** • *To be slow off the mark*
Ne comptez pas trop sur lui, il a l'esprit de l'escalier. • *Do not count on him too much, he's slow off the mark.*

■ **Coucher qqn sur son testament** • *To name s.o. in one's will*
Le vieil avare avait couché son infirmière sur son testament, mais personne de sa famille. • *The old miser named his nurse in his will but nobody from his own family.*

■ **Être (ou se sentir) d'attaque** • *To be full of fight*
Je me suis très bien reposé et, ce matin, je suis d'attaque. • *I slept very well and this morning I'm full of fight.*

■ **Joindre l'utile à l'agréable** • *To mix business with pleasure*
Pendant le congrès, je joindrai l'utile à l'agréable en allant voir beaucoup de films. • *During the conference, I'll mix business with pleasure: I'll go and see several films.*

■ **Jouer à saute-mouton** • *To play leapfrog*
Les enfants jouaient à saute-mouton dans la cour; l'un d'eux s'est blessé au bras. • *The children were playing leapfrog in the backyard and one of them injured his arm.*

■ **Ne pas être né de la dernière pluie** • *Not to be born yesterday*
Écoutez, je comprends très bien ce qui se passe, car je ne suis pas né de la dernière pluie. • *Listen, I know exactly what's going on; I wasn't born yesterday.*

■ **Ne pas valoir un clou** • *Not to be worth a bean*
N'achetez pas cette tondeuse à gazon, elle ne vaut pas un clou. • *Do not buy this lawn-mower, it's not worth a bean.*

■ **Relever un défi** • *To take up the gauntlet*
Ce concours de chant est une excellente occasion pour vous de relever un défi • *This singing contest is an excellent opportunity for you to take up the gauntlet.*

■ **Tirer une épine du pied à qqn** • *To get s.o. out of a spot*
Il n'a pas hésité une seconde pour lui tirer une épine du pied. • *He didn't hesitate a second to get him out of a spot.*

AIDE-MÉMOIRE

Êtes-vous un amateur des Beatles ?
Are you a fan of the Beatles?

Elle est encore loin, cette petite auberge ?
Is this little inn still very far?

La sauce à spaghetti de Maman Lala est-elle toujours aussi populaire ?
Is Mama Lala's homestyle spaghetti sauce still very popular?

Pourquoi m'a-t-il répondu aussi sèchement ?
Why was he so flippant?

Se présentera-t-il au travail cette semaine ?
Will he be at work this week?

Ont-ils changé leur mode de vie depuis leur héritage ?
Have they changed their lifestyle since the inheritance?

Quelle était sa situation financière à sa sortie de l'université ?
What was his financial standing when he graduated from university?

Quelle sera la contribution de cette compagnie ?
What will the company contribute to the campaign?

À quoi vais-je reconnaître ta sœur ?
How will I know it's your sister?

Et si l'autre partie ne livre pas la marchandise, quel recours me reste-t-il ?
If they don't deliver the goods, what can I do?

EXPRESSIONS

■ **Ce ne sont pas mes oignons** • *That's not my cup of tea*
La révision de textes scientifiques et techniques, ce ne sont pas mes oignons ! • *Revising scientific and technical texts isn't my cup of tea!*

■ **Dans les parages** • *In these parts*
Il semble qu'un évadé de la prison provinciale rôde dans les parages. • *Apparently, an escapee from the provincial prison is lurking in these parts.*

■ **En perte de vitesse** • *Losing steam / to be on the skids*
Créé dans l'enthousiasme, ce parti politique est maintenant en perte de vitesse. • *Created with enthusiasm, this political party is now losing steam.*

■ **Filer un mauvais coton** • *To be in bad shape*
Allez donc la voir, elle file un mauvais coton depuis au moins une semaine. • *You should go visit her, she has been in bad shape for at least a week.*

■ **Gagner le gros lot** • *To hit the jackpot*
Le couple allait perdre sa maison mais, heureusement, il a gagné le gros lot. • *The couple was going to lose their home but, fortunately, they hit the jackpot.*

■ **Mener grand train** • *To live high on the hog*
Et, depuis cet événement heureux, les deux anciens pauvres mènent grand train. • *And since the happy event, those two, formerly poor, are living high on the hog.*

■ **Ne pas avoir un sou vaillant** • *Not to have a red cent to one's name*
Néanmoins, ils se souviennent encore du jour où ils n'avaient pas un sou vaillant. • *Nevertheless, they remember the days when they did not have a red cent to their name.*

■ **Payer les violons** • *To pay the piper*
Ce n'est pas tout de payer les violons, j'aimerais m'amuser, moi aussi. • *It's not just to pay the piper, I would like to have fun too.*

■ **Se ressembler comme deux gouttes d'eau** • *To be as alike as two peas in a pod*
Plus ils vieillissent, plus ses deux enfants se ressemblent comme deux gouttes d'eau. • *The older they get, the more her two children are as alike as two peas in a pod.*

■ **Traduire qqn en justice** • *To prosecute s.o.*
Je crois bien que la compagnie le traduira en justice pour ses gestes malhonnêtes. • *I certainly think that the company will prosecute him for his dishonest acts.*

AIDE-MÉMOIRE

Avez-vous des chances de réussir dans votre entreprise ?
What are the chances of your business succeeding?

Les sondages ne lui sont pas favorables, que va-t-il faire ?
The polls are against him, what will he do?

Pourquoi ne vient-elle pas avec nous dans les Maritimes ?
Why isn't she coming with us to the Maritimes?

Ton fils va-t-il percer comme chanteur en France ?
Do you think your son will succeed as a singer in France?

La statue est-elle impressionnante ?
Is the statue impressive?

Comment s'est-il rendu au sommet de la compagnie ?
How did she reach the top of the company?

Qu'est-il arrivé au Parti créditiste aux dernières élections ?
What happened to the Socred Party at the last election?

Que faut-il faire pour signaler la disparition de cette ancienne rue ?
How can people be informed that the old street no longer exists?

Quel genre de littérature préférez-vous ?
What do you prefer reading?

Pourquoi tout le monde l'a-t-il abandonné ?
Why does everybody refuse to see him?

EXPRESSIONS

■ **À portée de la main** • *At one's elbow*
Le championnat est à portée de la main ; deux semaines de travail et vous l'aurez. •
The championship is at your elbow; two more weeks of work and it will be yours.

■ **Changer de disque** (ou de ton) • *To change one's tune / to dance (or sing) to*
another tune / to sing a new tune / to whistle a different tune
Il a changé de disque quand on lui a révélé que tous étaient au courant de son vol. •
He changed his tune when he learned that everybody knew about his theft.

■ **Être criblé de dettes** • *To be up to one's eyeballs in debt*
Puisqu'il est criblé de dettes, il ne peut pas s'acheter une nouvelle voiture. • *As he is*
up to his eyeballs in debt, he cannot afford a new car.

■ **Faire un tabac** • *To be a smash hit*
L'exposition de mon amie fait présentement un tabac dans la métropole. • *My girlfriend's*
exhibition is presently a smash hit in the metropolis.

■ **Grandeur nature** • *Life-size*
Ils peuvent reproduire des photos d'individus grandeur nature. • *They can reproduce*
life-size photos of individuals.

■ **Jouer des coudes** • *To elbow one's way*
Pour arriver où elle est, elle a dû jouer des coudes plus souvent qu'à son tour. • *To get*
to where she is, she must have had to elbow her way more often than not.

■ **Rayer de la carte** • *To wipe off the face of earth*
Un seul ouragan dévastateur, et la municipalité a été rayée de la carte. • *One devastating*
hurricane, and the town was wiped off the face of earth.

■ **Rayer de ses papiers** (ou tablettes) • *To give up for lost*
Vous pouvez rayer de vos papiers le poste de directeur général. • *You can give up for*
lost the position of chief executive officer.

■ **Roman policier** • *Detective story*
J'aime bien les romans policiers, mais il ne faut pas que le sang coule à toutes les pages.
• *I very much like detective novels, but blood need not flow on every single page.*

■ **Sentir le cadavre** • *To smell blood*
Comme il sentait le cadavre, tous ses amis se sont mis à le fuir plutôt que de l'aider. •
Smelling blood, his friends began to avoid him rather than helping him.

AIDE-MÉMOIRE

Comment fait-elle pour dénicher toutes ces nouveautés ?
How does she manage to find all those marvelous gadgets?

Devrait-elle lui dire qu'elle connaît son origine ?
Should she tell him that she knows where he comes from?

Comment a-t-il réagi à la nouvelle de la mort de son père ?
How did he react to the news of his father's death?

Regrettes-tu de l'avoir invitée à la fête ?
Aren't you happy you invited her to the party?

La soupe est prête, tu viens ?
Dinner's ready, are you coming?

Qu'a-t-il décidé de faire après avoir bourlingué sur les cinq continents ?
What did he decide to do after traveling around the world?

A-t-il raison de faire un rapport écrit sur les événements ?
Is he wise to put down a written account of what happened?

Que feront-ils du magot ramassé en jouant à la Bourse ?
What will they do with the bundle they made on the stock exchange?

Pourquoi fais-tu le plein alors que le réservoir est encore à plus de la moitié ?
Why are you filling up the tank when it's more than half full?

Est-elle satisfaite de sa nouvelle vie ?
Is she satisfied with her new life?

EXPRESSIONS

■ **Avoir du flair** • *To have a nose for sthg*
Elle a du flair pour découvrir de jolis bibelots dans les petites boutiques. • *She has a nose for discovering beautiful curios in souvenir shops.*

■ **Commettre un impair** • *To make a blunder*
Eh bien! je crois que vous commettez un impair en allant lui avouer vos torts. • *Well, I think you're making a blunder if you tell him you were wrong.*

■ **Être à ramasser à la petite cuiller (cuillère)** • *To be all washed out*
Après avoir lu les critiques de sa pièce, il était à ramasser à la petite cuiller (cuillère). • *He was all washed out after reading the reviews of his play.*

■ **Être le boute-en-train de la soirée** • *To be the life of the party*
Je ne sais pas comment il fait, mais il est toujours le boute-en-train de la soirée. • *I don't know how he does it, but he is always the life of a party.*

■ **Faire un brin de toilette** • *To give o.s. a lick and a promise*
Oui, chérie, je fais un brin de toilette et je suis prêt à partir. • *Yes, dear, I'll give myself a lick and a promise and I'll be ready to go.*

■ **Fonder un foyer** • *To start a family*
Tous les deux se sentent maintenant en mesure de fonder un foyer. • *Both of them now feel they're in position to start a family.*

■ **Jouer avec le feu** • *To push one's luck*
Vous jouez avec le feu en vous rendant à cette réunion de gens qui ne vous aiment pas. • *You are pushing your luck if you go to this meeting of people who don't like you.*

■ **Partager moitié-moitié** • *To go halves*
Il y a assez d'argent dans la cagnotte pour que nous puissions partager moitié-moitié. • *There is enough money in the jackpot so that we can go halves.*

■ **Tomber en panne sèche** • *To run out of gas*
Il est tombé en panne sèche à des kilomètres d'une station-service, voilà pourquoi il est en retard. • *He ran out of gas kilometers away from a service station, that's why he's late.*

■ **Véritable conte de fées** • *Rags-to-riches story*
La manière dont cette patineuse artistique a atteint le sommet est un véritable conte de fées. • *How this figure skater reached the top is a rags-to-riches story.*

AIDE-MÉMOIRE

Diriez-vous que nous sommes dans une période glorieuse ?
Would you say we're living in a glorious period?

Le vice-président sait-il que son rival est porté sur les femmes ?
Does the vice-president know that his rival is a womanizer?

Alors, qui a interrompu notre conversation ?
Who broke into our conversation?

Quel candidat le jury a-t-il choisi ?
What candidate did the panel select?

Quelle sorte d'avenir s'ouvre devant lui ?
What kind of future is in store for him?

Puis-je compter sur votre discrétion ?
Can I count on your discretion?

Que pensez-vous des déductions de notre Sherlock Holmes maison ?
What do you think of our Sherlock's deductions?

Comment expliquer qu'elle ait refusé notre offre ?
How do you justify her refusing our offer?

Le froid explique son absence, mais qu'en est-il de son silence ?
She did not come because of the cold, but why didn't she call?

Quelles sont les règles à suivre pour cet exercice ?
What are the rules of the game?

EXPRESSIONS

■ **Au jour d'aujourd'hui** • *In this day and age*
Au jour d'aujourd'hui, la vie est compliquée pour tout le monde. • *In this day and age, life is complicated for everybody.*

■ **Avoir qqn dans le collimateur** • *To have one's eye on s.o.*
Étant donné qu'il a fait de nombreuses erreurs, elle l'a dans le collimateur. • *Given his numerous errors, she has her eye on him.*

■ **Faire un faux numéro** • *To dial a wrong number*
On m'a répondu de façon brutale que j'avais fait un faux numéro • *They answered rudely that I had dialed a wrong number.*

■ **Jeter son dévolu sur qqn** • *To set one's cap for s.o.*
L'aîné refusant de diriger le commerce, le père a jeté son dévolu sur le benjamin. • *As their eldest son refused to run the business, the father set his cap on the youngest one.*

■ **Le monde lui appartient** • *The world is his (or her) oyster*
Le chanteur connaît un succès phénoménal et, désormais, le monde lui appartient. • *The singer's success is phenomenal and the world's his oyster now.*

■ **Muet comme une carpe** • *As tight as a clam*
Ce député ne se manifeste pas souvent ; il est muet comme une carpe. • *This member of Parliament doesn't speak often; he's as tight as a clam.*

■ **Ne pas tenir debout** • *Not to hold water*
Votre argument de vente, même s'il semble logique, ne tient pas debout. • *Even if your selling point appears logical, it does not hold water.*

■ **Par la force des choses** • *By force of circumstances / In the nature of things*
Par la force des choses, l'hiver est toujours rigoureux dans notre région. • *By force of circumstances, winter is always harsh in our region.*

■ **Par là même** • *By the same token*
Par là même, vous devriez vous excuser auprès d'elle pour votre conduite. • *By the same token, you should apologize to her for your conduct.*

■ **Tous les coups sont permis** • *No holds barred*
Lors d'un débat télévisé entre les chefs de parti, tous les coups sont permis. • *During a televised debate of the party leaders, there were no holds barred.*

AIDE-MÉMOIRE

La situation était désespérée, que pouvait-il faire ?
The situation was desperate, what could he do?

Avant même de commencer la planification, que devrons-nous faire ?
Even before starting the planning phase, what should we do?

Ces gens sont-ils des immigrants de fraîche date ?
Are those people recent immigrants?

Pourquoi le héros s'est-il effondré en conférence de presse ?
Why did the hero panic during the press conference?

Que lui est-il arrivé après la déconfiture de sa fabrique de chemises ?
What happened to him after his shirt factory collapsed?

Et après son discours enflammé, qu'est-ce qu'il a fait ?
He made a passionate speech, and then what?

Qui est le mystérieux étranger qui vient d'arriver ?
Who is the mysterious stranger who just walked in?

Comment le maire a-t-il accueilli votre demande ?
How did the mayor react to your request?

Pouvez-vous me raconter votre passage devant la commission de contrôle ?
Could you talk to us about your appearance before the control board?

La directrice est-elle bien populaire auprès de ses employés ?
Is the director popular with her employees?

EXPRESSIONS

▪ **Avaler le morceau** • *To bite the bullet*
Malgré les preuves accablantes contre lui, il a avalé le morceau. • *In spite of overwhelming evidence against him, he bit the bullet.*

▪ **Déblayer le terrain** • *To do the groundwork*
Un premier groupe déblayera le terrain avant la conférence internationale sur la paix.
• *An advance group will lay the groundwork for the international peace conference.*

▪ **De vieille souche** • *Of old stock*
Ces villageois du Nord sont des habitants de vieille souche de notre pays. •
Those Northern villagers are old-stock inhabitants of our country.

▪ **Être sous un feu nourri de questions** • *To bombard with questions*
Le comptable de l'entreprise a été sous un feu nourri de questions toute la soirée. •
The company's accountant was bombarded with questions all night long.

▪ **Faire sa traversée du désert** • *To be in the political wilderness*
Après sa défaite aux élections, le premier ministre a dû faire sa traversée du désert. •
After his election defeat, the prime minister was in the political wilderness.

▪ **Montrer (ou tourner) les talons** • *To turn tail*
Sur ces paroles peu encourageantes, elle a montré les talons et on ne l'a plus revue. •
After these discouraging words, she turned tail and has not been seen since.

▪ **Ni vu ni connu** • *Mum's the word*
Si on demande des renseignements sur lui, répondez simplement : « Ni vu ni connu ! » •
If they want information about him, mum's the word!

▪ **Rire au nez de qqn** • *To laugh in s.o.'s face*
Les voleurs ont même eu l'audace de rire au nez de leurs victimes. • *The robbers even had the audacity to laugh in their victims' faces.*

▪ **Sur la sellette** • *On the hot seat*
Et ce n'était pas fini, il a été sur la sellette devant le comité de discipline. • *And that wasn't all, he was on the hot seat before the disciplinary committee.*

▪ **Taper sur les nerfs à qqn** • *To get in s.o.'s hair (or under s.o.'s skin)*
Ce genre de musique bruyante me tape sur les nerfs. • *This noisy music really gets in my hair (or under my skin).*

AIDE-MÉMOIRE

Cette fête communautaire a-t-elle mobilisé de nombreuses énergies ?
Did the community gathering generate a lot of energy?

Es-tu satisfaite de tes relations avec ton patron ?
Does your boss treat you well?

Que fait le parrain de la mafia locale maintenant ?
What is the local mafia boss doing these days?

Votre nouveau travail rapporte-t-il bien ?
Does your new job pay well?

Ce roman, tu as mis beaucoup de temps à le concocter ?
Did you spend much time writing this novel?

Comment qualifier cette décision de construire à neuf plutôt que de rénover ?
Why did they opt for a new building rather than renovating the existing one?

Croyez-vous qu'il plaira à la foule ?
Will he please the crowd?

Vous attendiez-vous à ce qu'elle devienne député ?
Did you expect her to become a member of parliament?

Que pensez-vous de son dévouement à sa maîtresse ?
Is he really devoted to his mistress?

A-t-elle apprécié le récital ?
Did she enjoy the recital?

EXPRESSIONS

■ **Apporter sa pierre à l'édifice** • *To make one's contribution*
Chacun a apporté sa pierre à l'édifice ; voyez le beau résultat que cela a donné. • *Everyone made a contribution; look at the good result.*

■ **Avoir qqch. sur le dos** • *To be saddled with*
J'ai ce dossier délicat sur le dos depuis quelques semaines. • *I have been saddled with this file for the past few weeks.*

■ **Bouffer (ou manger) les pissenlits par la racine** • *To be pushing up the daisies*
Vous ne le trouverez pas, car il bouffe les pissenlits par la racine depuis l'an passé. • *You won't find him because he's been pushing up the daisies since last year.*

■ **Ce n'est pas le Pérou** • *It's not exactly a fortune*
Le travail est intéressant, mais pour ce qui est du salaire, ce n'est pas le Pérou. • *The work is interesting, but as far as the salary goes, it's not exactly a fortune.*

■ **D'un seul jet** • *In one go*
Il a récité une dizaine de poèmes amoureux d'un seul jet. • *He recited some ten love poems in one go.*

■ **Investir dans la pierre** • *To invest in bricks and mortar*
Investir dans la pierre, c'est bon ; mais encore ne faudrait-il pas oublier les artistes. • *To invest in bricks and mortar is a good thing; but let's not forget the artists.*

■ **Laid comme les sept péchés capitaux / laid comme un pou** • *Ugly as sin*
Sans être méchant, je dois vous dire qu'il est laid comme les sept péchés capitaux. • *Without being nasty, I have to tell you that he's ugly as sin.*

■ **Sans tambour ni trompette** • *Without making any fuss*
Sans tambour ni trompette, il est devenu le président de cette importante société de logiciels. • *He became president of this important software company without making any fuss.*

■ **Se faire couper en quatre pour qqn** • *To give one's eyeteeth (or one's right arm) for s.o. (or sthg)*
J'aime bien ces tableaux et je me ferais couper en quatre pour eux. • *I like these paintings so much that I'd give my eyeteeth for them.*

■ **Tomber dans les pommes** • *To pass out cold*
Dès que son idole est apparue sur scène, elle est tombée dans les pommes. • *As soon as her idol appeared on the stage, she passed out cold.*

175

AIDE-MÉMOIRE

L'Association est-elle toujours solide ?
Is the Association still holding up well?

Pourquoi as-tu dû payer cette amende ?
Why did you have to pay such a fine?

Après sa violente sortie, s'est-elle assise ?
After her violent outburst, did she sit down?

L'histoire pourra-t-elle intéresser les enfants ?
Will the story keep the children interested?

A-t-elle demandé de l'aide ?
Did she ask for help?

Saura-t-elle bien remplir son rôle de porte-parole ?
Will she be able to act as our spokesperson?

À votre arrivée dans leur nouvelle maison, qu'est-ce que vous aimeriez faire ?
What would you like to do when you arrive in their new house?

Avez-vous eu peur de quitter la fonction publique pour vous lancer en affaires ?
Did you hesitate before leaving your job in the public service to start your own business?

Sa fortune a-t-elle été vraiment acquise légalement ?
He is rich, but did he acquire all this strictly legally?

N'avez-vous pas vu le chat passer au bout de la pièce ?
Didn't you see the cat walk across the far end of the room?

EXPRESSIONS

■ **Aller à vau-l'eau / tomber à l'eau • *To go down the drain (or to the dogs)***
Vous étiez au courant que leur mariage s'en allait à vau-l'eau et vous n'en avez pas parlé.
• *You knew their marriage was going down the drain and you didn't say a word.*

■ **Brûler un feu rouge • *To run a red light***
Il a brûlé un feu rouge ; la police l'a pris en chasse immédiatement. • *He ran a red light; the police chased him immediately.*

■ **Comme si de rien n'était • *As if nothing were amiss (or wrong)***
Comme si de rien n'était, elle est revenue sur les lieux de son crime. • *As if nothing were amiss, she returned to the scene of her crime.*

■ **Couler de source • *To flow as freely as water***
Lisez ce nouveau roman, l'auteur a un style qui coule de source. • *Read this new novel, the style of this author flows as freely as water.*

■ **Crier à l'assassin • *To cry blue murder***
À force de crier à l'assassin, on ne la croira plus lorsque ce sera pour de vrai. • *She cried blue murder too often, we'll no longer believe her when it will be for real.*

■ **Être digne de son rang • *To live up to one's station***
Vous ne pourrez reprocher quoi que ce soit à ce monsieur, il est digne de son rang. • *You will never be able to find fault this man, he lives up to his station.*

■ **Faire le tour du propriétaire • *To show s.o. around one's property***
Je vais vous faire faire le tour du propriétaire, vous verrez que la maison est belle. • *I will show you around the property, you'll see that the house is beautiful.*

■ **Lâcher la proie pour l'ombre • *To chase rainbows***
En acceptant ce nouveau poste, vous lâchez la proie pour l'ombre. • *If you accept this new position, you will be chasing rainbows.*

■ **Manger à tous les râteliers • *To have a finger in every pie***
Rien ne l'arrête dans sa soif de pouvoir ; il est prêt à manger à tous les râteliers. • *Nothing stops him in his search for power; he has a finger in every pie.*

■ **Myope comme une taupe • *Blind as a bat***
Vous êtes myope comme une taupe, pourquoi n'allez-vous pas voir un optométriste ?
• *You're blind as a bat, why not see an eye specialist?*

AIDE-MÉMOIRE

Ma fille peut-elle faire confiance à cet avocat?
Can my daughter trust the lawyer?

Comment a-t-il fait pour s'attirer la sympathie de la foule?
Where does he get his popularity?

Votre grand-père vit-il toujours?
Is your grandfather still living?

Comment la nouvelle Jeanne d'Arc se débrouille-t-elle dans le rôle?
What did you think of the way that the new actress played Joan of Arc?

Viens-tu jouer dehors?
Do you want to play outside?

Penses-tu qu'on se souviendra de ce qui s'est passé au centre sportif hier?
Will people remember what happened at the sport center yesterday?

Est-ce que la jeune héritière vit bien?
Is the young heiress living well?

Aimeriez-vous épouser cet ancien chef de guerre?
Would you marry this old warlord?

Qu'est-il arrivé de l'initiative des trois frères dans le domaine de l'hydroélectricité?
What happened to the three brothers' venture in hydro-power distribution?

Ce travail sous le soleil vous a-t-il délassé?
Did you enjoy working in the sun?

EXPRESSIONS

■ **Avoir la tête sur les épaules** • *To be level-headed*
Faites affaire avec elle, c'est une personne qui a la tête sur les épaules. • *Do business with her, she is level-headed.*

■ **Avoir (ou mettre) les rieurs de son côté** • *To have the last laugh*
Dans toute discussion, il cherche à avoir les rieurs de son côté. • *In any discussion, he tries to have the last laugh.*

■ **Avoir une santé de fer** • *To be as strong as a horse*
Il a peut-être quatre-vingts ans, mais il a une santé de fer. • *Even if he is eighty, he is as strong as a horse.*

■ **Brûler les planches** • *To give an outstanding performance*
Cette jeune comédienne brûle les planches tous les soirs. • *This young actress gives an outstanding performance every night.*

■ **Geler à pierre fendre** • *To be freezing cold outside*
N'allez pas faire de ski ce soir, car il gèle à pierre fendre. • *Don't go skiing tonight, it's freezing cold outside.*

■ **Jour à marquer d'une pierre blanche** • *To go down as a red-letter day*
Enfin, nous avons obtenu notre diplôme : c'est un jour à marquer d'une pierre blanche. • *We finally graduated: this will go down as a red-letter day.*

■ **Mener une vie de château (ou de pacha)** • *To live the life of Riley*
Grâce au gros contrat qu'il a décroché, il mène une vie de château. • *Thanks to the big contract he landed, he lives the life of Riley.*

■ **Pour tout l'or du monde** • *For all the tea in China*
Je ne me débarrasserais pas de cet animal pour tout l'or du monde. • *I would not get rid of this animal for all the tea in China.*

■ **S'en aller (ou tourner) en eau de boudin** • *To die (or wither) on the vine*
Ce projet de patinoire intérieure s'en est allé en eau de boudin. • *This covered skating rink project died on the vine.*

■ **Suer sang et eau** • *To sweat blood*
Ils ont sué sang et eau pour construire leur maison sur le bord de la rivière. • *They sweated blood to build their house on the river bank.*

AIDE-MÉMOIRE

Comment se porte ta grand-mère à la veille de son soixante-dixième anniversaire ?
How is your grandmother now that she's about to turn seventy?

Croyez-vous qu'elle réussira à gagner les membres à sa cause ?
Do you think she will rally the membership to her cause?

Avez-vous bien profité de votre séjour dans le Bordelais ?
Did you enjoy your trip to the Bordeaux wine country?

Le réfugié a-t-il ému les commissaires ?
Were the commisionners touched by the refugee's plea?

Il y a longtemps que les blattes sont apparues sur terre ?
How long have cockroaches been on earth?

Il est fort compétent, pourquoi les électeurs ne l'aiment-ils pas ?
He's a competent candidate, why isn't he popular?

Quand l'avez-vous rencontrée pour la dernière fois ?
When did you meet her for the last time?

Comment décririez-vous sa façon de travailler ?
How would you describe his working habits?

Il y a longtemps qu'on le sollicite, a-t-il pris une décision ?
It's been a long time since we invited him, has he decided yet?

Comment a-t-elle réagi à cette mauvaise nouvelle ?
What was her reaction to the bad news?

EXPRESSIONS

■ **Avoir bon pied bon œil** • *To be hale and hearty*
Grâce à ses nombreuses activités, il a bon pied bon œil à quatre-vingts ans. • *Thanks to his many activities, he is hale and hearty at eighty years old.*

■ **Avoir un atout dans sa manche** • *To have an ace in the hole*
Il a un atout dans sa manche : il connaît très bien les rouages de la compagnie. • *He has an ace in the hole: he knows what makes the company tick.*

■ **Manger comme un ogre** • *To eat like a horse*
Cette journée en montagne m'a donné faim ; je vais manger comme un ogre. • *Spending the day in the mountains has given me an appetite; I could eat like a horse.*

■ **Mettre son cœur à nu** • *To bare one's soul*
La victime de ce viol crapuleux a mis son cœur à nu devant le jury. • *The victim of this heinous rape bared her soul to the jury.*

■ **Remonter à la nuit des temps** • *To go back to the dawn of time*
Il faut presque remonter à la nuit des temps pour retrouver une telle tempête. • *One must almost go back to the dawn of time to find a storm like this.*

■ **Se prendre pour le nombril du monde** • *To think one is God's gift to mankind*
Je ne le fréquente pas, car il se prend pour le nombril du monde. • *I will not be associated with him because he thinks he is God's gift to mankind.*

■ **Se trouver nez à nez avec quelqu'un** • *To find o.s. face to face with s.o.*
Je me suis trouvé nez à nez avec elle à mille kilomètres de chez moi. • *I found myself face to face with her a thousand kilometers from home.*

■ **S'occuper de ses oignons** • *To stick to one's knitting*
Vous devriez vous occuper de vos oignons plutôt que de nous donner des conseils. • *You should stick to your knitting instead of giving us advice.*

■ **Sortir de l'ombre** • *To come out in the open*
Il est sorti de l'ombre pour aider son ami qui se présente à la tête du parti. • *He came out in the open in order to help his friend run for the party leadership.*

■ **Tourner de l'œil** • *To faint dead away*
En voyant l'ours derrière un arbre, il a tourné de l'œil. • *He fainted dead away when he saw the bear behind the tree.*

AIDE-MÉMOIRE

Le chef révolutionnaire a-t-il manifesté ses intentions ?
Has the head of the revolution revealed his intentions?

Pourquoi ne sourit-elle plus ?
Why doesn't she smile anymore?

Est-ce une voiture d'occasion que tu as achetée ?
Did you buy a used car?

Est-ce que ses ennuis vont finir par disparaître ?
Will his troubles finally disappear?

Pourra-t-elle se débrouiller avec toute l'organisation de la soirée ?
Will she be able to manage organizing the entire evening?

Les rives du lac représentent-elles une grande surface à nettoyer ?
Are the shores of the lake hard to keep clean?

Il est très confiant de l'emporter, a-t-il raison ?
He's sure he'll win, is he right?

Que fait-il depuis qu'il a laissé son travail de plombier ?
What has he done since leaving his job as a plumber?

Pourrons-nous savoir s'il est fâché ?
Will we know if he's angry?

Qu'est-ce que son médecin lui a conseillé en lui apprenant qu'il avait le cancer ?
What was his doctor's advice when the cancer was discovered?

EXPRESSIONS

■ **À mots couverts** • *In veiled terms*
Il a menacé tout le monde à mots couverts, mais nous l'avons bien compris. • *He threatened everybody in veiled terms, but we understood him very well.*

■ **Avoir les nerfs à fleur de peau (ou à vif)** • *To be a bundle of nerves*
À l'approche de son interview pour l'emploi, elle a les nerfs à fleur de peau. • *As her interview for the job draws near, she is a bundle of nerves.*

■ **Battant (ou flambant) neuf** • *Brand new*
Il était tellement fier de son camion battant neuf qu'il a fait une tournée en ville. • *He was so proud of his brand-new truck that he took it for a spin in town.*

■ **Comble de malheur** • *To crown it all*
Comble de malheur, le lendemain de l'incendie, son fils unique est décédé. • *To crown it all, the day after the fire, she lost her only son.*

■ **De main de maître** • *With a master's touch*
Apportez-lui votre ordinateur, il vous le réparera de main de maître. • *Bring him your computer, he'll repair it with a master's touch.*

■ **Grand comme un mouchoir de poche** • *No bigger than one's hand*
Le chalet que vous voulez acheter est grand comme un mouchoir de poche. • *The cottage you want to buy is no bigger than your hand.*

■ **Jouer gros jeu** • *To play for high stakes (or for keeps)*
Elle joue gros jeu en se présentant à la présidence de l'organisme. • *She's playing for high stakes running for the presidency of the organization.*

■ **Taquiner la muse** • *To dabble in poetry*
Ce médecin a déjà taquiné la muse, et ses textes ne sont pas mauvais du tout. • *This doctor once dabbled in poetry; his writing isn't at all bad.*

■ **Visage de marbre** • *Poker face*
Comme toujours, il a accueilli la mauvaise nouvelle avec un visage de marbre habituel. • *As always, he received the bad news with his usual poker face.*

■ **Vivre au jour le jour** • *To live from hand to mouth*
Il n'y a plus beaucoup d'espoir d'amélioration, ils vivent donc au jour le jour. • *There is no hope of remission, so they live from hand to mouth.*

AIDE-MÉMOIRE

Avez-vous aimé ce film d'horreur ?
Did you like the horror movie?

Croyez-vous qu'elle prendra sa retraite bientôt ?
Do you think that she will retire soon?

Y a-t-il une tradition à respecter dans les jours qui précèdent le mariage ?
Is there a tradition you want to follow before you get married?

Qu'avez-vous l'intention de faire avec vos visiteurs ce soir ?
What do you intend to do with your visitors tonight?

Il crie beaucoup, pourrait-on lui dire de se taire ?
He shouts a lot, can anybody tell him to calm down?

Pourquoi la caisse est-elle à sec ?
Why is the safe empty?

Les renseignements qu'elle a recueillis seront-ils utiles au projet ?
Will the information she dug up be useful?

Pourquoi me dites-vous toutes ces choses ?
Why are you telling me all this?

L'hiver a été difficile, en avons-nous encore pour longtemps ?
It was a difficult winter, will it last much longer?

Pouvons-nous nous retirer pour la nuit ?
Can we go to bed now?

EXPRESSIONS

■ **Avoir la chair de poule** • *To have goose pimples*
J'ai la chair de poule en pensant à ce qu'ils ont vécu pendant une nuit en forêt. • *I get goose pimples when I think of what they went through during the night they spent in the forest.*

■ **Cacher son jeu** • *To keep one's plan to o.s.*
Si elle a l'intention de nous poursuivre, elle cache bien son jeu. • *If she intends prosecuting us, she is keeping her plan to herself.*

■ **Enterrer sa vie de garçon** • *To hold a stag party*
Il se marie dans deux semaines et, aujourd'hui, nous enterrons sa vie de garçon. • *He's getting married in two weeks and tonight we're throwing a stag party.*

■ **Faire la tournée des grands-ducs** • *To go out on the town*
En réalité, c'est une excuse pour faire la tournée des grands-ducs avec nos amis. • *In fact, it is more an excuse to go out on the town with our friends.*

■ **Jeter de l'huile sur le feu** • *To fan the flames*
Vos propos injurieux ne font que jeter de l'huile sur le feu. • *Your offensive remarks are just fanning the flames.*

■ **Manger la grenouille** • *To make off with the kitty*
L'organisme cherche son argent; c'est l'ancien gérant qui a mangé la grenouille. • *The organization is looking for its money; their former manager made off with the kitty.*

■ **Pierre de touche** • *Acid test*
Les données sur l'emploi au pays seront la pierre de touche de ce gouvernement. • *The employment figures in the country will be the acid test for this government.*

■ **Pour votre gouverne** • *For your information*
Pour votre gouverne, cette personne ne travaille plus pour nous. • *For your information, this person does not work for us anymore.*

■ **Tirer à sa fin** • *To draw to an end*
Le règne de ce tyran tire à sa fin, car les gens en ont assez de souffrir. • *This tyrant's reign is drawing to an end because people are tired of suffering.*

■ **Veiller au grain** • *To keep one's weather eye open*
Vous pouvez dormir en paix si c'est elle qui veille au grain. • *You can sleep tight providing she keeps her weather eye open.*

AIDE-MÉMOIRE

Va-t-elle lui faire une bonne lutte ?
Will she put up a good fight?

Comment a-t-il mené sa carrière dans le domaine boursier ?
What kind of career did he have in the stock market?

Est-ce qu'elle le suit toujours comme ça ?
Does she always follow him around like that?

Le gardien de nuit pourra-t-il nous renseigner ?
Will the night watchman be able to give us information?

On le croyait si uni, pourquoi ce couple a-t-il divorcé ?
That couple appeared so close together, why did they get a divorce?

Pensez-vous pouvoir remettre un bon texte dans les délais prévus ?
Will you be able to produce a good manuscript on schedule?

Le chef de l'opposition est-il en mesure de critiquer le gouvernement ?
Is the leader of the opposition in a position to criticize the government?

Elle lui a annoncé la mort de leur mère, qu'a-t-il fait ensuite ?
What did he do when he was told about their mother's death?

Comment le traducteur a-t-il pu réussir aussi bien le test ?
How did the translator manage to do so well on the test?

A-t-elle fait preuve de beaucoup de patience pour produire un tel recueil ?
Did producing such a collection require much effort on her part?

EXPRESSIONS

■ **À armes égales** • *On equal terms*
On peut vraiment dire que ces deux concurrents sont à armes égales. • *We can really say that these two contestants are on equal terms.*

■ **À bride abattue / à toute(s) bride(s)** • *Like greased lightning*
Le jockey a fait la course à bride abattue et il a remporté la course. • *The jockey raced like greased lightning and he won the race.*

■ **Avoir le béguin pour qqn** • *To have a crush on s.o.*
Il a le béguin pour la secrétaire du service de la comptabilité. • *He has a crush on the secretary in the accounting department.*

■ **Avoir un bœuf sur la langue** • *To keep one's own counsel*
Vous ne saurez rien de lui, car il a un bœuf sur la langue. • *You will learn nothing from him, because he keeps his own counsel.*

■ **Bourreau de travail** • *Glutton for work / workaholic*
C'est un bourreau de travail qui pense que tout le monde peut faire comme lui. • *He is a glutton for work who thinks everybody else should be, too.*

■ **Contenter tout le monde et son père** • *To satisfy all the world and his wife*
La tâche est presque impossible : il faudrait contenter tout le monde et son père. • *The task is almost impossible: you would have to satisfy all the world and his wife.*

■ **Être assis entre deux chaises** • *To fall between two stools*
Elle ne sait pas quoi dire dans cette affaire puisqu'elle est assise entre deux chaises. • *She doesn't know what to say in this situation because she's fallen between two stools.*

■ **Rester comme une bûche** • *To stand like a bump on a log)*
Il est resté commme une bûche pendant des heures à l'attendre. • *He stood like a bump on a log for hours waiting for her.*

■ **Se jouer des obstacles** • *To make light of the difficulties*
Rien n'arrête cette skieuse olympique, elle se joue des obstacles. • *Nothing can stop this Olympic skier, she makes light of the difficulties.*

■ **Travail de bénédictin** • *Painstaking task (or work)*
Compiler des expressions pour en faire un dictionnaire est un travail de bénédictin. • *Compiling expressions to make a dictionary is a painstaking task.*

AIDE-MÉMOIRE

Elle est grande, votre propriété ?
How large is your property?

Êtes-vous bien à l'aise sous votre nouvelle couette ?
Do you feel comfortable under your new bedspread?

L'hôtel est complet, qu'allez-vous faire ?
The hotel is full, what will you do?

L'échec est-il attribuable à quelqu'un en particulier ?
Is anybody in particular responsible for the setback?

La pluie était-elle le seul inconvénient ?
Besides the rain, was there any other problem?

Pouvez-vous regarder mon travail ? J'hésite à le remettre tout de suite.
Can you read over my copy? I hesitate to hand it in immediately.

Pourquoi es-tu si fatigué aujourd'hui ?
Why are you so tired today?

Vous n'êtes pas encore arrivé, avez-vous eu des problèmes ?
You are not there yet, have you had an accident?

Il semble moins arrogant, pourquoi ?
He seems less arrogant, why?

Avez-vous eu du plaisir au parc d'attractions ?
Did you have fun at the park?

EXPRESSIONS

À perte de vue • *As far as the eye can see*
C'était le printemps et il y avait des outardes à perte de vue sur la presqu'île. • *It was spring and there were Canada geese as far as the eye could see on the peninsula.*

Chaud comme une caille • *Snug as a bug in a rug*
Le bébé dort très bien dans son nouveau lit, il est chaud comme une caille. • *The baby is sleeping very well in his new bed, he's as snug as bug in a rug.*

Coucher à la belle étoile • *To sleep out of doors (or under the stars)*
Il fait tellement beau ce soir que nous allons coucher à la belle étoile. • *It is so clear tonight that we'll sleep out of doors.*

Faire de son mieux • *To do one's level best*
Ne la punissez pas, je vous assure qu'elle a fait de son mieux. • *Don't punish her, I assure you that she did her level best.*

Faire un vent à décorner (ou écorner) les bœufs • *To be blowing great guns*
Il faisait un vent à décorner les bœufs ; tout a été projeté par terre. • *It was blowing great guns; everything was thrown to the ground.*

Jeter un coup d'œil • *To cast a glance*
Jetez donc un coup d'œil sur mon texte pour voir s'il répond à vos attentes. • *Cast a glance over my text to see if it comes up to your expectations.*

Nuit blanche • *Sleepless night*
Nous avons passé une nuit blanche à penser à nos vacances prochaines. • *She spent a sleepless night thinking about our next holidays.*

Rebrousser chemin • *To retrace one's steps*
Le pont ayant été emporté par la rivière, nous avons dû rebrousser chemin. • *As the bridge had been carried away by the river, we had to retrace our steps.*

Rendre la monnaie de sa pièce à qqn • *To give s.o. a taste of his own medicine*
Il n'avait pas été juste avec elle ; alors elle lui a rendu la monnaie de sa pièce. • *He hadn't been fair with her, so she gave him a taste of his own medicine.*

S'en donner à cœur joie • *To do sthg to one's heart content*
Les étudiants s'en sont donné à cœur joie pendant le carnaval d'hiver. • *The students had fun to their heart's content during the winter carnival.*

AIDE-MÉMOIRE

Ce festival durera-t-il plusieurs années ?
Will this festival last for several years?

Ma question l'a-t-elle mis dans l'embarras ?
Did my question embarrass him?

Le printemps se pointe-t-il toujours si tôt ?
Does spring always arrive so early?

Elle doit prendre une décision, mais quelles en seront les conséquences ?
She must come to a decision, but what will the consequences be?

Il est arrivé seul, son chauffeur l'a-t-il abandonné ?
He arrived all alone, did his chauffeur abandon him?

Les élections, c'est pour quand ?
Are the elections coming?

Pourquoi cette entreprise si florissante n'a-t-elle pas réussi ?
The beginnings were promising, why did the business flop?

Le professeur de français lit-il toujours autant ?
Does the French professor always read so much?

Pourquoi ses collègues hésitent-ils à travailler avec lui ?
Why do his colleagues hesitate to work with him?

Comment le disciple du chef cuisinier a-t-il pu obtenir ses étoiles si rapidement ?
How did this master chef's student become a star so quickly?

EXPRESSIONS

■ **Branler dans le manche** • *To have a loose gear*
C'est un commerce qui vient d'être lancé et, déjà, il branle dans le manche. • *The business has barely been set up and yet it already has a loose gear.*

■ **Comme un diable dans l'eau bénite (ou dans un bénitier)** • *Like a cat on a hot tin roof (or on hot bricks)*
Pris par le policier, il se débattait comme un diable dans l'eau bénite. • *Caught by the policeman, he was like a cat on a hot tin roof.*

■ **Du jour au lendemain** • *Overnight*
Du jour au lendemain, elle a perdu toutes ses illusions. • She lost all her illusions overnight.

■ **Être entre deux feux / Être (ou se trouver) entre l'enclume et le marteau** • *To be between a rock and a hard place (or between the devil and the deep blue sea)*
Je ne sais pas ce qu'il choisira : il est entre deux feux. • I do not know what he will choose: he is between a rock and a hard place.

■ **Faire un pied de nez à qqn** • *To thumb one's nose at s.o.*
Il a fait un pied de nez à son associé au beau milieu du contrat. • He thumbed his nose at his associate right in the middle of the contract.

■ **Le bruit court** • *Rumor has it*
Le bruit court que le premier ministre va démissionner à l'automne. • Rumor has it that the prime minister will resign this fall.

■ **Mettre la charrue devant les bœufs** • *To put the cart before the horse*
Apprenez à mieux travailler : il ne faut pas mettre la charrue devant les bœufs. • *Learn to work better: you must not put the cart before the horse.*

■ **Rat de bibliothèque** • *Bookworm*
Bien qu'il ne soit pas contre l'ordinateur, il est demeuré un rat de bibliothèque. • *Even if he has nothing against computers, he has remained a bookworm.*

■ **(Se) mettre les pieds dans le(s) plat(s)** • *To put one's foot in one's mouth*
Chaque fois qu'il ouvre la bouche, il met les pieds dans le plat. • *Whenever he talks, he puts his foot in his mouth.*

■ **Suivre les traces de qqn** • *To follow in one's footsteps*
Elle suit les traces de sa mère : elle deviendra une grande couturière. • *She's following in her mother's footsteps: she'll be a great seamstress.*

AIDE-MÉMOIRE

Comment cet artisan peut-il travailler sans prendre de mesures ?
How can this man work without taking proper measures?

Le projet d'égout régional est-il bien accepté ?
Has the regional sewer project been well accepted?

Va-t-elle arriver à devenir la reine du carnaval ?
Will she get to be the queen of the carnival?

Cette nouvelle encourageante a-t-elle été bien accueillie par tous ?
Is the good news well received by everyone?

Pourquoi ce vieil homme est-il tellement écouté ?
Why does everybody listen to the old man?

Le nom de la cartomancienne sera-t-il le seul sur l'affiche ?
Will the fortune teller's name be the only one on the poster?

Comment inciter ses enfants à pratiquer la tolérance ?
How can I encourage our children to be tolerant?

Son idée de centre multiculturel recevra-t-elle l'appui du conseil ?
Will his idea of a multicultural center be supported by council?

Avez-vous reçu le chèque devant accompagner le contrat ?
Have you received the cheque that went with the contract?

C'est la collision qui l'a laissée aveugle ?
Did the collision make her blind?

EXPRESSIONS

■ **Avoir le compas dans l'œil** • *To be a good judge*
Il se trompe rarement dans ses commentaires, car il a le compas dans l'œil. • *He seldom makes a mistake in his observations because he's a good judge.*

■ **Pomme de discorde** • *Bone of contention*
Voilà un autre projet qui sera une pomme de discorde entre les deux villes. • *That is another project that will be a bone of contention between the two cities.*

■ **Courir après le vent** • *To go on a wild goose chase*
Essayer de ramasser autant d'argent en si peu de temps, c'est courir après le vent. • *Trying to gather that amount in such a short period is like going on a wild goose chase.*

■ **Faire couler de la salive** • *To cause some tongue-wagging*
Son mariage, si soudain, a fait couler de la salive. • *Her sudden marriage caused some tongue-wagging.*

■ **Parler d'or** • *To speak words of wisdom*
C'est rassurant de l'entendre discuter parce qu'il parle d'or. • *It's reassuring to hear him talk because he speaks words of wisdom.*

■ **Partager la vedette avec qqn** • *To share star billing with s.o.*
La chanteuse country partageait la vedette avec un chanteur classique. • *The female country singer shared star billing with a classical singer.*

■ **Prêcher d'exemple** • *To set an example*
Plutôt que de sermonner votre enfant, vous devriez prêcher d'exemple. • *Instead of preaching at your child, you should set an example.*

■ **Prendre la lune avec les dents** • *To reach for the moon*
C'est une éternelle rêveuse qui prend la lune avec ses dents. • *She's a perpetual dreamer who reaches for the moon.*

■ **Sous pli séparé** • *Under separate cover*
Vous trouverez, sous pli séparé, les précieux documents que vous avez demandés. • *You will find the valuable documents you asked for under separate cover.*

■ **Voler en éclats** • *To be smashed to bits and pieces*
Sous l'impact de l'explosion, toutes les fenêtres ont volé en éclats. • *Under the impact of the explosion, all the windows were smashed to bits and pieces.*

AIDE-MÉMOIRE

Alors, les fréquentations par courriel ont-elles porté fruit?
Did the Internet romance come to fruition?

Suivent-ils toujours les mêmes règles pour répondre aux plaintes?
Do they always follow the same rules in replying to complaints?

Qu'est-ce que vous buvez quand vous manquez de thé?
What do you drink when you're short of tea?

Quand les services financiers vont-ils débloquer les fonds?
When will financial services unfreeze the funds?

Comment avez-vous trouvé la malade?
How was the patient?

Comment a-t-on tranché entre les deux options qui étaient offertes?
How did they decide between the two options they were offered?

Comment vont ses affaires depuis qu'elle est veuve?
How is her business since she became a widow?

Quel cheminement a-t-elle dû suivre pour arriver au sommet?
What did she have to go through to get to the top?

A-t-il bien profité de son exil au bureau satellite?
Did he enjoy spending time at the branch office?

Vous avez étudié dans trois collèges en trois ans, pourquoi?
Why did you go to three schools in three years?

EXPRESSIONS

■ **Amoureux fou** • *Head over heels in love*
Il est amoureux fou d'elle depuis qu'il la rencontrée en faisant du jogging. • *He is head over heels in love with her since he met her jogging.*

■ **Avoir deux poids deux mesures** • *To use a double standard*
Le Ministère n'a pas deux poids deux mesures dans l'évaluation des dossiers. • *The Department doesn't use a double standard in evaluating case files.*

■ **Café soluble** • *Instant coffee*
Je n'aime pas le café soluble, mais comme il n'y en a pas d'autre, je vais en boire. • *I don't like instant coffee, but as it's all there is, I'll have a cup.*

■ **Donner le feu vert** • *To give the go-ahead*
Enfin, le conseil de ville a donné le feu vert à la construction d'un centre culturel. • *Finally, the municipal council gave the go-ahead for the construction of a cultural center.*

■ **Faire peine à voir** • *To be a sorry sight*
Le blessé, tout couvert de sang et le bras arraché, faisait peine à voir. • *The wounded man, covered in blood and with a severed arm, was a sorry sight.*

■ **Jouer (ou tirer) à pile ou face** • *To toss a coin*
Pour déterminer le partant demain, jouons à pile ou face. • *Let's toss a coin to determine who will start tomorrow.*

■ **Mener sa barque** • *To look after o.s.*
Elle ne croit plus en personne, alors elle mène sa barque seule. • *She has faith in nobody, so she looks after herself.*

■ **Passer par la filière** • *To work one's way up*
Pour parvenir à la haute direction, il a dû passer par la filière. • *To arrive at the top, he had to work his way up.*

■ **Ronger son frein** • *To chafe at the bit*
La vedette de hockey a rongé son frein pendant sa longue suspension. • *The hockey star chafed at the bit during his long suspension.*

■ **Se faire mettre à la porte** • *To get one's walking papers*
Il n'y avait pas assez de travail à l'usine ; les travailleurs se sont donc fait mettre à la porte. • *There was not enough work at the plant, so the workers got their walking papers.*

AIDE-MÉMOIRE

Que visez-vous pour les dix prochaines années ?
What is your goal for the next ten years?

Peut-on boire sans qu'il y ait de conséquences ?
Can one drink without consequences?

Pourquoi me recommandez-vous de faire preuve de patience avec ce philosophe ?
Why do you advise patience with this philosopher?

Avez-vous déjà rencontré cet écrivain ?
Have you ever met this writer?

Que dit la critique à propos de cet établissement ?
How are the reviews of this restaurant?

Quelle place occupe la station-service dans votre centre commercial ?
Is the service station a money-generating part of the shopping center?

Lui trouvez-vous un air de famille ?
Do you see any likeness between the two people?

Pourquoi ne voulez-vous pas que votre fille passe un mois en Europe ?
Why don't you want your daughter to spend a month in Europe?

Aime-t-elle courir des risques ?
Is she one to take chances?

Il passe son temps à me provoquer, que devrais-je faire ?
He keeps provoking me, what should I do?

EXPRESSION

■ **Accaparer le marché** • *To corner the market*
Ils ont mis au point une stratégie pour accaparer le marché en peu de temps. • *They dreamed up a strategy to corner the market in a short time.*

■ **Couper du vin** • *To water wine down*
Comme le vin n'était pas coupé, les esprits se sont vite échauffés. • *Since nobody thought of watering down the wine, feelings quickly ran pretty high.*

■ **Couper (ou fendre) les cheveux en quatre** • *To split hairs*
Impossible d'arriver à une entente avec lui, parce qu'il coupe les cheveux en quatre. • *It's impossible to reach an agreement with him because he splits hairs.*

■ **En chair et en os** • *In the flesh*
Au centre commercial, nous avons vu l'idole de la chanson en chair et en os. • *At the shopping center, we met the pop-music idol in the flesh.*

■ **Être aux oignons (ou aux œufs, ou aux pommes)** • *To be first-rate (or perfect)*
Cet hôtel, que l'on vient d'inaugurer, est aux oignons. • *This newly inaugurated hotel is first-rate.*

■ **Être la vache à lait de** • *To be a good meal ticket*
Elle est la vache à lait de toute la famille, mari, femme et enfants compris. • *She's a good meal ticket for the entire family – husband, wife and children.*

■ **Être le portrait vivant de qqn** • *To be the living (or spitting) image of s.o.*
Il est le portrait vivant de son grand-père mais non de son père. • *He is the spitting image of his grandfather but not of his father.*

■ **Être une proie facile** • *To be a sitting duck*
Elle vit seule dans cette grande maison ; elle est donc une proie facile pour les voleurs. • *She lives alone in this huge house, so she's a sitting duck for thieves.*

■ **Jouer le velours** • *To play (it) safe*
Il n'a pas envie de perdre de l'argent, c'est pourquoi il joue le velours. • *He doesn't want to lose money, that's why he plays safe.*

■ **Prendre qqn au mot** • *To take s.o. at his word*
Un jour, elle l'a pris au mot, et voilà qu'aujourd'hui ils dirigent l'entreprise ensemble. • *One day, she took him at his word, and today they're running the company together.*

AIDE-MÉMOIRE

Qu'est-il arrivé à la méchante reine ?
What happened to the wicked queen?

Saviez-vous qu'il reviendrait pendant la cérémonie ?
Did you know he would come back during the ceremony?

Vas-tu passer par le restaurant où nous avons travaillé pendant nos études ?
Will you visit the place where we worked as students?

Pourquoi refuse-t-elle que tu racontes tes aventures dans l'armée ?
Why does she object to your telling about your army days?

Que direz-vous au propriétaire ?
What will you tell the landlord?

Pourquoi a-t-il peur que sa fiancée accepte ce stage à Toronto ?
Why is he afraid that his girlfriend will take a training course in Toronto?

Le croyez-vous prêt à assumer un poste de direction ?
Do you think he's ready to become an executive?

Comment aimez-vous votre cinéma maison ?
How do you like your new home movie center?

Pense-t-elle encore à sa jeunesse malheureuse ?
Does she still think about her unhappy childhood?

Allez-vous souvent au cinéma ?
Are you an avid moviegoer?

EXPRESSIONS

■ **Avaler son acte (ou bulletin) de naissance • *To kick the bucket***
Mon pauvre collègue a avalé son acte de naissance hier soir. • *My poor colleague kicked the bucket last night.*

■ **Comme un chien dans un jeu de quilles • *A square peg in a round hole***
Imprévisible, elle arrive toujours comme un chien dans un jeu de quilles. • *She's very unpredictable, like a square peg in a round hole.*

■ **Faire ses amitiés à qqn • *To give one's regards to s.o.***
Pendant que vous serez dans le village où je suis né, faites donc mes amitiés à mes parents. • *While you are in the village where I was born, please give my regards to my parents.*

■ **Faire vibrer (ou toucher) la corde sensible • *To tug at the heartstrings***
Cette vieille chanson fait encore vibrer la corde sensible des jeunes. *This old song still tugs at the heartstrings of the young.*

■ **Faire voir de quel bois qqn se chauffe • *To show s.o. a thing or two (or what's what)***
Je le rencontre demain et je vais lui faire voir de quel bois je me chauffe. • *I am meeting him tomorrow: I'll show him a thing or two.*

■ **Loin des yeux, loin du cœur • *Out of sight, out of mind***
Elle ne pensait plus à lui ; l'expression «loin des yeux, loin du cœur» est donc vraie. • *She no longer thought about him; the expression "out of sight, out of mind" is really true.*

■ **Ne pas avoir le nombril sec • *Not to be wet behind the ears***
Dites à ce jeune cadre qu'il en a beaucoup à apprendre : il n'a pas le nombril sec. • *Tell this young executive that he has a lot to learn: he is not wet behind the ears.*

■ **Passer un sapin à qqn • *To pull a fast one on s.o.***
J'ai bien l'impression que nous nous sommes fait passer un sapin par ce vendeur. • *I am under the impression that the salesman pulled a fast one on us.*

■ **Tourner la page • *To turn over a new leaf***
Il a tourné la page sur son passé, on pourrait peut-être lui faire confiance. • *He turned over a new leaf, we can probably trust him now.*

■ **Tous les quinze jours / toutes les quinzaines • *Every other week***
Tous les quinze jours, il lui apportait un bouquet de roses. • *Every other week, he brought her a bouquet of roses.*

AIDE-MÉMOIRE

Est-ce que ce journaliste a un rêve secret ?
Does the journalist have a secret dream?

Penses-tu vraiment que je travaille trop ?
Do you really think that I work too hard?

A-t-elle mis beaucoup de temps pour se rendre à destination ?
Did it take her long to get to her destination?

Le combat a-t-il des chances d'être d'égal à égal ?
Does he have a chance in this fight?

Pourquoi servez-vous cet apéritif?
Why are you serving this drink?

Prétendez-vous que la juge ne peut rester neutre devant la situation des enfants ?
Are you suggesting that the judge can't be impartial when faced with the children's situation?

Est-ce que le vendeur arrivera à les convaincre ?
Will the salesman convince them?

Pourquoi veux-tu surveiller toutes ses allées et venues ?
Why do you want to keep tabs on all his comings and goings?

La décision de vendre l'équipe locale sera-t-elle bien acceptée ?
Will the decision to transfer the local team be accepted?

Comment prenez-vous votre thé, ma chère ?
How do you take your tea, dear?

EXPRESSIONS

■ **Auteur à succès** • *Popular writer*
Il est sans doute un auteur à succès aujourd'hui, mais ça lui a pris des années à y parvenir.
• *He is no doubt a popular writer today, but it took him years to get there.*

■ **Brûler la chandelle par les deux bouts** • *To burn the candle at both ends*
À force de brûler la chandelle par les deux bouts, vous vous rendrez malade. • *If you continue to burn the candle at both ends, you will fall ill.*

■ **En ligne directe (droite)** • *As the crow flies*
Ils se sont rendus à Montréal en ligne directe. • *They went to Montreal as the crow flies.*

■ **Ne faire qu'une bouchée de qqch.** • *To make short work of*
Notre équipe de hockey féminin n'a fait qu'une bouchée de la leur. • *Our women's hockey team made short work of theirs.*

■ **Ouvrir l'appétit** • *To whet one's appetite*
Ce potage aux poireaux et à la bière devrait vous ouvrir l'appétit. • *This leek and beer soup should whet your appetite.*

■ **Prendre fait et cause pour qqn** • *To side with s.o.*
Elle prend fait et cause pour tous les démunis de la société. • *She sides with all the social outcasts.*

■ **Prendre pour argent comptant** • *To take at face value (or for gospel truth)*
Ils devraient cesser de prendre pour argent comptant tout ce qu'il leur raconte. • *They should stop taking everything he says to them at face value.*

■ **Retomber (ou tomber) en enfance** • *To be in one's second childhood*
C'est triste à dire, mais notre tante bien-aimée retombe en enfance. • *It's sad to say, but our beloved aunt is in her second childhood.*

■ **Soulever un tollé général** • *To provoke a general outcry*
Le règlement municipal sur le stationnement a soulevé un tollé général. • *The parking bylaw provoked a general outcry.*

■ **Un nuage de lait** • *A drop of milk*
Veuillez ajouter un nuage de lait dans mon thé, s'il vous plaît. • *Would you add a drop of milk in my tea, please.*

AIDE-MÉMOIRE

Se comporte-t-il en consommateur averti ?
Is he a well-informed consumer?

Y a-t-il un secret à son tour de taille impressionnant ?
Is there a secret to his impressive figure?

Aimes-tu ton voisin immédiat ?
Do you like your next-door neighbor?

La solidarité existe-t-elle dans ta profession ?
Is there any solidarity in your profession?

Que devrions-nous faire pour garder les murs de la ville propres ?
What should we do to keep the city walls clean?

Quel était le principal défaut du cancre de la classe ?
What was the dunce's major shortcoming?

Comment le factionnaire occupait-il son temps de garde ?
How did the guard spend his time?

Avez-vous compris son raisonnement ?
Did you understand his reasoning?

Le curé s'est-il rallié au groupe de soutien pour les travailleurs mis à pied ?
Did the priest join the support group in favor of the laid-off workers?

Allons-nous recevoir le boni promis avant l'été ?
Will we get the bonus he promised before summer?

EXPRESSIONS

■ **Acheter chat en poche / acheter les yeux fermés** • *To buy a pig in a poke / to buy sight unseen*
Elle a tellement hâte d'avoir un fauteuil qu'elle est prête à acheter chat en poche. • *She is so anxious to get an armchair that she is ready to buy a pig in a poke.*

■ **Aimer la bonne table** • *To like good food*
Puisqu'il aime la bonne table, il recherche les bons restaurants en arrivant dans une ville. • *Since he likes good food, he looks for good restaurants as soon as he arrives in a city.*

■ **Casser les pieds à qqn** • *To be a pain in the neck*
Ils n'ont pas cessé de nous casser les pieds avec leur projet de piste cyclable. • *They have been a pain in the neck with their bicycle path project.*

■ **Chacun pour soi** • *Every man for himself*
Dans ce bureau, il y a peu d'entraide, c'est chacun pour soi. • *There is not much support in this office, it's every man for himself.*

■ **Défense d'afficher** • *Post no bills*
Sur le mur avant de l'immeuble, il y a un panneau qui dit : « Défense d'afficher ». • *On the front wall of the building there is a sign that says: "Post no bills".*

■ **Être bavard comme une pie** • *To talk s.o.'s ear off*
Il est bavard comme une pie depuis sa tendre enfance. • *He has been talking everyone's ear off since early childhood.*

■ **Faire les cent pas** • *To walk the floor*
Elle faisait les cent pas devant la porte du patron en attendant sa réponse. • *She was walking the floor in front of the boss's door while waiting for his answer.*

■ **La bouteille à l'encre** • *As clear as mud*
Ses explications ne me convainquent pas, c'est la bouteille à l'encre. • *He doesn't convince me; his explanations are as clear as mud.*

■ **Monter dans (ou prendre) le train en marche / suivre le mouvement** • *To climb (or jump) on the bandwagon*
Il n'a pas hésité une seconde et a décidé de monter dans le train en marche. • *He didn't hesitate a second and decided to climb on the bandwagon.*

■ **Se bercer d'illusions** • *To fool (or kid) o.s.*
Il se berce d'illusions s'il croit pouvoir partir en vacances. • *He is kidding himself if he thinks that he can get away on vacation.*

AIDE-MÉMOIRE

Penses-tu que la couturière saura lui demander un acompte ?
Do you think the seamstress will remember to ask for an advance?

Comment s'y est-il pris pour obtenir sa voiture à un prix aussi bas ?
How did he manage to buy his car so cheaply?

Qu'est-ce qu'on lui a dit pour le convaincre d'entrer au service de cette compagnie ?
How did they persuade him to go to work for this company?

Était-il très populaire lors de son premier mandat à la mairie ?
Was he very popular the first time he was mayor?

A-t-il aimé les fleurs qu'elle lui a envoyées ?
Did he like the flowers she sent him?

Comment avez-vous pu obtenir ce poste tant convoité ?
What did you do to get this much coveted job?

Avez-vous établi le contact avec votre superviseur ?
Have you got to know your supervisor?

Quel argument a-t-il invoqué pour expliquer sa gaffe ?
How did he explain his blunder?

Quel genre de littérature préfère votre adolescente ?
What kind of novels does your teenage daughter like?

Suis-je en bonne position pour demander une augmentation de salaire ?
Am I in a good position to ask for a raise?

EXPRESSIONS

■ **Apprendre à ses dépens** • *To learn the hard way*
Il a appris à ses dépens que ses créanciers n'entendaient pas à rire. • *He learned the hard way that his creditors meant business.*

■ **Découvrir son jeu** • *To show one's hand*
C'est un habile négociateur qui ne découvre pas son jeu dès le départ. • *He is a clever negotiator who doesn't show his hand right from the start.*

■ **Dicter ses conditions** • *To write one's own ticket*
La compagnie a besoin de bons candidats comme vous, alors dictez vos conditions. • *The company really needs good candidates like you, so write you own ticket.*

■ **Élever** (ou **hisser**, ou **mettre**, ou **monter**, ou **porter**) **sur le pavois** • *To place in the front rank*
Hier, ils l'ont élevé sur le pavois; aujourd'hui, ils ne le saluent même pas dans la rue. • *Yesterday, they placed him in the front rank; today they don't even wave at him in the street.*

■ **Être au comble de la joie** • *To be tickled pink (or to death)*
Quand les sauveteurs sont arrivés avec son enfant, elle était au comble de la joie. • *She was tickled pink when the rescuers arrived with her child.*

■ **Être le bras droit de qqn** • *To carry the ball for s.o.*
Il est le bras droit du premier ministre et ça lui permet de tout connaître avant tout le monde. • *He carries the ball for the prime minister, so he knows everything before anyone else.*

■ **Être d'un commerce agréable** • *To be a pleasant person*
J'aime bien discuter avec lui, car il est d'un commerce agréable. • *I like to talk with him because he is a pleasant person.*

■ **La langue m'a** (ou **lui a**) **fourché** • *I (or he, or she) made a slip of the tongue*
La langue m'a fourché et je n'ai pas pu terminer mon discours. • *I made a slip of the tongue and could not finish my speech.*

■ **Roman fleur bleue** • *Sentimental novel*
Ma cousine aime bien les romans fleur bleue, elle en lit trois ou quatre par semaine. • *My cousin just loves sentimental novels, she reads three or four of them a week.*

■ **Tirer profit de** • *To cash in on*
C'est le meilleur moment pour tirer profit de la situation économique. • *It's the best of times to cash in on the economic situation.*

AIDE-MÉMOIRE

Des pâtes alimentaires feraient-elles l'affaire ?
Will you have pasta for lunch?

Après ce coup dur de la banque, comment l'entrepreneur a-t-il réagi ?
How did the contractor respond to the bank's heavy-handed demand?

Comptez-vous déménager dans un avenir rapproché ?
Do you intend to move in the near future?

La société va-t-elle s'habituer aux communications par Internet ?
Will society get used to Internet communications?

Comment était-il en apprenant la défaite de son équipe ?
How did he take his team's loss?

Peut-on se fier à tout ce battage publicitaire ?
Can we believe that huge publicity campaign?

Il est beaucoup moins arrogant, que s'est-il passé ?
He is much less arrogant now, what happened?

Comment était-elle lors de la dernière réunion du conseil ?
How was she at the last council meeting?

Qu'est-ce qu'il veut faire avec cette arme ?
Why did he buy a hand gun?

Pouvez-vous expliquer son comportement surprenant ?
How do you explain his unexpected behavior?

SUR LE BOUT DE LA LANGUE

EXPRESSIONS

■ **Avoir une faim de loup** • *To be as hungry as a horse*
J'espère que le repas sera nourrissant parce que j'ai une faim de loup. • *I hope that the meal will be nourishing because I am hungry as a horse.*

■ **Crier grâce / demander grâce** • *To beg (or cry) for mercy*
Son adversaire le retenait derrière le dos et il criait grâce. • *His opponent held him from behind and he begged for mercy.*

■ **Élire domicile** • *To take up residence*
Elle a élu domicile au centre-ville afin d'être plus près de son travail. • *She took up residence downtown in order to be nearer her work.*

■ **Entrer dans les mœurs** • *To become part of everyday life*
Le travail du dimanche est entré dans les mœurs de nos jours. • *Working Sundays have become part of everyday life.*

■ **Être de glace (ou avoir un cœur de pierre)** • *To be a cold fish*
Elle était de glace : aucun signe de tristesse n'apparaissait sur son visage. • *She was a cold fish: not the least sign of sadness appeared on her face.*

■ **Faire de l'épate** • *To put on the dog*
Ces gens aiment faire de l'épate, surtout devant les membres de leur famille. • *Those people like to put on the dog, especially in front of family members.*

■ **Frotter les oreilles à qqn** • *To pin s.o.'s ears back*
Il a rencontré plus fort que lui et s'est fait frotter les oreilles. • *He met someone bigger than him who pinned his ears back.*

■ **Mi-figue, mi-raisin** • *With an ambiguous expression*
Il nous regardait, mi-figue, mi-raisin, et ne savait pas quoi nous répondre. • *He looked at us with an ambiguous expression and did not know what to say.*

■ **S'ériger en justicier** • *To take the law into one's own hands*
Victime d'une quinzaine de vols, le dépanneur a décidé de s'ériger en justicier. • *After fifteen robberies, the store owner decided to take the law into his own hands.*

■ **Sous l'empire de qqch.** • *Under the influence of sthg*
J'ai toujours douté qu'elle était sous l'empire des drogues pour faire de telles choses. • *The fact that she did such things made me suspect that she was under the influence of drugs.*

AIDE-MÉMOIRE

Comment a-t-il pu laisser échapper cette superbe passe du quart-arrière ?
How could he possibly drop that great pass from the quarterback?

Tout le monde chante dans le bar ce soir, pourquoi ?
Everybody in the pub is singing tonight, why?

Ses projets d'expansion ont-ils été anéantis par le refus de la caisse populaire ?
Have his plans for expansion been shattered by the credit union's refusal?

Comment expliquer qu'il n'ait rien réussi depuis son divorce ?
How do you explain that nothing works for him since his divorce?

Puis-je me fier au menuisier ?
Can I trust the carpenter?

Le portier est-il sympathique ?
Is the doorman pleasant?

Sa solution vous paraît-elle prometteuse ?
Does her solution seem promising?

Quel a été l'effet de l'annonce de la subvention ?
What impact did the announcement of the grant have?

C'est une mauvaise nouvelle pour la directrice, va-t-elle s'en tirer ?
That's bad news for the director, will she survive?

Cette maladie est-elle douloureuse ?
Is the disease very painful?

EXPRESSIONS

■ **Avoir des mains de beurre** • *To have butterfingers*
Ne lui demandez pas de faire des tâches méticuleuses, parce qu'il a des mains de beurre. • *Don't ask him to do meticulous chores because he has butterfingers.*

■ **C'est la maison qui paie** • *It's on the house*
Le propriétaire a commandé à boire pour tout le monde, en disant: «C'est la maison qui paie!» • *The owner ordered drinks for everyone, saying: "It's on the house!"*

■ **Donner** (ou jeter) **une douche froide à qqn** • *To dash (or pour, or throw) cold water on s.o.*
La fermeture de l'usine lui a donné une douche froide, car elle espérait y travailler. • *The closing of the mill dashed cold water on her: she had hoped to work there.*

■ **Jeter un sort** • *To cast a spell*
On dirait qu'on lui a jeté un sort: il ne peut faire quoi que ce soit par lui-même. • *It's like someone had cast a spell on him: he cannot do anything by himself.*

■ **Manquer à sa parole** (ou promesse) • *To break one's word (or promise)*
Il a manqué à sa parole et le voilà bien mal pris maintenant. • *He broke his word and look at him now, he is not well off.*

■ **Mauvais comme la gale** • *As mean as the devil*
Ce vieux monsieur, vivant en reclus dans sa bicoque, est mauvais comme la gale. • *This old man, living like a recluse in his shack, is as mean as the devil.*

■ **Mettre le doigt sur qqch. / toucher du doigt** • *To hit the nail on the head*
Les enquêteurs pensent avoir mis le doigt sur les causes de l'accident. • *Investigators think they hit the nail on the head concerning the causes of the accident.*

■ **Sauver la mise à qqn** • *To save the day*
Grâce à son intervention rapide, il a sauvé la mise à sa collègue. • *Thanks to his quick intervention, he saved the day for his colleague.*

■ **Se défendre bec et ongles** • *To fight tooth and nail*
Vous pouvez être certain que le conseil d'administration se défendra bec et ongles. • *You can be sure that the board of directors will fight tooth and nail.*

■ **Souffrir le martyre** • *To be in agony*
Ça me brise le cœur de voir des enfants souffrir le martyre comme cela. • *It breaks my heart to see children in agony like that.*

AIDE-MÉMOIRE

Elle est revenue plutôt tranquillement de la campagne, n'est-ce pas ?
She came back from the country in a calmer frame of mind, didn't she?

Où les aventuriers sont-ils rendus ?
Where are the adventurers now?

Que ressent-il à l'idée de réparer sa corniche ?
What does he think about making repairs to the cornice?

Les électeurs ont-ils été difficiles à convaincre ?
Did you find it difficult to convince the voters?

Comment ont-ils été enjôlés ?
How could they be swayed?

Pourquoi refuses-tu de faire entrer ton concurrent dans ton usine ?
Why do you refuse to let your competitor into your factory?

Qu'est-ce qu'ils attendent pour manifester leur mécontentement ?
If they want to express dissatisfaction, what are they waiting for?

Qu'allez-vous exiger du chauffard responsable de l'accident ?
As a result of the accident, what claim will you be making against the reckless driver?

Saurons-nous nous faire entendre de notre vieil oncle ?
Will our old uncle manage to hear our request?

Puis-je vous amener mon associé ?
May I bring my associate to see you?

EXPRESSIONS

■ **À la papa** • *In a leisurely fashion*
La famille passait la journée dans le parc et s'amusait à la papa. • *The family spent the day in the park, playing in a leisurely fashion.*

■ **Être sans nouvelles de qqn** • *Not to see hide nor hair of s.o.*
Ils sont partis la semaine dernière, et nous sommes sans nouvelles d'eux depuis ce temps. • *They left last week and we haven't seen hide nor hair of them since.*

■ **Avoir une peur bleue** • *To be frightened to death / to be scared stiff*
Elle a une peur bleue de se baigner, car elle a failli se noyer l'été dernier. • *She is frightened to death of swimming because she almost drowned last summer.*

■ **Comme les moutons de Panurge** • *Like a flock of sheep*
Le groupe a suivi ce prédicateur comme les moutons de Panurge. • *The group followed the preacher like a flock of sheep.*

■ **Donner (ou tomber) dans le panneau** • *To fall into a trap*
Le vendeur était convaincant : ils ont donné dans le panneau. • *The salesman was very convincing: they fell into the trap.*

■ **Faire entrer le loup dans la bergerie** • *To let the fox into the hen house*
Laisser l'agresseur en tête à tête avec sa victime, c'est comme faire entrer le loup dans la bergerie. • *To let the assailant see his victim alone is to let the fox into the hen house.*

■ **Mot d'ordre de grève** • *Call for strike action*
Le dirigeants syndicaux n'ont pas hésité à lancer un mot d'ordre de grève. • *The union leaders didn't hesitate to call for strike action.*

■ **Payer les pots cassés** • *To foot the bill*
Étant donné que le plombier n'avait pas fait son travail, il doit maintenant payer les pots cassés. • *Since the plumber had not done his job, he now has to foot the bill.*

■ **Sourd comme un pot** • *As deaf as a post / stone deaf*
Parlez plus fort, elle ne vous entend pas puisqu'elle est sourde comme un pot. • *Speak louder, she doesn't hear you because she is deaf as a post.*

■ **Tenir qqn à distance** • *To keep at arm's length / to give s.o. a wide berth*
Je vous suggère de tenir à distance cet individu, qui a un lourd passé. • *I suggest you keep this shady individual at arm's length.*

AIDE-MÉMOIRE

Quelle excuse invoque-t-il pour ne pas écrire plus de nouvelles ?
What is his excuse for not writing more short stories?

Pourquoi ta fille est-elle punie ?
Why did you punish your daughter?

Cette nouvelle donnée n'est-elle pas la bienvenue ?
Isn't this new piece of information well received?

Comment votre notaire a-t-il pu vous soutirer un tel montant ?
How could your notary take you for so much?

Avez-vous eu de l'aide pour construire votre maison ?
Did you have help building your house?

Est-il facile de discuter avec lui pour trouver une solution à un problème ?
Is he easy to speak with if you want to find a solution to a problem?

De quelle sorte de réputation votre voisin jouit-il ?
What kind of reputation does your neighbor have?

Est-ce bientôt, l'ouverture du magasin ?
Will the store open soon?

Le président-directeur général est-il issu d'une grande école de gestion ?
Did the CEO graduate from a prestigious school?

Ses réponses vous ont-elles paru sincères ?
Did her answers seem sincere to you?

EXPRESSIONS

■ **Angoisse de la page blanche** • *Writer's block*
Lorsqu'il entame un roman, cet écrivain souffre de l'angoisse de la page blanche. • *When he starts on a book, this novelist suffers from writer's block.*

■ **À une heure indue** • *Until all hours*
Ils se sont promenés sur des petites routes de campagne jusqu'à une heure indue. • *They drove along small country roads until all hours.*

■ **Brouiller les cartes** • *To upset the applecart*
Sa candidature à la tête du parti a brouillé les cartes ; personne ne sait qui gagnera. • *His bid for party leadership upset the applecart; no one knows who'll win.*

■ **Chèque en blanc** • *Blank cheque*
Même si vous le connaissez bien, il n'est pas prudent de lui remettre un chèque en blanc. • *Even if you know him well, it isn't wise to give him a blank cheque.*

■ **Faire le gros du travail** • *To do the donkey work*
Il se vante des résultats obtenus, mais c'est son frère qui a fait le gros du travail. • *He boasts about the results he got, but his brother did the donkey work.*

■ **Faire qqch. selon les règles** • *To go by the book*
Inutile de lui faire changer d'idée, il fait tout selon les règles. • *It's useless to try to make him change his mind, he goes by the book.*

■ **Gagner honnêtement sa vie** • *To earn (or turn) an honest penny*
Elle n'a pas beaucoup de biens, mais elle gagne honnêtement sa vie. • *She doesn't have much, but she earns an honest penny.*

■ **L'heure H** • *Zero hour*
C'est l'heure H ; tout le monde est-il prêt pour la conférence de presse ? • *It's zero hour; is everybody ready for the press conference?*

■ **Réussir par ses propres moyens** • *To pull o.s. up by one's own bootstraps*
Elle peut être fière d'elle-même, car elle a réussi par ses propres moyens. • *She can be proud of herself because she pulled herself by her own bootstraps.*

■ **Sans sourciller** • *Without batting an eye (or an eyelash)*
Il ne se sentait pas coupable et il a répondu aux policiers sans sourciller. • *He did not feel guilty and he answered the policemen's questions without batting an eye.*

AIDE-MÉMOIRE

Êtes-vous d'accord avec la décision du jury ?
Do you agree with the jury's decision?

Pourquoi l'élection référendaire a-t-elle été annulée ?
Why was the referendum election canceled?

De quel crime a-t-elle été trouvée coupable ?
What crime was she found guilty of?

Pourquoi agit-il avec autant d'arrogance ?
Why does he behave so arrogantly?

Avez-vous fait une bonne affaire en achetant cette bicyclette ?
Did you pay a good price for this bicycle?

Qu'est-ce que les partisans ont fait à l'ouverture des guichets ?
What did the fans do when the box office opened?

Quelles sont les conditions de cette offre fabuleuse ?
What are the terms and conditions of this sensational offer?

Quelle sanction ont-ils prise contre le récidiviste ?
What action did they take against the repeat offender?

Comment a-t-elle commandé ses œufs ?
What kind of eggs did she order?

Que ferez-vous quand vous aurez terminé le rapport ?
What will you do once you've finished the report?

EXPRESSIONS

■ **C'est le moins qu'on puisse dire** • *To say the least*
Il n'a pas écrit là une bonne pièce de théâtre, c'est le moins qu'on puisse dire. • *He didn't write a good play, to say the least.*

■ Fraude électorale • *Ballot box stuffing*
Puisqu'on n'a pas amendé la loi, il y a beaucoup de fraude électorale. • *The law has not been amended, so there is a lot of ballot box stuffing.*

■ Meurtre avec préméditation • *First-degree murder*
Il fait face a un problème très sérieux; on l'a accusé de meurtre avec préméditation. • *He faces a very serious problem: he is accused of first-degree murder.*

■ Ne pas se prendre pour n'importe qui • *Too big for one's boots (or breeches, or britches Br)*
À le voir agir, on se rend compte qu'il ne se prend pas pour n'importe qui. • *Just by watching him act, we understand that he is too big for his boots.*

■ Payer une fortune (ou un prix fou) pour qqch. • *To pay a king's ransom for sthg*
Je pense que vous avez payé une fortune pour ce tacot. • *I think that you paid a king's ransom for this old heap.*

■ Prendre d'assaut • *To take by storm*
Ils ont formé un petit groupe et ont pris d'assaut le conseil exécutif de l'association. • *They formed a small group and took the executive committee by storm.*

■ Sans obligation • *No strings attached*
La vendeuse voulait nous faire une démonstration… sans obligation, a-t-elle dit. • *The saleslady wanted to make a demonstration… no strings attached, she said.*

■ Serrer la vis • *To tighten the screws*
Étant donné qu'il continue à ne pas vous écouter, vous devriez lui serrer la vis. • *Since he refuses to do as he is told, you should tighten the screws on him.*

■ Sur le plat • *Sunny-side up*
J'aime mes œufs cuits d'une seule façon, c'est-à-dire sur le plat. • *I like my eggs cooked in one fashion only, that is sunny-side up.*

■ Tirer le rideau sur qqch. • *To sweep sthg under the carpet (or the rug)*
Le projet ne donnant pas les résultats escomptés, on a donc tiré le rideau là-dessus. • *The project didn't have the desired effect, so it was swept under the carpet.*

AIDE-MÉMOIRE

Pensez-vous que la conseillère va se défiler devant l'opposition à son projet ?
Will the councillor give up, faced with opposition to her project?

Où avez-vous amené vos visiteurs, hier soir ?
Where did you take your guests last night?

Pourquoi le service de sécurité a-t-il fait installer cette machine ?
Why was the safety machine installed?

Comment les discussions se sont-elles terminées ?
How did you conclude the discussions?

L'encouragez-vous à voir ces gens de mauvaise réputation ?
Do you encourage her to spend time with these disreputable people?

Puis-je me fier à vos renseignements ?
Can I trust your information?

Est-elle toujours aussi agitée ?
Is she always so restless?

Accepte-t-il de bonne grâce cette nomination ?
Did he accept this nomination graciously?

Le traitement aux herbes naturelles lui a-t-il fait du bien ?
How is he reacting to the herbal treatment?

Que fera la police quand elle attrapera les voyous ?
What will the police do when they catch the hoodlums?

EXPRESSIONS

■ **Avoir le courage de ses opinions** • *To stand up and be counted*
Les gens apprécient beaucoup cet homme politique, qui a le courage de ses opinions.
• *People appreciate this politician. He's not afraid to stand up and be counted.*

■ **Boîte de nuit** • *Nightclub / night spot*
La rue Principale compte une quantité incroyable de boîtes de nuit fort courues. •
Main Street has an unbelievable number of fashionable nightclubs.

■ **Colis piégé / lettre piégée** • *Parcel (or letter) bomb*
On a fait évacuer l'édifice parce qu'il y avait une alerte au colis piégé. • *We evacuated the building because there was a parcel bomb scare.*

■ **Conclure un marché** • *To seal (or strike) a bargain*
Ce fabricant de logiciels a conclu un marché avec trois grands pays d'Asie. • *This software maker sealed a bargain with three important Asian countries.*

■ **Danser sur un volcan** • *To sit on a bombshell (or a volcano)*
En poursuivant les discussions avec ce genre de malfaiteur, elle danse sur un volcan.
• *She's sitting on a bombshell by pursuing discussions with such a hoodlum.*

■ **De bonne source** • *Straight from the horse's mouth*
J'ai appris de bonne source qu'il se retirait à la fin de l'année. • *I learned straight from the horse's mouth that he will retire at the end of the year.*

■ **Esprit d'aventure** • *Sporting blood*
L'esprit d'aventure est un trait qui court dans la famille depuis des générations. •
Sporting blood has flowed in the family for generations.

■ **Être dans tous ses états** • *To be in a stew*
Il est dans tous ses états depuis que le patron lui a demandé de le remplacer. • *He is in a stew since the boss asked him to take his place.*

■ **Reprendre du poil de la bête** • *To snap out of sthg*
Sa convalescence tire à sa fin et, vraiment, il reprend du poil de la bête. • *His convalescence is coming to an end and he is really snapping out of it.*

■ **Taper sur les doigts de qqn** • *To rap s.o.'s knuckles / to slap on the wrist*
S'ils se font attraper avec ces objets volés, ils se feront taper sur les doigts. • *If they get caught with those stolen objects, they'll have their knuckles rapped.*

AIDE-MÉMOIRE

Pourquoi sa petite amie l'a-t-elle quitté ?
Why did his girlfriend leave him?

Les travaux de construction avancent-ils à ton goût ?
Is construction progressing to your satisfaction?

Où avez-vous appris si bien votre métier ?
Where did you learn to do your work so well?

Qu'ont fait les policiers en arrivant sur les lieux du drame ?
What did the police do when they arrived on the scene?

Devrais-je emprunter à la banque pour payer ma dette à la caisse populaire ?
Should I take out a bank loan to pay for my debt at the credit union?

Est-il vrai qu'elle a beaucoup de pouvoir au Parlement ?
Does she really have much power in Parliament?

Quelle est la disposition la plus sévère prévue au contrat ?
What is the strictest provision of the contract?

Allez-vous tenir les commanditaires au courant?
Will you keep your sponsors informed?

Comment interprétez-vous le mutisme des autorités ?
What do you make of the silence of the authorities?

Pourquoi cet aveu est-il grave ?
Why is this confession so important?

EXPRESSIONS

■ **Amour de jeunesse** • *Puppy love*
Ils s'étaient juré fidélité ; malheureusement ce n'était qu'un amour de jeunesse. • *They swore to be faithful to each other; unfortunately, it was only puppy love.*

■ **À plein régime** • *At full power (or steam, or tilt)*
La grève est terminée à l'usine et on y fonctionne à plein régime. • *The strike has ended at the plant and we are now working at full power.*

■ **À rude école** • *School of hard knocks*
Elle a réussi à se tailler une place, mais elle a dû apprendre à rude école. • *She clawed her way to the top, but she had to go to the school of hard knocks.*

■ **Calmer les esprits** • *To pour oil on troubled waters*
Ce n'était pas chose facile car tout le monde criait ; néanmoins, il a calmé les esprits. • *It was not an easy thing to do; nevertheless, he poured oil on troubled waters.*

■ **Déshabiller saint Pierre pour habiller saint Paul / déshabiller Pierre pour habiller Paul** ❖ • *To rob Peter to pay Paul*
Ce commerce déménage dans la ville voisine ; pour la région, c'est déshabiller saint Pierre pour habiller saint Paul. • *The store is moving to a neighboring; from a regional perspective, it's robbing Peter to pay Paul.*

■ **Éminence grise** • *Power behind the throne*
Il n'est pas très connu, mais c'est l'éminence grise du gouvernement. • *He is not well-known, but he is the power behind the government throne.*

■ **En retard sur l'horaire** • *Behind schedule*
Il faudra travailler plus fort, car nous sommes en retard sur l'horaire. • *We will have to work harder because we are behind schedule.*

■ **Mettre qqn au parfum** • *To put s.o. in the picture*
À votre retour, nous vous mettrons au parfum des nouveaux contrats. • *When you get back, we will put you in the picture about the new contracts.*

■ **Qui ne dit mot consent** • *Silence gives consent*
J'en déduis que vous êtes d'accord avec nous, car qui ne dit mot consent. • *I gather that you agree with us, because silence gives consent.*

■ **Signer son arrêt de mort** • *To sign one's own death warrant*
Avec cette dernière arrestation, il a sûrement signé son arrêt de mort. • *With his latest arrest, he has surely signed his own death warrant.*

AIDE-MÉMOIRE

Est-ce une année plus longue que les autres ?
Has this year been longer than the others?

Le député est-il vraiment d'accord pour la construction de l'autoroute ?
Is the member of the legislature really in favor of building the highway?

Qu'avez-vous fait ce soir-là pour vous libérer l'esprit ?
What did you do that night to clear your mind?

Comment expliquer le succès de ce groupe d'humoristes ?
Why is this group of comedians so popular?

Êtes-vous une experte de la cartomancie ?
Are you an expert fortune teller?

Comment est-il avec les employés ?
What is his leadership style?

Pouvons-nous compter sur lui comme commanditaire ?
Is he going to sponsor our project?

Quelle est votre activité préférée en plein air ?
What do you do to relax outdoors?

Comment son idée d'eau en poudre a-t-elle été accueillie ?
What did people think of his idea for powdered water?

Viendras-tu aussi la fin de semaine ?
Will you also come for the weekend?

EXPRESSIONS

■ **Année bissextile** • *Leap year*
Le nouveau millénaire a commencé avec une année bissextile. • *The new millennium began with a leap year.*

■ **Approuver du bout des lèvres** • *To pay lip service*
Les gens approuvent une meilleure éducation du bout des lèvres, mais ils ne veulent pas payer pour de nouveaux manuels scolaires. • *People pay lip service to better education, but they don't want to pay for new schoolbooks.*

■ **Battre le pavé** • *To pound the pavement*
Les cheveux ébouriffés, le drôle d'individu battait le pavé. • *His hair disheveled, the weird individual pounded the pavement.*

■ **Fou à lier** • *Mad as a hatter (or as a March hare)*
Je ne sais pas ce qui se passe ces jours-ci, mais il est fou à lier. • *I don't know what's going on these days, but he is mad as a hatter.*

■ **L'abc de qqch.** • *The nuts and bolts of sthg*
Elle est retournée aux études pour apprendre l'abc de l'informatique. • *She went back to school to learn the nuts and bolts of information technology.*

■ **Montrer les dents** • *To lower the boom*
On le croyait conciliant ; or, depuis sa nomination, il montre les dents. • *We thought he was conciliatory; since his appointment, however, he's lowering the boom.*

■ **Pauvre comme Job** • *Poor as a church mouse*
Il ne pourra pas vous prêter de l'argent puisqu'il est pauvre comme Job. • *He will not be able to lend you money because he's as poor as a church mouse.*

■ **Taquiner le poisson** • *To do a bit of fishing*
Ces trois amis aiment bien taquiner le poisson, les fins de semaine. • *These three friends like to do a bit of fishing on weekends.*

■ **Tourner en dérision** • *To laugh out of court*
Tout le monde présent a tourné en dérision son idée de piscine sans eau. • *Everybody present laughed his idea of a waterless pool out of court.*

■ **Une autre paire de manches** • *Another kettle of fish / a horse of a different color Br*
Pour négocier une entente, c'est une autre paire de manches. • *Negotiating an agreement is another kettle of fish.*

AIDE-MÉMOIRE

Pourquoi a-t-il claqué la porte ?
Why did he slam the door shut?

La décision tarde à venir, la raison est-elle connue ?
Why hasn't the decision been handed down yet?

Cet événement, vieux de trois ans, est-il connu dans la région ?
Does anyone in the region remember this three-year-old incident?

A-t-elle été bouleversée par cette découverte ?
Did the discovery overwhelm her?

Quel poste occupe-t-il auprès du parrain local ?
What is his relationship with the local godfather?

A-t-il des antécédents connus ?
Do we know where he comes from?

Pourrons-nous la convaincre de changer d'idée ?
Can we change her mind?

Où préférez-vous installer votre supermarché ?
Where would you like to put your supermarket?

Quelle instance a pris cette décision irréfléchie ?
Who came up with this reckless decision?

Y a-t-il eu des événements importants dans le village, récemment ?
Were there any major events in the village lately?

EXPRESSIONS

■ Être (ou se mettre) en rogne • *To be hot under the collar*
Chaque fois qu'il voit son ancien associé, il est en rogne. • *Each time he sees his former associate, he gets hot under the collar.*

■ Être pris dans un dilemme • *To be on the horns of a dilemma*
Elle est prise dans un dilemme : accepter un nouveau poste ou se retirer. • *She's on the horns of a dilemma: either accept a new position or retire.*

■ Faire la manchette • *To make headlines*
Le scandale du sang contaminé fait la manchette depuis les cinq dernières années. • *The contaminated blood scandal has made headlines for the past five years.*

■ Garder son sang-froid • *To be as cool as a cucumber*
Malgré les insultes des manifestants, le policier a gardé son sang-froid. • *In spite of insults from the demonstrators, the policeman was as cool as cucumber.*

■ Homme de main • *Hatchet man*
C'est l'homme de main du présumé chef de la mafia locale. • *He is the hatchet man for the alleged local mafia boss.*

■ Nouveau venu • *Johnny-come-lately*
C'est un nouveau venu sur la scène de la politique municipale. • *He is a Johnny-come-lately on the municipal political scene.*

■ Plus catholique que le pape • *Holier-than-thou*
Ouvert aux nouvelles idées, lui ? Détrompez-vous, il est plus catholique que le pape. • *You think he is open to new ideas? Don't be so sure, he is a holier-than-thou type.*

■ Rez-de-chaussée • *Ground floor*
Le cabinet d'avocats où mon frère travaille est situé au rez-de-chaussée de l'immeuble. • *The lawyers' office where my brother works is located on the ground floor of the building.*

■ Tribunal populaire • *Kangaroo court*
La contestation autour des nouvelles autoroutes s'est transformée en tribunal populaire. • *The protest movement against the new freeways turned into a kangaroo court.*

■ Voir le jour • *To see the light of day*
Un quotidien a vu le jour récemment dans notre région. • *A daily newspaper recently saw the light of day in our region.*

AIDE-MÉMOIRE

De quelle manière a-t-elle illustré ses origines ?
How did she explain her origins?

Était-il propre quand il est arrivé en classe ?
Was he neat and clean when he came to class?

L'économie du pays est-elle prospère ?
Is the country's economy flourishing?

Nos descendants se souviendront-ils de cette déclaration de la ministre ?
Will our children remember the Minister's declaration?

Quelles sont les conditions de réussite ?
What are the requirements for success?

Pourquoi ses reparties sont-elles si cinglantes ?
Why is he so flippant?

Arrivera-t-il à temps pour prendre l'avion de six heures du matin ?
Will he be on time for the six a.m. flight?

A-t-il réussi à faire passer ses arguments ?
Did he convince the Board?

Les soudeurs sont-ils toujours occupés ?
Are your welders still very busy?

Son avenir était plein de promesses, pourquoi se retrouve-t-elle sans emploi ?
Her future seemed so bright, how come she's out of work?

EXPRESSIONS

■ **Arbre généalogique** • *Family tree*
Elle voulait connaître ses origines; alors, elle a fait faire son arbre généalogique. • *She wanted to know more about her origins; so she had a family tree made.*

■ **Barbe d'un jour** • *Five o'clock shadow*
On l'a trouvé au fond d'une ruelle, portant une barbe d'un jour. • *He was found at the end of an alley, with a five o'clock shadow on his face.*

■ **Être en chute libre** • *To go into a nose dive*
Sa petite entreprise de nettoyage est en chute libre en ce moment. • *His small cleaning business has nose-dived these days.*

■ **Faire époque** • *To go down in history (or in the records)*
Le jugement de la Cour suprême fera époque. • *The decision of the Supreme Court will go down in history.*

■ **Faire front** • *To face the music*
Il ne faut pas hésiter à faire front devant leur opposition tenace. • *We must not hesitate to face the music in front of their persistent opposition.*

■ **Humour noir** • *Gallows humor*
Toute la semaine, elle présente un spectacle d'humour noir au café littéraire. • *All this week, she's giving a gallows humor show at the literary café.*

■ **Se lever à l'heure des poules** (ou **au chant du coq**) • *To be up (or to rise) with the lark*
Vous pouvez le voir très tôt, car il se lève à l'heure des poules. • *You can see him very early, because he's up with the lark.*

■ **Se heurter à un mur** • *To go over like a lead balloon*
Son discours devant un auditoire, supposé intéressé, s'est heurté à un mur. • *His speech in front of a supposedly interested audience went over like a lead balloon.*

■ **Tourner en rond** • *To go from pillar to post*
Depuis la semaine dernière, ils n'ont plus de travail et ils tournent en rond. • *They have had no work to do since last week and they've been going from pillar to post.*

■ **Tuer la poule aux œufs d'or** • *To kill the goose that laid the golden egg*
Elle avait une chance de réussir un bon coup, mais elle a tué la poule aux œufs d'or. • *She had a chance to pull it off, but she killed the goose that laid the golden egg.*

AIDE-MÉMOIRE

L'autre pâtissier vous fait-il encore concurrence ?
Is the other pastry chef still your competitor?

Ton grand-père est-il toujours à la tête de l'entreprise familiale ?
Does your grandfather still head the family business?

Le public a-t-il été sympathique ?
Did the public like it?

Comment peut-elle démontrer autant d'énergie ?
How can she be so energetic?

Le dernier des frères va-t-il se rallier aux autres ?
Will the last of the brothers join the others?

Est-ce que vos voisins ont un nouvel animal de compagnie ?
Do your neighbors have a new pet?

As-tu passé une bonne nuit ?
Did you have a good night's sleep?

Que pensez-vous de l'emplacement choisi pour aménager un autre centre commercial ?
What do you think of the selected location for building a new shopping center?

Le paysage du lac et de la montagne vous plaît-il ?
Is the view of the lake and the mountain to your liking?

Hier, il souriait. Pourquoi est-il d'humeur si massacrante aujourd'hui ?
Yesterday he was smiling, why the shift of mood today?

EXPRESSIONS

■ **Abandonner la partie** • *To call it quits*
Toutes les institutions financières refusant de les aider, ils ont abandonné la partie. • *Financial institutions having refused to help them, they called it quits.*

■ **Aller planter ses choux** • *To be put out to pasture*
Il avait travaillé fort toute sa vie et il était heureux d'aller planter ses choux. • *He had worked hard all his life and he was happy to be put out to pasture.*

■ **Applaudir à tout rompre** • *To bring down the house*
La salle a apprécié le spectacle; elle l'a démontré en applaudissant à tout rompre. • *The audience appreciated the show and demonstrated it by bringing down the house.*

■ **Avoir l'âge de ses artères** • *To be as old as one feels*
À 80 ans, elle fait encore du camping; comme on dit, elle a l'âge de ses artères! • *At 80 years old, she still goes camping; as they say, you are as old as you feel.*

■ **Bon teint** • *Dyed-in-the-wool*
Vous ne le ferez pas changer de parti, c'est un libéral bon teint. • *You will not make him change parties, he is a dyed-in-the-wool Liberal.*

■ **Chat de gouttière** • *Alley cat*
Je ne sais pas ce qui se passe, mais nous sommes envahis par des chats de gouttière. • *I don't know what is going on, but we are being invaded by alley cats.*

■ **Dormir d'un sommeil de plomb** • *To be dead to the world*
Après une journée de travail exténuante, il fait bon dormir d'un sommeil de plomb. • *After a hard day's work, it feels good to be dead to the world.*

■ **Porter de l'eau à la mer** (ou à la rivière) • *To carry coals to Newcastle*
Bâtir une station service ici, c'est comme porter de l'eau à la mer. • *Building a service station here is like carrying coals to Newcastle.*

■ **Un régal pour les yeux** • *A sight for sore eyes*
La vue que nous avons du fleuve à partir de notre chalet est un régal pour les yeux. • *The view on the river that we enjoy from our cottage is a sight for sore eyes.*

■ **Vendre la peau de l'ours avant de l'avoir tué** • *To count one's chickens before they're hatched*
Je crois avoir le poste, mais il ne faut pas vendre la peau de l'ours avant de l'avoir tué. • *I think I'll get the job, but let's not count our chickens before they're hatched.*

227

AIDE-MÉMOIRE

Comment se comporte-t-il lors des cocktails ?
How does he behave at a cocktail party?

Comment s'est-elle assuré de l'appui populaire ?
How did she gain popular support?

Fréquentez-vous toujours vos amis du collège ?
Do you still see your college friends?

Le premier violon jouit d'un grand prestige, mais est-il à l'aise
financièrement ?
The first violinist is prestigious, but is he financially well-off?

Comment savez-vous que les célébrations auront du succès ?
How do you know that the celebrations will be a success?

Que fait-il dans cette société de télécommunication ?
What is he doing in this telecommunications company?

À votre avis, mon style de commandement est-il adéquat ?
Do you consider my management style appropriate?

Qu'est-ce qu'il t'a offert avant ton départ ?
What did he offer you before you left?

A-t-elle des talents de peintre ?
Is she a good painter?

Que penses-tu de son cours sur l'astrophysique comparée à l'époque
précolombienne ?
*What did you think of his lecture on preColumbian comparative
astrophysics?*

EXPRESSIONS

■ **Boire comme un trou** • *To drink like a fish*
Afin d'oublier tous ses déboires, il s'est mis à boire comme un trou. • *In order to forget all his setbacks, he started to drink like a fish.*

■ **Appeler (ou convoquer) le ban et l'arrière-ban** • *To summon all and sundry*
Même si le sujet n'était pas très important, elle avait appelé le ban et l'arrière-ban. • *Even though the subject was not very important, she summoned all and sundry.*

■ **Couper les ponts avec qqn** • *To break off relations with s.o.*
Nous avons coupé les ponts avec eux après qu'ils nous eurent poursuivi pour rien. • *We broke off relations with them after they took us to court over nothing.*

■ **Courir le cachet** • *To give lessons for a living*
Comme son salaire ne suffit pas à payer ses dettes, il est obligé de courir le cachet. • *Since his salary won't cover his debts, he has to give lessons for a living.*

■ **Démarrer en flèche** • *To start off with a bang*
Les fêtes commémorant le centenaire de la ville ont démarré en flèche. • *The celebrations commemorating the city's centennial started off with a bang.*

■ **Être aux commandes / tenir les commandes** • *To call the shots*
Elle a réglé les problèmes de l'entreprise et elle en est maintenant aux commandes. • *She solved the problems of the company and now she's calling the shots.*

■ **Être sur la bonne voie** • *To be on the beam (or the right track)*
Continuez à faire vos recherches, vous êtes sur la bonne voie. • *Continue with your research, you are on the beam.*

■ **Le coup de l'étrier** • *One for the road*
À cause des lois sévères sur l'alcool au volant, les gens hésitent à prendre le coup de l'étrier. • *Because of the strict laws on drinking and driving, people hesitate to take one for the road.*

■ **Ne le céder à personne** • *To be second to none*
Pour ce qui est de ses qualités de gestionnaire, elle ne le cède à personne. • *She is second to none as far as her management skills are concerned.*

■ **N'y comprendre goutte** • *To be all at sea*
On avait beau lui expliquer le texte lentement, il n'y comprenait goutte. • *However slowly we explained the text to him, he was all at sea.*

AIDE-MÉMOIRE

Le chauffeur est-il arrivé à temps ?
Did the driver arrive on time?

La recrue saura-t-elle répondre aux attentes ?
Will the rookie live up to expectations?

Pourquoi a-t-il caché le bonheur qu'il éprouvait ?
Why did he hide his happiness?

Est-ce que je pourrai apprendre à tricoter d'ici mon départ ?
Will I be able to learn to knit by the time I leave?

Pourquoi a-t-il été convoqué chez le directeur de l'école ?
Why was he summoned to the principal's office?

Acceptera-t-elle de faire un exposé ?
Will she agree to make a statement?

A-t-il l'habitude de boire avant d'aller au lit ?
Does he usually drink before going to bed?

Devrais-je chanter mon air d'opéra préféré ?
Should I sing my favorite opera?

Qu'est-ce qu'il a fait en entendant cette publicité?
What did he do when he heard the publicity?

Elle aimerait les inviter tous les deux, est-ce un problème ?
Is there a problem in inviting them both to the party?

EXPRESSIONS

■ **À la dernière minute** • *Under the wire*
Le résultat de la course de chevaux s'est décidé à la dernière minute. • *The results of the horse race were decided under the wire.*

■ **Avoir l'étoffe de** • *To be cut out for / to have the makings of*
Je suis prêt à l'appuyer, car il a l'étoffe d'un premier ministre. • *I will support him, he is cut out for the prime minister's job.*

■ **Donner le change** • *To throw off the scent*
Ils ont multiplié les faux indices afin de donner le change à tout le monde. • *They multiplied false signs in order to throw everybody off the scent.*

■ **Facile (ou simple) comme bonjour** • *Easy as pie / easy as falling off a log*
Marcher deux kilomètres par jour, c'est facile comme bonjour. • *Walking two kilometers a day is as easy as pie.*

■ **Faire des fredaines** • *To sow one's wild oats*
Il a commis ces délits alors qu'il était jeune, où l'on fait des fredaines. • *He committed those offenses when he was young, when we sow our wild oats.*

■ **Faire étalage de** • *To show off*
L'exposition de fin d'année lui a permis de faire étalage de ses connaissances. • *The end of the year exhibition gave him a chance to show off his knowledge.*

■ **Faire une exception à la règle** • *To bend the rules*
Pour une fois, il ont fait une exception à la règle et ont permis la baignade du soir. • *For once, they bent the rules and allowed night-time swimming.*

■ **Se couvrir de ridicule** • *To make a fool of o.s. / to make o.s. a laughing stock*
En vous présentant avec ce costume, vous vous couvrirez de ridicule. • *If you come wearing this costume, you'll make a fool of yourself.*

■ **Se fâcher tout rouge** • *To get boiling mad*
Il s'est fâché tout rouge dès le début et a été incapable de se calmer par la suite. • *He got boiling mad from the start and was unable to calm himself down afterwards.*

■ **S'entendre comme chien et chat** • *To lead a cat-and-dog life*
Ils ne sont pas heureux en ménage, car ils s'entendent comme chien et chat. • *They are not happy in their marriage because they lead a cat-and-dog life.*

AIDE-MÉMOIRE

Pourquoi ne quitte-t-elle pas ce monstre ?
Why doesn't she leave this monster?

Quelle est la grande force de ce peloton d'élite ?
What is the great strength of this elite squad?

Êtes-vous prêt à faire la tournée des clients ?
Are you ready to visit the customers?

N'êtes-vous pas d'accord avec cette action ?
Don't you agree with this course of action?

Les révélations lui ont-elles plu ?
How did she like having the facts disclosed?

Pendant vos études, avez-vous travaillé comme éboueur ?
During your schooldays, did you work as a garbage collector?

Quelle fut sa première demande dès sa sortie de l'hôpital ?
What was his first request when he got out of the hospital?

La vieille locomotive à vapeur ne circule plus ?
The old steam engine doesn't run any longer?

La nouvelle série télévisée aura-t-elle beaucoup de succès ?
Do you see a future for the new television series?

Les mineurs ont-ils contesté les directives de la compagnie ?
Did the mine workers dispute the company's orders?

EXPRESSIONS

■ **Avoir qqn à sa merci** (ou sous sa coupe) • *To have s.o. in the palm of one's hand / to have s.o. over a (the) barrel*
Il l'avait à sa merci parce qu'elle lui devait de l'argent. • *He had her in the palm of his hand because she owed him money.*

■ **Esprit de corps** • *Team spirit*
Cette équipe de soccer a remporté le tournoi grâce à son très bon esprit de corps. • *This soccer club won the tournament thanks to its fine team spirit.*

■ **Être à la hauteur** • *To be up to the mark / to prove equal to the task*
Vous pouvez lui confier les dossiers les plus délicats, elle sera à la hauteur. • *You can entrust the most delicate cases to her, she will be up to the mark.*

■ **Faire le jeu de qqn** • *To play into the hands of s.o.*
Il fait le jeu des partis d'opposition en réclamant la démission du président. • *He is playing into the hands of the opposition by demanding the president's resignation.*

■ **Faire un drôle de nez / faire un long nez** • *To pull a long face*
Comme seule réponse à nos accusations, il a fait un drôle de nez. • *His only answer to our accusations was to pull a long face.*

■ **Il n'y a pas de sot métier** • *A job is a job*
J'ai besoin d'argent et je vais faire ce travail, car il n'y a pas de sot métier. • *I need money and I will do this work because a job is a job.*

■ **Manger à sa faim** • *To have a square meal*
On a retrouvé l'enfant perdu dans la forêt; il a pu enfin manger à sa faim. • *They found the child lost in the woods and he was able to have a square meal.*

■ **Rendre l'âme** • *To give up the ghost*
Sa voiture a rendu l'âme après quinze années de bons services. • *His car gave up the ghost after fifteen years of faithful service.*

■ **Sans lendemain** • *Short-lived*
Je peux vous parier que sa dernière trouvaille sera une autre aventure sans lendemain. • *I can bet you that his latest brainwave will be a short-lived adventure.*

■ **Se laisser manger (ou tondre) la laine sur le dos** • *To let o.s. be fleeced*
Ces gens simples se sont laissé manger la laine sur le dos toute leur vie. • *These simple people have let themselves be fleeced all their lives.*

AIDE-MÉMOIRE

Ont-ils fait beaucoup d'interventions ?
Did they intervene frequently?

Serez-vous prêts pour l'ouverture officielle de la boutique ?
Will you be ready for the shop's official opening?

A-t-il les qualités pour aller plus loin ?
Does he have the qualifications to go farther?

Je commence à manquer de concentration, que puis-je faire ?
My ability to focus is weakening, what can I do?

Devons-nous nous décider tout de suite ?
Do we have to decide right away?

Est-ce que tout est en place pour recevoir les invités ?
Is everything ready for the arrival of the guests?

Quelle est son ambition la plus chère dans la vie ?
What is her dearest aim in life?

Est-ce un nouveau maquillage que vous cachez derrière ces lunettes noires ?
Are you wearing new make-up under your sunglasses?

On n'a pas entendu parler de lui depuis longtemps, que devient-il ?
He hasn't been heard of for a long time, what's become of him?

Est-ce que l'incendie a beaucoup endommagé leur demeure ?
Did the fire cause much damage to their home?

EXPRESSIONS

■ **À qui mieux mieux** • *To beat the band*
Les manifestants scandaient des slogans revendicateurs à qui mieux mieux. • *The demonstrators chanted protest slogans to beat the band.*

■ **Donner (ou mettre) la dernière main à qqch.** • *To put the final touches (or the finishing touch) on sthg*
L'artiste donne la dernière main à sa première exposition d'envergure. • *The artist is putting the final touches on his first major show.*

■ **Être sur une mauvaise pente** • *To be headed for trouble*
Ce jeune homme plein de talent boit beaucoup; il est déjà sur une mauvaise pente. • *The talented young man drinks a lot; he's headed for trouble.*

■ **Faire une pause** • *To take a break*
Nous travaillons depuis plusieurs heures, il est temps de faire une pause. • *We have been working for hours, let's take a break.*

■ **La nuit porte conseil** • *Let's sleep on it*
Attendons à demain avant de donner notre réponse, car la nuit porte conseil. • *We'll wait until tomorrow before giving our answer; let's sleep on it.*

■ **Dresser (ou mettre) le couvert** • *To lay (or set) the table*
Nos visiteurs arrivent bientôt, alors, s'il vous plaît, dressez le couvert. • *Our visitors will arrive soon, so please lay the table.*

■ **Monter sur les planches** • *To tread the boards*
Elle rêve de monter sur les planches depuis qu'elle a l'âge de parler. • *She has been dreaming of treading the boards since she was able to talk.*

■ **Œil au beurre noir** • *Black eye*
Il est revenu du terrain de jeux avec un œil au beurre noir. • *He came back from the playground with a black eye.*

■ **Se laisser moisir** • *To let grass grow under one's feet*
Elle n'est pas parvenue aux plus hautes fonctions en se laissant moisir. • *She didn't reach her level of responsibilities by letting the grass grow under her feet.*

■ **Perte sèche** • *Total loss*
Le feu a entièrement détruit la maison et le commerce : c'est une perte sèche. • *The fire completely destroyed the house and the business: they're a total loss.*

AIDE-MÉMOIRE

Votre rendez-vous de demain est à quelle heure ?
What time is your appointment tomorrow?

Quel fut le sort du Titanic en 1912 ?
What happened to the Titanic in 1912?

Pourquoi aller travailler dans cette région éloignée ?
Why go and work in that remote area?

Pouvons-nous compter sur une vie théâtrale dans le village ?
Is there any theater activity in the village?

Est-ce que l'arrivée du casino a été bénéfique pour la région ?
Has the arrival of the casino been a plus for the region?

Pourquoi lui a-t-on monté cette plaisanterie ?
Why did they play this joke on her?

Comment appellera-t-on le nouveau restaurant ?
What will the new restaurant be called?

Garde-t-il toujours le silence en public depuis sa défaite aux élections ?
Has he said nothing in public since he lost the election?

Qu'avez-vous fait quand l'alarme s'est déclenchée ?
What did you do when the alarm went off?

Qu'est-ce qu'elle a fait quand on lui a appris qu'elle était déshéritée ?
What did she do when she learned she was no longer in the will?

EXPRESSIONS

■ **À la première heure** • *First thing in the morning*
Nous devons nous rencontrer devant le palais de justice, à la première heure. • *We're supposed to meet in front of the court house first thing in the morning.*

■ **Couler à pic** • *To sink like a stone*
En moins d'une heure, le paquebot a coulé à pic dans le fleuve Saint-Laurent. • *In less than an hour, the liner sank like a stone in the St. Lawrence River.*

■ **Faire (ou promettre) un pont d'or à qqn** • *To offer (or promise) a fortune*
Pour qu'il se joigne à leur firme, ils lui ont fait un pont d'or. • *They offered him a fortune to join their firm.*

■ **Il n'y en a pas plus que de beurre en branche** • *It's as scarce as hens' teeth*
Des plages de sable au pôle Nord? Il n'y en a pas plus que de beurre en branche. • *Sandy beaches in the North Pole? They're as scarce as hens' teeth.*

■ **Le revers de la médaille** • *The other side of the coin*
Il a gagné gros, mais le revers de la médaille c'est qu'il doit en remettre la moitié au fisc. • *He won a lot, but the other side of the coin is that he has to give half to the taxman.*

■ **Poisson d'avril** • *April fool*
Le jour du poisson d'avril, il se joue parfois des tours peu gentils. • *On April Fool's Day, some not so kind tricks are played.*

■ **Porter le nom de** • *To be named after*
Elle porte le nom de sa grand-mère, pionnière de la psychanalyse. • *She is named after her grandmother, a pioneer in the field of psychoanalysis.*

■ **Prendre la parole** • *To take the floor*
Il a pris la parole à 19 heures et s'est arrêté vers 22 heures. • *He took the floor at 7 p.m. and stopped around 10.*

■ **Prendre ses jambes à son cou** • *To show a clean pair of heels / to take to one's heels*
Quand le voleur a vu les propriétaires arriver, il a pris ses jambes à son cou. • *When he saw the owners arrive, the robber showed a clean pair of heels.*

■ **Sortir de ses gonds** • *To blow a fuse*
Il est sorti de ses gonds quand on l'a accusé d'avoir fraudé le comité de locataires. • *He blew a fuse when he was accused of having defrauded the tenants' committee.*

AIDE-MÉMOIRE

Que prévoit la loi pour protéger les mineurs lors du procès ?
Is there any protection for minors during a trial?

Ce contretemps a-t-il arrêté ses progrès ?
Was he hindered by this setback?

Le changement a-t-il été subit ?
Was the change very sudden?

Comment les a-t-il gagnés à sa cause malgré leurs réticences ?
How did he convince them despite their reservations?

La chute du décor l'a-t-elle blessée sérieusement ?
Was she hurt badly when the stage set fell on her head?

Avez-vous eu de la difficulté à l'amener à se présenter ?
Was it difficult to convince him to run for office?

Cette opinion est-elle très répandue ?
Is this a common opinion?

Cette histoire l'a-t-elle perturbée ?
Did the story disturb her?

A-t-elle encore beaucoup d'enthousiasme ?
Is she still very enthusiastic?

Respectera-t-il l'échéance qui approche à grands pas ?
The deadline's practically here, will he make it?

EXPRESSIONS

■ **À huis clos** • *In camera*
Le procès du siècle s'est malheureusement déroulé à huis clos. • *Unfortunately, the trial of the century took place in camera.*

■ **Aller (ou continuer) son petit bonhomme de chemin** • *To carry on (or to go) at one's own pace*
Malgré les embûches, il va son petit bonhomme de chemin. • *In spite of numerous pitfalls, he carries on at his own pace.*

■ **Au fil du temps** • *As time goes by*
Au fil du temps, le petit village devient une ville importante de la région. • *As time goes by, the small village is becoming an important town regionally.*

■ **Faire un tour de passe-passe** • *To pull a rabbit out of one's hat*
Il a sans doute fait un tour de passe-passe pour recevoir ce contrat fabuleux. • *He undoubtedly pulled a rabbit out of his hat to get this fabulous contract.*

■ **Faire voir trente-six chandelles à qqn** • *To knock the daylights out of s.o.*
Le joueur de hockey a reçu un coup qui lui a fait voir trente-six chandelles. • *The hockey player received a blow that knocked the daylights out of him.*

■ **Forcer la main à qqn** • *To twist s.o.'s arm*
On n'a pas eu à lui forcer la main, elle a accepté la proposition. • *We didn't have to twist her arm, she accepted the proposal.*

■ **Monsieur Tout-le-monde** • *Man in the street / Joe Sixpack*
De nos jours, on consulte abondamment monsieur Tout-le-monde par des sondages. • *Nowadays, surveys put the man in the street constantly under scrutiny.*

■ **Perdre pied** • *To be out of one's depth*
Il a perdu pied dès qu'on lui a parlé de son passé. • *He was out of his depth as soon as we talked about his past.*

■ **Tout nouveau tout beau** • *A new broom sweeps clean*
Elle aime encore son travail : comme on dit, tout nouveau tout beau. • *She stills likes her work: as they say, a new broom sweeps clean.*

■ **Travailler d'arrache-pied** • *To keep one's nose to the grindstone*
Sa recherche avance ; il y travaille d'arrache-pied depuis cinq ans. • *His research is coming along; he has kept his nose to the grindstone for the last five years.*

AIDE-MÉMOIRE

Allez-vous vraiment abandonner votre emploi ?
Will you really quit your job?

Est-ce bien elle qui a remporté le gros lot une deuxième fois ?
Did she actually win the grand prize for a second time?

Que pensez-vous de la publicité de cette grande chaîne ?
What do you think of this major chain's publicity?

En avez-vous appris beaucoup au cours de vos deux années passées en Afrique ?
Did you learn a lot during the two years you spent in Africa?

Que pensez-vous des présentations du chef ?
What do you think of the chef's presentations?

Comment avez-vous su qu'elle n'aimait pas la pièce ?
How did you know she didn't appreciate the play?

Recommanderais-tu ton voisin pour le poste de gardien de sécurité ?
Would you recommend your neighbor for the security-guard position?

Tes grands-parents ont-ils déjà fêté leur cinquantième anniversaire de mariage ?
Have your grandparents already celebrated their 50th wedding anniversary?

Est-ce le manteau de fourrure qui a attiré votre attention ?
Is that the fur coat that caught your attention?

Quand parlerez-vous de mon dossier ?
When will you assess my proposal?

EXPRESSIONS

■ **Advienne que pourra** • *Come what may*
Advienne que pourra, je quitte le pays dimanche matin pour un séjour en Europe. •
Come what may, I am leaving the country on Sunday morning for a trip to Europe.

■ **Avoir une veine de cocu** (ou de pendu) • *To have the luck of the devil*
Il réussit tout ce qu'il entreprend ; on peut dire qu'il a une veine de cocu. • *He does well in all he undertakes; one could say that he has the luck of the devil.*

■ **Ce sont des paroles** (ou promesses) **en l'air / promettre plus de beurre que de pain** • *It's just pie in the sky*
Les annonces commerciales ont tendance à promettre plus de beurre que de pain. • *Advertisements have a tendency to be just pie in the sky.*

■ **En voir de toutes les couleurs** • *To be put through the mill* (or the wringer) / *to be up to one's neck in trouble*
Au cours de sa longue carrière dans la fonction publique, elle en a vu de toutes les couleurs. • *During her long career in the public service, she was put through the mill.*

■ **Faire venir l'eau à la bouche** • *To make one's mouth water*
Cette mousse au chocolat ferait venir l'eau à la bouche de n'importe quel gourmet. • *This chocolate mousse would make any gourmet's mouth water.*

■ **Froncer les sourcils** • *To knit one's brow*
Il fronça les sourcils, se frotta la barbe avec la main et répondit enfin à ma question. • *He knitted his brow, stroked his beard and finally answered my question.*

■ **Gibier de potence** • *Jailbird*
Je ne suis pas certain qu'il soit bien intentionné, car c'est un vrai gibier de potence. • *I'm not sure that he's well-intentioned, because he's a regular jailbird.*

■ **Histoire de cœur** • *Love affair*
Cette histoire de cœur a connu une fin tragique : les deux amants se sont suicidés. • *The love affair had a tragic outcome: both lovers committed suicide.*

■ **Mettre la puce à l'oreille de qqn** • *To set s.o. thinking*
C'est un tout petit article dans le journal local qui nous a mis la puce à l'oreille. • *A tiny article in the local newspaper set us thinking.*

■ **Mettre sur le tapis** • *To bring up for discussion*
Lors de la dernière réunion, elle a mis sur le tapis pas moins de quinze propositions. • *At the last meeting, she brought up no less than fifteen proposals for discussion.*

AIDE-MÉMOIRE

Hésitez-vous encore à vous engager dans ce voyage d'une semaine ?
Are you sure you want to go on a week-long trip?

Comment ont-elles souligné ce premier but ?
How did the girls celebrate their first goal?

Se laissera-t-il prendre aux belles paroles du vendeur ?
Will he succumb to the salesman's blandishments?

La décision du chef d'équipe a-t-elle été approuvée ?
Was the supervisor's decision approved?

Qu'est-il arrivé aux familles sinistrées ?
What happened to the disaster-struck families?

Est-ce vrai qu'il a failli avoir un grave accident ?
Is it true that he almost had a serious accident?

Comment saurons-nous si d'autres visiteurs sont arrivés durant la nuit ?
How will we know whether other visitors arrived during the night?

Pensez-vous que le recours à l'armée était justifié ?
Were they right to call in the army?

Ont-ils respecté les règles du sport ?
Did they follow the rules of the game?

Vais-je pouvoir le reconnaître après toutes ces années ?
Will I recognize him after all these years?

EXPRESSIONS

■ **Ce n'est pas la mer à boire** • *It's not that hard*
Vous êtes capable de faire ce genre de dessin ; ce n'est pas la mer à boire. • *You can do this kind of drawing; it's not that hard.*

■ **Chanter (ou crier) victoire** • *To crow over one's victory*
Ils ont chanté victoire un peu tôt, car le plus dur est à venir. • *They crowed over their victory a little too soon, because the worst is yet to come.*

■ **Connaître la chanson (ou la musique)** • *To have heard it all*
Elle connaît la chanson et ne croira pas vos explications farfelues. • *She's heard it all before and won't believe your hair-brained explanations.*

■ **De son propre chef** • *One's own authority (or initiative)*
Il a décidé de son propre chef de fermer l'hôpital régional. • *He decided on his own authority to close down the regional hospital.*

■ **Jeter (ou mettre) sur le pavé** • *To turn into the streets*
L'incendie a jeté sur le pavé une cinquantaine de familles. • *The fire turned about fifty families into the streets.*

■ **L'échapper belle** • *To escape by the skin of one's teeth / to have a narrow escape / to have a close shave*
Il l'a échappé belle : l'auto s'est arrêtée sur le bord du précipice • *He escaped by the skin of his teeth: the car stopped on the brink of the precipice.*

■ **Ne dormir que d'un œil** • *To hardly get a wink of sleep*
Pendant la nuit, j'ai entendu toutes sortes de bruits et je n'ai dormi que d'un œil. • *I heard all sorts of noises all night and I hardly got a wink of sleep.*

■ **Ne pas y aller avec le dos de la cuiller (cuillère)** • *To make no bones about sthg*
Vous n'y allez pas avec le dos de la cuiller (cuillère) dans le règlement de ce conflit. • *You are making no bones about finding a solution to the conflict.*

■ **Ne pas y aller de main morte** • *To go at it hammer and tongs*
Les boxeurs n'y allaient pas de main morte ; on se demandait s'ils s'en sortiraient vivants. • *The boxers went at it hammer and tongs; we wondered if they would get out of it alive.*

■ **Prendre du ventre** • *To get a paunch (or a pot belly)*
Vous ne le reconnaîtrez pas, il a pris du ventre depuis que vous l'avez vu. • *You won't recognize him, he's gotten a paunch since you last saw him.*

AIDE-MÉMOIRE

Ton père a-t-il obtenu une promotion ?
Has your father been promoted?

Saura-t-elle trouver les mots pour le convaincre ?
Will she find a way to convince him?

Voit-il trop grand en se lançant dans la bijouterie et dans l'immobilier ?
Is he thinking too big by opening a jewelry shop and a real estate office?

Représentez-vous toute la population de la ville ?
Are you talking on behalf of the town's entire population?

Quand allez-vous entreprendre la construction de la route ?
When will road construction begin?

Quand votre grand voyageur repartira-t-il ?
When does your world traveler leave?

L'idée de créer une caisse d'entraide est-elle encore vivante ?
Is the idea of establishing a mutual-help fund still alive?

Comment vend-on les services du câblodistributeur ?
How does the cable company sell its services?

Quelle est la spécialité du copain que tu me recommandes ?
What is your friend's area of speciality?

Les nouveaux venus sont-ils encore dissidents ?
Do the newcomers stubbornly hold on to their cause?

EXPRESSIONS

■ **Chef de rayon** • *Department manager*
Il vient d'être nommé chef de rayon dans le plus grand magasin de la ville. • *He has been appointed department manager of the city's biggest store.*

■ **Connaître comme sa poche** (ou **comme le fond de sa poche**) • *To know s.o. like the back of one's hand*
Elle seule est capable de l'émouvoir, car elle le connaît comme sa poche. • *She is the only one able to influence him, she knows him like the back of her hand.*

■ **Courir deux lièvres à la fois** • *To try to do so many (or two) things at once*
Il est difficile de réussir quoi que ce soit lorsqu'on court deux lièvres à la fois. • *It's difficult to succeed in anything when trying to do so many things at once.*

■ **De tous les milieux** • *From all walks of life*
Parmi les manifestants pour la paix, il y avait des gens de tous les milieux. • *Among the peace demonstrators, there were people from all walks of life.*

■ **En chantier** • *In the pipeline / in the works / on the stocks*
C'est un homme actif; il a toujours plusieurs projets en chantier. • *He's a go-getter; he always has many projects in the pipeline.*

■ **Être installé à demeure** • *To move in for good*
Avec ce nouvel emploi, on peut croire qu'elle est enfin installée à demeure. • *With this new job, we can believe that she has finally moved in for good.*

■ **Faire boule de neige** • *To snowball*
L'idée de construire une nouvelle bibliothèque fait boule de neige en ville. • *The idea of building a new library is snowballing in town.*

■ **Faire du porte-à-porte** • *To go from door to door*
La campagne électorale a débuté hier et déjà, les politiciens font du porte-à-porte. • *The electoral campaign began yesterday; already, politicians are going from door to door.*

■ **Homme à tout faire** • *Jack-of-all-trades*
Il peut sans doute réparer cette fenêtre, car il est un homme à tout faire. • *He can probably repair this window because he's a jack-of-all-trades.*

■ **Se mettre au diapason** • *To fall (or step) into line*
Enfin, ils ont décidé de se mettre au diapason de la nouvelle situation. • *At last, they decided to fall into line with the new situation.*

AIDE-MÉMOIRE

Quelles sont les fonctions de ce nouveau poste ?
What are the duties of the new position?

Ce sport se pratique-t-il dans un gymnase ?
Can the sport be practiced in a gymnasium?

Allez-vous le mettre au courant de la décision ?
Will you let him know the decision?

Les agents de sécurité seront-ils nerveux ce soir ?
Will the security guards be in edge tonight?

Quand elle ouvre la bouche, ses auditrices l'écoutent-elles attentivement ?
When she opens her mouth, do her audiences listen carefully?

Ont-ils envie de déménager dans la ville voisine ?
Do they intend to move to the neighboring town?

Est-ce là l'ensemble de ses œuvres ?
Is this the sum total of his works?

Aurait-il dû tenter de réconcilier le père et le fils ?
Was he wrong in trying to reconcile father and son?

La directrice était-elle vraiment fâchée ?
Was the director really angry?

Que ferez-vous pendant cette longue fin de semaine ?
What will you do over the long weekend?

EXPRESSIONS

■ **Affaires courantes** • *Everyday matters*
Même si elle est malade, elle peut encore s'occuper des affaires courantes du bureau.
• *Even if she is sick, she still can cope with everyday office matters.*

■ **À l'air libre** • *In the fresh air*
Il n'y a rien de meilleur pour la santé que de pratiquer des activités à l'air libre. • *There is nothing healthier than fresh air activity.*

■ **Avoir des antennes** • *To have a sixth sense*
Comment fait-il pour tout savoir avant tout le monde ? Il a certes des antennes. • *How does he know everything before anyone else? He certainly must have a sixth sense.*

■ **Être aux aguets** • *To be on the lookout (or watch)*
Certains épluchent toutes les circulaires ; ils sont aux aguets pour les soldes. • *Many people go through all the circulars; they're on the lookout for specials.*

■ **Être suspendu aux lèvres de qqn** • *To hang on s.o.'s words / to hang on every word*
Cet orateur est tellement convaincant que tout le monde est suspendu à ses lèvres. • *The speaker is so convincing that everybody hangs on his words.*

■ **Jeter l'ancre** • *To put down roots*
Ils sont tombés amoureux de la région à cause de ses forêts et ils y ont jeté l'ancre. • *They fell in love with the region for its forests and they put down roots in the area.*

■ **L'alpha et l'oméga** • *The beginning and the end*
Le manuscrit découvert récemment constitue l'alpha et l'oméga de son œuvre. • *The recently found manuscript is the beginning and the end of his work.*

■ **Mettre le doigt entre l'arbre et l'écorce** • *To meddle in other people's quarrels*
S'est-il mis le doigt entre l'arbre et l'écorce encore une fois ? • *Did he meddle in their quarrels once again?*

■ **Passer un savon à qqn** • *To haul s.o. over the coals*
Il s'est présenté en croyant être félicité, mais, au contraire, on lui a passé un savon. • *He wasn't congratulated; instead he was hauled over the coals.*

■ **Prendre ses aises** • *To take it easy*
Après une semaine de travail presque sans relâche, il fait bon prendre ses aises. • *After a week of continuous work, it is good to take it easy.*

AIDE-MÉMOIRE

Le portier du bar saura-t-il maintenir le calme ?
Can the doorman maintain order?

L'ordre de nettoyer le hall d'entrée a-t-il été suivi ?
Was the order to clean the entrance hall followed?

Son frère est-il meilleur qu'elle aux échecs ?
Is her brother better than she is at chess?

La partie s'est jouée rapidement, où en sommes-nous ?
That was a fast game, where are we at now?

Avez-vous eu des nouvelles d'elle, récemment ?
Have you heard from her lately?

Comment a-t-il été convaincu de changer d'idée ?
What made him change his mind?

Sur quelles bases les négociations ont-elle été entreprises ?
What was the situation as they began negotiations?

Quel genre de clientèle son roman vise-t-il ?
What kind of audience has she in mind for her book?

D'où vient cet appui inattendu du chef du parti municipal ?
How come the head of the civic party now supports us?

Qu'a-t-il fait à cette vieille dame infirme ?
What did he do to the disabled old lady?

EXPRESSIONS

■ **Armoire à glace** • *Built like a refrigerator*
Il lui a présenté son ami qui est une véritable armoire à glace. • *He introduced her to his friend who is built like a refrigerator.*

■ **Aussitôt dit, aussitôt fait** • *No sooner said than done*
On lui a demandé de préparer la salle pour la conférence : aussitôt dit, aussitôt fait ! • *We asked him to prepare the room for the conference: no sooner said than done!*

■ **Avoir barre sur qqn** • *To have a hold over s.o.*
Elle a barre sur lui : elle est beaucoup plus habile que lui. • *She has a hold over him: she is much more skillful than he is.*

■ **Balle de jeu** • *Match point*
Ce joueur de tennis ne doit pas rater ce service, car c'est une balle de jeu. • *The tennis player better not miss this service because it's match point.*

■ **Ça fait un bail** • *It's been ages*
Eh bien ! ça fait un bail que nous avons vu ces familles, autrefois nos voisins. • *Well! It's been ages since we saw these families who used to be our neighbors.*

■ **D'un coup de baguette** • *As if by magic*
D'un coup de baguette, il a transformé la vieille auto en une voiture de luxe. • *As if by magic, he transformed the old jalopy into a luxury car.*

■ **Être aux antipodes de** • *To be light-years away / to be poles apart*
Vous ne vous entendrez pas avec eux, car ils sont aux antipodes de vos idées. • *You will not get along with them because your ideas are light-years away from theirs.*

■ **Pour lecteur (ou public) averti seulement** • *For adult readers (or audiences) only*
Sur la couverture, il était inscrit : « Pour lecteur averti seulement ». • *The cover carried the warning: "For adult readers only".*

■ **Renvoyer l'ascenseur** • *To return a favor*
Nous leur avions rendu service l'an dernier et maintenant ils nous renvoient l'ascenseur. • *We did something for them last year and now they're returning the favor.*

■ **Se payer la tête de qqn** • *To make fun of / to poke fun at / to make sport of*
Ils ne sont pas gentils avec elle, car ils se paient sa tête tous les jours. • *They aren't kind to her, making fun of her everyday.*

AIDE-MÉMOIRE

Serons-nous très nombreux à la fête ?
Will there be a lot of people at the party?

Est-ce que j'arrive en retard ?
Am I late?

Avez-vous compris l'éminent économiste ?
Was the famous economist's response clear?

Est-il prêt à revenir au travail ?
Is he ready to come back to work?

A-t-elle bien conçu son projet de revue ?
Did she think through the magazine project thoroughly?

Comment la vieille tante vous a-t-elle accueillis ?
Did your old aunt give you a warm welcome?

Que devaient-ils faire de la ferme après avoir arrêté les terroristes ?
What were they to do with the farm after they arrested the terrorists?

Pensez-vous que sa réputation le suivra longtemps ?
Do you think his reputation will be a lasting one?

Pourquoi a-t-il acheté cette terre abandonnée ?
Why did he buy the old farm?

Comment leur relation a-t-elle commencé ?
How did their relationship start?

EXPRESSIONS

■ **Chacun avec (ou et) sa chacune / chacun sa chacune** • *Every Jack has his Jill*
Chacun avec sa chacune, et que la grande fête du quartier commence! • *Every Jack has his Jill, so let the neighborhood party begin!*

■ **Arriver (ou tomber) pile** • *To be right on cue*
Vous arrivez pile, un instant de plus et nous tombions dans le précipice. • *You're right on cue, a moment later and we would have fallen off the precipice.*

■ **C'est du chinois** • *It's all Greek*
Pour moi, comme pour plusieurs, la technologie informatique c'est du chinois. • *Computer technology is all Greek to me, as it is for lots of people.*

■ **C'est là que le bât blesse** • *That's where the shoe pinches*
Ne lui parlez pas de son enfance, c'est là que le bât blesse. • *Don't talk to him about his childhood, that's where the shoe pinches.*

■ **Château de cartes** • *House of cards*
Son entreprise est un château de cartes; elle risque de s'effondrer d'un jour à l'autre. • *His business is a house of cards; it is likely to collapse any time.*

■ **Face de carême** • *Long (or sad) face*
Comme d'habitude, il nous a accueillis avec sa face de carême. • *As usual, he greeted us with a long face.*

■ **Mettre (ou réduire) en cendres** • *To burn to the ground*
Les rebelles ont mis en cendres toutes les maisons du village. • *The rebels burned all the village houses to the ground.*

■ **Porter le chapeau** • *To carry the can*
Qu'il le veuille ou non, il a été trouvé coupable et il devra porter le chapeau. • *Whether he wants to or not, he was found guilty and he'll have to carry the can.*

■ **Pour une bouchée de pain** • *For a song*
Elle a travaillé pendant un mois pour une bouchée de pain. • *She worked a whole month for a song.*

■ **Taper dans l'œil à qqn** • *To strike one's fancy*
Il y avait beaucoup de monde, mais c'est elle qui m'a tapé dans l'œil. • *There were a lot of people there, but she's the one who struck my fancy.*

AIDE-MÉMOIRE

Pourquoi refuse-t-il de signer ta pétition ?
Why won't he sign your petition?

Le général va-t-il reconnaître sa responsabilité ?
Will the general be held accountable?

La direction syndicale savait-elle que la police attendait les grévistes ?
Did the union leaders know that the police was waiting for the strikers?

Le futur régime de soins à domicile n'est-il déjà pas très populaire ?
Isn't the home-care plan already very popular?

Était-elle fâchée du rejet de sa demande ?
Was she angry because her application had been rejected?

Comment expliquent-ils les mauvais résultats financiers ?
How do they explain the poor financial results?

Ton neveu ne va-t-il pas s'ennuyer pendant que nous serons à la pêche ?
Won't your nephew feel lonely while we're away fishing?

Comment a-t-elle réagi à cette information ?
How did she react to the news?

Quelle sorte de départ notre campagne de souscription a-t-elle connu ?
What kind of kickoff did our fund-raising campaign have?

Les administrateurs ont-ils accepté une responsabilité personnelle dans ce fiasco ?
Did the directors acknowledge some degree of responsibility for the fiasco?

EXPRESSIONS

◼ **Avoir une dent contre qqn • *To bear a grudge against s.o.***
Je ne lui ai rien fait, mais il a une dent contre moi depuis toujours. • *I never did him any harm, but he has always borne a grudge against me.*

◼ **Battre sa coulpe • *To take one's punishment like a man***
Maintenant qu'il se sait responsable de l'échec, il devrait battre sa coulpe. • *Now that he knows he is responsible for the failure, he should take his punishment like a man.*

◼ **En connaissance de cause • *With full knowledge of the facts***
Elle a décidé de continuer dans le mauvais sens en connaissance de cause. • *She decided to continue along the wrong way with full knowledge of the facts.*

◼ **Faire chorus • *To speak with one voice***
Les groupes de pression font chorus pour dénoncer la nouvelle politique sur l'habitation.
• *Pressure groups are protesting the new housing policy with one voice.*

◼ **Faire contre mauvaise fortune bon cœur • *To make the best of a bad job***
Ça ne rapportera pas beaucoup, mais il faut faire contre mauvaise fortune bon cœur.
• *It won't pay much, but we have to make the best of a bad job.*

◼ **Frais d'exploitation • *Operating costs***
Les frais d'exploitation de la compagnie sont très élevés : il sera difficile de faire des profits. • *The operating costs of the company are very high: it will be difficult to make a profit.*

◼ **Laisser en bonne compagnie • *To leave in good hands***
Je n'ai aucune crainte, nous avons laissé notre enfant en bonne compagnie. • *I have no fear, we left our child in good hands.*

◼ **Se tenir coi • *To stay quiet***
Il se tenait coi au fond de la salle ; on aurait dit qu'il cachait quelque chose. • *He stayed quiet at the far end of the room; it was as if he were hiding something.*

◼ **Sur les chapeaux de roues • *On two wheels***
Les chauffards ont tourné sur les chapeaux de roues au coin de la rue. • *The reckless drivers turned at the corner of the street on two wheels.*

◼ **Tout un chacun • *Each and everyone***
Il devrait y avoir des cadeaux pour tout un chacun à la grande fête de Noël. • *There should be gifts for each and everyone at the big Christmas celebration.*

AIDE-MÉMOIRE

Pensez-vous qu'il aura ce rôle important dans la pièce ?
Do you think he will have the lead role in the play?

Pourra-t-il défendre nos positions dans ce débat ?
Will he be able to defend our position in the debate?

Est-ce que le nouveau venu est bien accueilli par les gens ?
Is the newcomer well accepted by the crowd?

On la dit plutôt gourmande et pressée, qu'en pensez-vous ?
They say she's greedy and pressed for time, what do you think?

Ai-je eu raison de demander de l'aide à mon député ?
Was it a good idea to ask my MP for help?

Saura-t-elle s'adapter à la vie de notre cirque ambulant ?
Will she adapt to the life of our traveling circus?

Je demande son renvoi, pourquoi voulez-vous le garder ?
I demand he be fired, why do you want to keep him?

A-t-il une longue expérience de la navigation sur le fleuve ?
Has he had much experience sailing on the river?

Qu'a répondu la ministre à cette demande de dix millions ?
How did the minister respond to this request for ten million dollars?

Combien de temps a duré le téléthon ?
How long did the telethon last?

EXPRESSIONS

■ **Avoir la tête** (ou le physique) **de l'emploi** • *To look the part*
Dans cette pièce où il joue un roi, ce comédien a la tête de l'emploi. • *The actor plays the role of a king and he looks the part.*

■ **Avoir l'esprit d'à-propos** • *To be quick off the mark*
Prenez-la dans votre équipe de travail, elle a vraiment l'esprit d'à-propos. • *Take her on your working team, she is really quick off the mark.*

■ **Briller en société** • *To be a social success*
En plus de bien chanter, cette vedette brille en société. • *This star not only knows how to sing, she's a social success.*

■ **Croqueuse de diamants** • *Gold digger*
À votre place, je ne me lierais pas d'amitié avec elle, car c'est une croqueuse de diamants. • *If I were you, I wouldn't make friend's with her. She's a gold digger.*

■ **Empêcheur de danser en rond** • *Dog in the manger*
C'est un empêcheur de danser en rond, il n'a jamais voulu nous aider. • *He is a dog in the manger, he never wanted to help us.*

■ **Enfant de la balle** • *Born into the theater*
Enfant de la balle, il n'a connu que les tournées d'une ville à l'autre. • *Born into the theater, he toured from town to town.*

■ **L'erreur est humaine** • *To err is human*
Il a raté le signal de départ mais, comme on dit, l'erreur est humaine. • *He missed the starting signal but, as they say, to err is human.*

■ **Marin d'eau douce** • *Sunday sailor*
Il n'a jamais traversé l'océan en paquebot, c'est un marin d'eau douce. • *He never crossed the ocean on a liner, he is a Sunday sailor.*

■ **Remettre les pendules à l'heure** • *To set things clear (or straight)*
Le premier ministre a remis les pendules à l'heure au sujet des subventions aux industries. • *The prime minister set things clear concerning subsidies to industries.*

■ **Sans dételer** • *Non-stop*
Les jeunes ont dansé sans dételer pendant toute la nuit pour une bonne cause. • *The young people danced non-stop all night for a worthy cause.*

AIDE-MÉMOIRE

Comment t'es-tu senti quand tu as vu ton fils suspendu au-dessus de la falaise ?
How did you feel when you saw your son hanging from the cliff?

Les règlements municipaux étant plus stricts, que font les sans-abri ?
With stricter municipal by-laws, what will the homeless do?

Nous accordera-t-elle une autre entrevue sur sa mésaventure ?
Will she give us another interview about her mishap?

Que résultera-t-il de ces compressions budgétaires dans la recherche scientifique ?
How will the budget cuts affect scientific research?

Êtes-vous sûr que vous voulez le recommander comme conciliateur ?
Are you sure you want him as a mediator?

Devrais-je suivre les conseils de mon courtier en valeurs ?
Should I follow my broker's advice?

Comment vous sentez-vous aujourd'hui ?
How do you feel today?

Font-ils souvent ce trajet entre les deux villes ?
Do they often travel between the two cities?

Qu'ont-ils fait du personnel des autres ambassades ?
What happened to the staff of the other embassies?

C'est tout un revers qu'il a subi, que fait-il depuis ?
That was quite a setback for him, what's he doing now?

EXPRESSIONS

■ **Avoir le cœur dans un étau** • *To feel a pang of anguish*
En attendant la réponse du médecin sur sa maladie, elle a le cœur dans un étau. •
She feels a pang of anguish while awaiting the doctor's answer regarding her illness.

■ **Crier famine** • *To plead poverty*
Les habitants sont pauvres et ils crient famine auprès du conseil municipal. •
The inhabitants are poor and they pled poverty at the town council.

■ **Enfoncer** (ou *remuer,* ou *retourner) le couteau* (ou *le fer) dans la plaie* • *To rub salt into s.o.'s wounds*
Les rappels de l'accident lui enfoncent le couteau dans la plaie. • *Reminders of her accident rub salt into the wounds.*

■ **Exode des cerveaux** • *Brain drain*
L'exode des cerveaux en médecine se poursuivra si le gouvernement ne change pas ses lois.
• *The medical brain drain will continue if the government does not change its laws.*

■ **Fauteur de troubles** • *Trouble-maker*
N'embauchez pas ce jeune homme, car c'est un véritable fauteur de troubles. •
Don't hire this young man because he truly is a trouble-maker.

■ **Fine mouche** • *Sharp customer*
Par contre, vous pouvez vous en remettre à cette dame qui est une fine mouche. •
On the other hand, you'll do better with this woman who is a sharp customer.

■ **Frais et dispos** • *Fresh as a daisy*
Je me suis bien reposé et je suis frais et dispos pour une semaine de travail. • *I had a good rest and I can start the week's work as fresh as a daisy.*

■ **Jour après (ou par) jour** • *Day in, day out / day after day*
Jour après jour, ils se rendent au cimetière pour saluer leurs parents décédés. •
Day in, day out, they go to the cemetery to pay their respects to their dead parents.

■ **Placer en garde à vue** • *To put in police custody*
Le présumé agresseur a été mis en garde à vue dès son arrestation. • *The alleged assailant was put in police custody as soon as he was arrested.*

■ **Vivre d'expédients** • *To live by one's wits*
Il a perdu son emploi il y a deux mois et il vit maintenant d'expédients. • *He lost his job two months ago and he now lives by his wits.*

AIDE-MÉMOIRE

Est-ce qu'il fait un travail remarquable ?
Does he do good work?

Les syndiqués acceptent-ils la nouvelle politique salariale ?
Have the union members accepted the new wage policy?

La lecture du testament a-t-elle calmé les héritiers ?
Did the reading of the will bring the heirs a sense of calm?

Le professeur a-t-il critiqué votre recherche sur l'art ancien ?
Did the professor critique your paper on ancient art?

A-t-elle suspendu sa décision ?
Did she put her decision on hold?

As-tu pu exprimer ton opinion lors du débat télévisé ?
Were you able to speak your mind at the televised debate?

Quel bilan faites-vous de vos premiers mois d'activité ?
What did you accomplish in the first few months of activity?

Alors, c'est pour quand le grand départ pour vos vacances ?
So, when are you leaving for your vacation?

Prévoyez-vous faire face à des obstacles ?
Do you expect to run into hurdles?

Le dernier sondage montre une remontée de notre option, c'est gagné,
non ?
The last opinion poll showed us gaining ground. We're winning, aren't we?

EXPRESSIONS

■ **Dans son genre** • *In one's own way*
Dans son genre, c'est un artiste important sur la scène régionale. • *In his own way, he's an important regional artist.*

■ **Déterrer la hache de guerre** • *To be on the warpath*
Les contribuables ont déterré la hache de guerre quand le maire a voulu augmenter le salaire des édiles. • *Taxpayers were on the warpath when the mayor tried to raise the councillors' salaries.*

■ **Enterrer la hache de guerre** • *To bury the hatchet*
Mais ils ont enterré la hache de guerre depuis que le maire a changé d'idée. • *But they buried the hatchet when the mayor changed his mind.*

■ **Hacher menu comme chair à pâté** • *To make mincemeat out of s.o.*
C'était ahurissant : toute la famille hachée menu comme chair à pâté par les soldats. • *The sight was appalling: the soldiers had made mincemeat out of the whole family.*

■ **Jusqu'à plus ample informé** • *Pending further information*
Retenez votre souffle et, avant d'agir, attendez jusqu'à plus ample informé. • *Pending further information, hold your breath and wait before taking action.*

■ **Placer un mot** • *To get a word in edgeways (or in edgewise)*
Les voisins ont tellement parlé que je n'ai pas pu placer un mot de la soirée. • *Neighbors talked so much that I couldn't get a word in edgeways all night.*

■ **Planter (ou poser) des jalons** • *To clear the way / to prepare the ground*
Ils ont planté des jalons ; à vous de vous engager maintenant ! • *They cleared the way; now it's your turn to get involved!*

■ **Remettre à huitaine** • *To postpone for a week*
Remettons à huitaine l'étude de ce dossier fort complexe. • *Let's postpone the study of this very complex case for a week.*

■ **Rien à l'horizon** • *Nothing in sight (or in view)*
Rien à l'horizon, on peut donc partir sans crainte de frapper quelqu'un. • *Nothing in sight, so we need not fear hitting anyone.*

■ **Une hirondelle ne fait pas le printemps** • *One swallow doesn't make a summer*
Le beau temps n'est pas revenu pour de bon, car une hirondelle ne fait pas le printemps. • *The good weather hasn't quite arrived, for one swallow doesn't make a summer.*

AIDE-MÉMOIRE

Le plan de réfection est-il bien accueilli par la communauté d'affaires ?
Is the plan to renovate welcomed by the business community?

Est-ce bien sur la plage que se tiendra la danse ?
Is the dance to be held on the beach?

Pourrai-je m'expliquer lors de l'assemblée des locataires ?
Will I be able to speak at the tenants' meeting?

Vos revendications auprès de la propriétaire ont-elles abouti ?
Did the landlady grant your requests?

Que vous inspire ce chaud soleil de mai ?
It's a nice, warm sunny May day. What do you feel like doing?

La fête nationale est-elle populaire chez vous ?
Is your national holiday a popular celebration?

Que cherche-t-il pour sa grande murale ?
What does he need for his large mural?

A-t-il tout raconté à sa femme ?
Did he tell his wife everything?

Ta demande a-t-elle porté fruit ?
Did your request produce any results?

Avez-vous eu peur lorsque l'ouragan a touché le littoral ?
Were you scared when the hurricane hit the coast?

EXPRESSIONS

■ **Applaudir des deux mains** • *To welcome sthg heartily*
La foule a applaudi des deux mains l'arrivée du prince et de ses trois enfants. • *The crowd heartily welcomed the arrival of the prince and his three children.*

■ **Avoir lieu** • *To take place*
Le spectacle regroupant trente orchestres aura lieu dans le nouveau stade. • *The show features thirty orchestras and will take place in the new stadium.*

■ **Avoir son mot à dire** • *To have one's say*
Tout le monde a son mot à dire dans cette affaire, alors écoutez-la, elle aussi. • *Everybody will have their say in the matter, so listen to her as well.*

■ **Baisser pavillon** • *To back down*
Malgré une lutte acharnée, ils ont quand même dû baisser pavillon. • *Despite a relentless struggle, they were forced to back down.*

■ **Faire le lézard** • *To bask in the sun*
Il faisait beau et chaud ; il a donc quitté le bureau pour faire le lézard. • *It was beautiful and warm; so he left the office to bask in the sun.*

■ **Marée humaine** • *Flood of people*
Une marée humaine envahit les rues de la ville lors du défilé du père Noël. • *The streets of the city are overrun with a flood of people during the Santa Claus parade.*

■ **Mur aveugle** • *Blank (or windowless) wall*
À cause des démolitions d'édifices, le centre-ville est plein de murs aveugles. • *Because of building demolition, the downtown area is full of blank walls.*

■ **Pieux mensonge** • *White lie*
Pour lui, ce n'était pas important, c'était juste un pieux mensonge. • *It didn't seem important to him, just a little white lie.*

■ **Rester lettre morte** • *To go unheeded / to be disregarded*
Nos nombreuses demandes d'aide aux autorités sont restées lettre morte. • *Our numerous demands to the authorities for help went unheeded.*

■ **Trembler de tous ses membres** • *To be shaking (or trembling) all over*
Quand l'ours est apparu soudain, elle s'est mise à trembler de tous ses membres. • *She was shaking all over when the bear suddenly appeared.*

AIDE-MÉMOIRE

Demeure-t-elle chez eux depuis très longtemps ?
Has she been living at their house for a very long time?

Y a-t-il beaucoup de moustiques dans la forêt ?
Are there a lot of mosquitoes in the forest?

Ce plombier pourrait-il nous rendre service encore ?
Could this plumber still be useful to us?

La croyez-vous capable d'avoir caché ces documents confidentiels ?
Do you believe she was capable of hiding those secret documents?

Vit-il bien même s'il se promène en guenilles ?
Does he live well despite dressing in rags?

Est-ce une personne foncièrement méchante ?
Is she basically a nasty person?

Avez-vous puni votre enfant pour son incartade ?
Did you punish your child for his prank?

Pourriez-vous me faire une évaluation de cette nouvelle technique dont on parle tant?
Can you evaluate this much-talked-about new technique?

Acceptera-t-il facilement mes explications au sujet de mon retard ?
Will he readily accept my explanation about why I was late?

Quand il vous dit qu'il n'a rien fait, le croyez-vous ?
Do you believe him when he says he did nothing?

EXPRESSIONS

■ **Abuser de l'hospitalité de qqn** • *To wear out one's welcome*
Ils sont assez gentils pour vous dépanner, mais il ne faudrait pas abuser de leur hospitalité. • *They are kind enough to help you out, but you mustn't wear out their welcome.*

■ **À ce jour / jusqu'à présent** • *To date*
À ce jour, nous n'avons pas encore vu d'ours prendre le traversier pour l'île. • *To date, we have not seen a bear take the ferry to the island.*

■ **Avoir fait son temps** • *To be (the) worse for wear*
Je crois que notre vieille voiture a fait son temps; nous devrions en acheter une autre. • *I think our old car is the worse for wear; we should get a new one.*

■ **Être le bouc émissaire de** • *To be the scapegoat of*
Il a été le bouc émissaire de cette fraude, bien qu'il n'ait jamais pris part à leurs activités. • *He was made the scapegoat of this fraud though he took no part in their activities.*

■ **Être plein aux as** • *To have pots of money / to be filthy rich*
Cet homme d'affaires est plein aux as, mais il ne vient en aide à aucune association charitable. • *This businessman has pots of money, but he doesn't contribute to charity.*

■ **Par esprit de contradiction** • *To cut off one's nose to spite one's face*
Ne vous arrêtez pas à ses bouderies, il fait cela par esprit de contradiction. • *Ignore his sulking, he is just cutting off his nose to spite his face.*

■ **Fermer les yeux sur qqch.** • *To turn a blind eye to sthg*
Avant aujourd'hui, il n'avait rien fait de grave, alors vous devriez fermer les yeux sur cette erreur. • *He has done nothing wrong up to now, so you should turn a blind eye to this mistake.*

■ **Juger sur pièces** • *Proof of the pudding is in the eating*
Vous me demandez mon opinion; qu'on m'apporte des preuves et nous jugerons sur pièces. *You want my opinion; let's see the evidence first: the proof of the pudding is in the eating.*

■ **Malin comme un singe** • *Sharp as a tack*
Vous aurez beaucoup de difficulté à le tromper, car il est malin comme un singe. • *It will be hard for you to fool him, for he's as sharp as a tack.*

■ **Un tissu de mensonges** • *A pack of lies*
Tout ce qu'il a raconté depuis le début du procès est un tissu de mensonges. • *Everything he said from the beginning of the trial was a pack of lies.*

AIDE-MÉMOIRE

Ont-ils l'intention de les laisser travailler tout seuls ?
Do they plan to let them work on their own?

Ça fait des années qu'elle travaille à son chalet, a-t-elle bientôt fini ?
She has been working on her cottage for years, has she finished it yet?

Nous allons nous payer un bon repas ; comment aimez-vous vos côtelettes d'agneau ?
We will have a good meal; how do you like your lamb chops?

Vos trois petits enfants dorment-ils dans la tente ?
Are your three children sleeping in the tent?

Depuis combien de temps ont-ils entrepris la construction de cette maison ?
When did they start building their house?

Est-il bien choyé dans la classe ?
Does he get along well in class?

Avez-vous un moyen de transport pour vous rendre à la réunion ?
Do you have some means of transport to get to the meeting?

D'habitude se range-t-elle derrière le Conseil dans ses décisions ?
Does she usually stand by the council's in its decisions?

Le gouvernement a-t-il décidé de faire obstacle à la signature de l'entente ?
Did the government decide to raise objections to the signing of the agreement?

Avons-nous une grande tâche à terminer avant vendredi ?
Do we have a big job to finish before Friday?

EXPRESSIONS

■ **Avoir (ou tenir) qqn à l'œil** • *To keep tabs on s.o.*
Depuis que le premier ministre a été réélu, les électeurs l'ont à l'œil. • *Ever since the prime minister was reelected, the voters have been keeping tabs on him.*

■ **Boucler la boucle** • *To come full circle*
Avec le dernier roman de sa belle trilogie historique, l'auteur boucle la boucle. • *With the last novel of his fine historical trilogy, the author has come full circle.*

■ **Cuit à point** • *Done to a turn*
J'aime la viande de bœuf, mais il faut qu'elle soit cuite à point. • *I like beef, but it has to be done to a turn.*

■ **Entendre une mouche voler** • *To hear a pin drop*
La nuit était tellement silencieuse que nous pouvions entendre une mouche voler. • *The night was so quiet that we could hear a pin drop.*

■ **Être à bout** • *To be worn to a frazzle*
Vous êtes à bout ; vous devriez prendre quelques jours de vacances. • *You are worn to a frazzle; you should take a few days off.*

■ **Être le souffre-douleur de** • *To be the whipping boy of*
Comme il est très timide, il est le souffre-douleur du groupe. • *Since he is very shy, he is the group's whipping boy.*

■ **Faire de l'auto-stop / faire du pouce** ❖ • *To thumb a ride*
Pendant nos vacances estivales, nous allons faire du pouce pour nous rendre à destination. • *During our summer holidays, we will be thumbing a ride to our destination.*

■ **Faire des histoires** • *To make a song and dance about sthg*
Il a fait des histoires à propos du spectacle qui se déroulait devant chez lui. • *He made a song and dance about the show going on in front of his house.*

■ **Jeter un pavé dans la mare** • *To put the cat among the pigeons* Br / *to set the cat among the pigeons*
Nous pensions avoir réglé le problème, mais voilà qu'ils ont jeté un pavé dans la mare. • *We thought we had settled the problem, but they put the cat among the pigeons.*

■ **Mettre sur la glace** • *To put in cold storage*
Ce projet d'automobile à dix roues n'est pas au point ; mettons-le sur la glace pour le moment. • *The ten-wheel car project is not ready yet; let's put it in cold storage for the time being.*

AIDE-MÉMOIRE

Sont-ils ouverts à une proposition de compromis ?
Are they open to a compromise proposal?

A-t-elle envie de s'engager dans un nouveau projet ?
Does she feel like starting a new project?

Vous a-t-il raconté les circonstances de son accident ?
Did he tell you about circumstances of his accident?

Ce journal a-t-il publié une vraie nouvelle au sujet d'une bombe retrouvée
dans un champ ?
*Did the newspaper publish a true story about a bomb being found in a
field?*

Est-ce qu'un beau gâteau au chocolat vous dirait quelque chose ?
Would you care for a nice piece of chocolate cake?

Est-ce que cette négociation touche à sa fin ?
Are the negotiations almost finished?

Comment peut-il se permettre de prendre sa retraite si jeune ?
How can he retire at such a young age?

A-t-elle déniché de vraies aubaines au marché aux puces ?
Did she find real bargains at the flea market?

T'a-t-elle remercié pour le bon repas que tu lui avais préparé ?
Did she thank you for the good meal you prepared for her?

Que fait votre grand-père qui demeure près de la mer ?
What's your grandfather who lives near the sea doing?

EXPRESSIONS

■ **En bloc** • *Lock, stock and barrel*
Les citoyens du quartier ont rejeté en bloc les propositions du conseil municipal. • *The citizens rejected all the municipal council's proposals, lock, stock and barrel.*

■ **Être au creux de la vague** • *To strike a bad patch*
Ne lui demandez pas de vous aider, il est au creux de la vague présentement. • *Don't ask him for help, he's struck a bad patch these days.*

■ **Faire dresser les cheveux sur la tête** • *To make s.o.'s hair stand on end*
Le seul récit de ce meurtre crapuleux nous a fait dresser les cheveux sur la tête. • *The mere account of this awful murder made our hair stand on end.*

■ **N'avoir ni queue ni tête** • *To make no sense*
Ses excuses pour ne pas avoir fait le travail n'ont ni queue ni tête. • *His excuses for not completing the work make no sense.*

■ **Se lécher les babines (ou les doigts)** • *To lick one's chops*
Les pauvres enfants se léchaient les babines à la vue des saucissons dans la vitrine. • *The poor children were licking their chops when they saw the sausages in the shop window.*

■ **Se le tenir pour dit** • *To mark one's words*
Tenez-vous le pour dit, cette série de championnat n'est pas encore terminée. • *Mark my words, this championship series isn't over yet.*

■ **Se remplir les poches** • *To laugh all the way to the bank / to make a killing*
Il s'est rempli les poches avec une invention dont tout le monde a ri au début. • *No one believed in his invention, and now he's laughing all the way to the bank.*

■ **Trois fois rien** • *Next to nothing*
Son nouveau couteau à trente lames vaut trois fois rien. • *His new 30-blade knife is worth next to nothing.*

■ **Tomber tout cuit dans le bec** • *To fall into one's lap*
Certains sont tellement paresseux qu'ils attendent que tout leur tombe tout cuit dans le bec. • *Some people are so lazy that they wait for everything to fall into their laps.*

■ **Un vieux loup de mer** • *An old sea dog*
J'aime l'écouter parler de la pêche au requin, car c'est un vieux loup de mer. • *I like listening to him talk about shark fishing because he's an old sea dog.*

AIDE-MÉMOIRE

Est-ce que beaucoup de gens partagent ses opinions ?
Do many people share his opinions?

Est-ce que ses parents l'ont beaucoup aidé jusqu'à maintenant ?
Did his parents help him much up to now?

Avez-vous un moyen privilégié de communiquer avec quelqu'un ?
Do you have a preferred way of getting in touch with someone?

La naissance de cette nouvelle ligue de hockey, est-ce pour bientôt ?
Will the new hockey league start up soon?

Est-ce que votre travail est facile dans cet atelier ?
Is your work easy in this shop?

Comment a-t-elle rencontré celui qui allait devenir son mari ?
How did she meet the man who became her husband?

Les manifestants ont-ils fait des dommages ?
Did the protestors cause a lot of damage?

Va-t-il se joindre à vous pour vos vacances ?
Will he join you for the holidays?

Est-ce une personne docile ?
Is he an obedient person?

Allez-vous permettre aux employés de prendre une pause ?
Will you allow the employees to take a break?

EXPRESSIONS

■ **Aller à contre-courant de** • *To go against the grain*
Cette *façon* de faire des affaires va à contre-courant de la tendance d'aujourd'hui. • *This way of doing business goes against the grain of today's practices.*

■ **Chercher le filon** • *To get on the gravy train*
Elle ne veut pas rester pauvre toute sa vie et elle cherche le filon. • *She doesn't want to stay poor all her life, so she's getting on the gravy train.*

■ **Donner un coup de fil à qqn** • *To give s.o. a ring*
Il y a longtemps que j'ai parlé à cet ami, je crois que je vais lui donner un coup de fil. • *It's been a long time since I talked to him, I think I'll give my friend a ring.*

■ **En temps utile** (ou voulu) • *In due course (or season, or time)*
Vous êtes un peu trop pressé de connaître les résultats, nous vous les donnerons en temps utile. • *You are a bit too eager to know the results, we'll give them to you in due course.*

■ **Faire le gendarme** • *To crack the whip*
Dans sa classe, où il y a beaucoup d'étudiants agités, il fait le gendarme. • *There are many unruly students in his class and he cracks the whip.*

■ **Faire les yeux doux** • *To give s.o. the glad eye*
Il était assis dans le parc et fit les yeux doux à une jeune fille qui est passée par là • *He was sitting in the park and he gave the glad eye to a passing girl.*

■ **Garder son calme** • *To keep a stiff upper lip*
Malgré toutes les injures qu'on lui adressait, elle a gardé son calme. • *In spite of all the insults she received, she kept a stiff upper lip.*

■ **Manquer** (ou rater) **le coche** • *To miss the boat (or the bus)*
Il a tellement hésité à accepter la proposition qu'il a raté le coche. • *It took him so long to accept the proposition that he missed the boat.*

■ **Mener qqn par le bout du nez** • *To lead s.o. by the nose*
Elle le mène par le bout du nez depuis les premiers jours de leur mariage. • *She has been leading him by the nose since the first days of their marriage.*

■ **Pour le moment / pour l'heure** • *For the time being*
Pour le moment, il n'est pas question de construire un nouveau pont entre les deux villes. • *For the time being, there is no question of building a new bridge between the two cities.*

269

AIDE-MÉMOIRE

Vous attendiez-vous à ce genre de résultats lors de l'élection ?
Were these the election results you expected?

Elle m'a l'air d'être en difficulté, devrais-je l'aider ?
She seems to be in trouble, should I help her?

Est-ce qu'elle a tenu compte de tes remarques ?
Did she take your observations into account?

A-t-il réussi à gagner d'autres gens à sa cause ?
Did he succeed in winning more people to his cause?

A-t-il fini par expliquer son geste ?
Did he finally explain his gesture?

Comment la nouvelle a-t-elle été reçue dans la population ?
How was the news received by the populace?

Lui reconnaissez-vous des qualités, au moins ?
Do you at least recognize she is not without some qualities?

Croyez-vous qu'il soit nécessaire de créer un comité de sélection ?
Is it necessary to create a selection committee?

Y a-t-il encore beaucoup de fêtes de famille dans votre village ?
Are there still a lot of family gatherings in your village?

Est-il facile de construire un chalet dans ce coin du lac?
Is it easy to build a cottage on this part of the lake?

EXPRESSIONS

■ **Candidat surprise** • *Dark horse*
Le président ne se représente pas, c'est un candidat surprise qui défendra le parti. • *The president is not running again, a dark horse will represent the party.*

■ **Couler (ou filer) entre les doigts** • *To burn a hole in one's pocket*
Ne lui prêtez pas un cent, l'argent lui coule entre les doigts. • *Don't lend him a cent, money burns a hole in his pocket.*

■ **Être (ou rester, ou se tenir) aux écoutes** • *To keep an ear to the ground*
Ce directeur est aux écoutes avant de mettre de nouvelles politiques en place. • *The director keeps an ear to the ground before implementing new policies.*

■ **Être pris à son propre piège** • *To be hoist with one's own petard*
Il a voulu passer par-dessus le Conseil, et maintenant il est pris à son propre piège. • *He wanted to go over the council, and now he is hoist by his own petard.*

■ **Faire amende honorable** • *To eat humble pie*
Il a dû faire amende honorable pour ses propos envers les nouveaux arrivants. • *He had to eat humble pie after his remarks about the newcomers.*

■ **Faire l'effet d'une bombe** • *To be a bombshell*
La démission de ce politicien fort populaire a fait l'effet d'une bombe. • *The resignation of this very popular politician was a bombshell.*

■ **Rendre à César ce qui appartient à César** • *To give the devil his due*
Il n'est pas sympathique, mais il travaille beaucoup : rendez à César ce qui appartient à César ! • *He's not very likeable, but he works hard: give the devil his due!*

■ **Le dessus du panier** • *The cream of the crop*
Les étudiants qui nous arrivent de ce collège sont le dessus du panier. • *The students we get from this college are the cream of the crop.*

■ **Se faire rare** • *To be few and far between*
Les mariages durables se font rares de nos jours. • *Lasting marriages are few and far between nowadays.*

■ **Se mettre de la partie** • *To chip in*
Dès qu'on a appelé, tout le monde s'est mis de la partie pour nous aider. • *As soon as we asked for help, everybody decided to chip in.*

INDEX

EXPRESSIONS FRANÇAISES

AS *n. m.*
être plein aux as, 263
ASCENSEUR *n. m.*
renvoyer l'ascenseur, 249
ASSASSIN *n. m.*
crier à l'assassin, 177
ASSAUT *n. m.*
prendre d'assaut, 215
ASSIETTE *n. f.*
ne pas être dans son
assiette, 107
ATOUT *n. m.*
avoir un atout dans sa
manche, 181
ATTAQUE *n. f.*
être d'attaque, 163
se sentir d'attaque, 163
ATTENTION *n. f.*
porter son attention sur
qqch., 15
AUBERGE *n. f.*
ne pas être sorti de
l'auberge, 71
AUSSITÔT *adv.*
aussitôt dit, aussitôt fait, 249
AUTEUR *n. m.*
auteur à succès, 201
AUTO-STOP *n. m.*
faire de l'auto-stop, 265
AVOCAT *n. m.*
se faire l'avocat du diable, 133

B

BABINES *n. f. pl.*
se lécher les babines, 267
BAGAGE *n. m.*
plier bagage, 17
BAGUETTE *n. f.*
mener à la baguette, 131
BAIL *n. m.*
ça fait un bail, 249
BAIN *n. m.*
bain de jouvence, 125
prendre un bain de foule, 133
BALANCE *n. f.*
faire pencher la balance, 69
BALEINE *n. f.*
rire comme une baleine, 31

se tordre comme une
baleine, 31
BALLE *n. f.*
balle de jeu, 249,
renvoyer la balle, 37
saisir la balle au bond, 19
BAN *n. m.*
appeler le ban et l'arrière-
ban, 229
convoquer le ban et l'arrière-
ban, 229
BAPTÊME *n. m.*
baptême de l'air, 101
BARABBAS (BARRABAS) *n. pr.*
connu comme Barabbas
(Barrabas) dans la Passion, 103
BARBE *n. f.*
barbe d'un jour, 225
rire dans sa barbe, 27
BARQUE *n. f.*
mener sa barque, 195
BARRE *n. f.*
avoir barre sur qqn, 249
BÂT *n. m.*
c'est là que le bât blesse, 251
BÂTON *n. m.*
bâton de vieillesse, 111
mettre des bâtons dans les
roues, 69
parler à bâtons rompus, 83
BATTERIE *n. f.*
dresser ses batteries, 61
BAVETTE *n. f.*
tailler une bavette, 77
BEAUTÉ *n. f.*
être en beauté, 145
BEC *n. m.*
clouer le bec à qqn, 65
rester le bec dans l'eau, 95
se défendre bec et ongles, 209
tomber tout cuit dans le
bec, 267
BÉGUIN *n. m.*
avoir le béguin pour qqn, 187
BÉNI-OUI-OUI *n. m.*
être un béni-oui-oui, 75
BERCAIL *n. m.*
rentrer au bercail, 135
revenir au bercail, 135

BESOGNE *n. f.*
abattre de la besogne, 61
BÊTE *n. f.*
bête noire, 47
chercher la petite bête, 71
BEURRE *n. m.*
bon comme du beurre, 13
faire son beurre, 115
il n'y en a pas plus que de
beurre en branche, 237
mettre du beurre dans les
épinards, 129
promettre plus de beurre que de
pain, 241
vouloir le beurre et l'argent du
beurre, 77
BIEN *n. m.*
avoir des biens au soleil, 95
en tout bien, tout honneur, 155
BIEN *adv.*
tant bien que mal, 117
BILLARD *n. m.*
monter sur le billard, 105
BILLET *n. m.*
billet de faveur, 79
prendre un billet de
parterre, 133
ramasser un billet de
parterre, 133
BLANC *n. m.*
aller du blanc au noir, 69
chauffer à blanc, 149
regarder dans le blanc des
yeux, 87
saigner qqn à blanc, 21
BLASON *n. m.*
redorer son blason, 31
BLÉ *n. m.*
être fauché comme les blés, 45
manger son blé en herbe, 49
BLOC *n. m.*
en bloc, 267
gonflé à bloc, 59
BŒUF *n. m.*
avoir un bœuf sur la
langue, 187
BOIS *n. m.*
faire voir de quel bois qqn se
chauffe, 199

toucher du bois, 151
BOISSEAU *n. m.*
sous le boisseau, 89
BOÎTE *n. f.*
boîte de nuit, 217
mettre qqn en boîte, 31
BOL *n. m.*
en avoir ras le bol, 31
se noyer dans un bol d'eau, 121
BON *n. m.*
bon à tirer, 139
BON *adj.*
tenir bon, 153
BOND *n. m.*
faire faux bond, 93
BONHEUR *n. m.*
au petit bonheur, 41
BONHOMME *n. m.*
aller son petit bonhomme de
chemin, 239
continuer son petit bonhomme
de chemin, 239
BONJOUR *n. m.*
facile comme bonjour, 231
simple comme bonjour, 231
BONNET *n. m.*
c'est bonnet blanc et blanc
bonnet, 103
opiner du bonnet, 155
triste comme un bonnet de
nuit, 155
BORNE *n. f.*
dépasser les bornes, 145
BOSSE *n. f.*
avoir la bosse de, 61
rouler sa bosse, 97
BOUC *n. m.*
être le bouc émissaire de, 263
BOUCHE *n. f.*
de bouche à oreille, 141
faire la fine bouche, 73
rester bouche cousue, 13
BOUCHÉE *n. f.*
mettre les bouchées doubles, 17
ne faire qu'une bouchée de
qqch., 201
pour une bouchée de pain, 251
BOUCLE *n. f.*
boucler la boucle, 265

BOUE *n. f.*
traîner dans la boue, 25
BOUGEOTTE *n. f.*
avoir la bougeotte, 163
BOUILLIE *n. f.*
c'est de la bouillie pour les
chats, 141
BOULE *n. f.*
faire boule de neige, 245
BOULET *n. m.*
traîner un boulet, 155
BOURDON *n. m.*
avoir le bourdon, 43
BOURREAU *n. m.*
bourreau de travail, 187
BOURSE *n. f.*
sans bourse délier, 15
BOUT *n. m.*
approuver du bout des
lèvres, 221
à tout bout de champ, 91
au bout de son rouleau, 73
être à bout, 265
joindre les deux bouts, 13
manger du bout des dents, 67
mener qqn par le bout du
nez, 269
sur le bout de la langue, 143
BOUTE-EN-TRAIN *n. m. inv.*
être le boute-en-train de la
soirée, 169
BOUTEILLE *n. f.*
la bouteille à l'encre, 203
BOUTIQUE *n. f.*
fermer boutique, 23
BRANCARD *n. m.*
ruer dans les brancards, 57
BRAS *n. m.*
avoir le bras long, 53
bras dessus, bras dessous, 53
couper bras et jambes à, 49
être le bras droit de qqn, 205
lever les bras au ciel, 155
BREDOUILLE *adj.*
rentrer bredouille, 21
revenir bredouille, 21
BRIDE *n. f.*
à bride abattue, 187
à toute(s) bride(s), 187

BRIN *n. m.*
faire un brin de toilette, 169
BRISÉES *n. f. pl.*
aller sur les brisées de qqn, 115
marcher sur les brisées de
qqn, 115
BRUIT *n. m.*
le bruit court, 191
BÛCHE *n. f.*
rester comme une bûche, 187
BUDGET *n. m.*
boucler son budget, 13
BUFFET *n. m.*
danser devant le buffet, 103
BULLETIN *n. m.*
avaler son bulletin de
naissance, 199
BUT *n. m.*
de but en blanc, 21

C

CACHET *n. m.*
courir le cachet, 229
CADAVRE *n. m.*
sentir le cadavre, 167
CAFARD *n. m.*
avoir le cafard, 43
CAFÉ *n. m.*
café soluble, 195
CAILLE *n. f.*
chaud comme une caille, 189
CALICE *n. m.*
boire le calice jusqu'à la lie, 141
CALME *n. m.*
garder son calme, 269
CALUMET *n. m.*
fumer le calumet de paix, 119
CAMP *n. m.*
lever le camp, 79
CAMPAGNE *n. f.*
battre la campagne, 125
CANDIDAT *n. m.*
candidat surprise, 271
CANTONADE *n. f.*
à la cantonade, 123
CAP *n. m.*
dépasser le cap, 25
doubler le cap, 25

CONSOLATION *n. f.*
être une maigre consolation, 35
CONTE *n. m.*
véritable conte de fées, 169
CONTRE-COURANT *n. m.*
aller à contre-courant de, 269
COQ *n. m.*
passer du coq à l'âne, 105
vivre comme coq en pâte, 77
COQUELUCHE *n. f.*
être la coqueluche de, 133
COR *n. m.*
réclamer à cor et à cri, 23
CORDE *n. f.*
être dans les cordes de
qqn, 105
faire vibrer la corde
sensible, 199
il tombe des cordes, 23
marcher sur la corde raide, 89
toucher la corde de pendu, 151
toucher la corde sensible, 199
usé jusqu'à la corde, 33
CORDON *n. m.*
tenir les cordons de la
bourse, 143
CORNE *n. f.*
corne d'abondance, 127
CORNEILLE *n. f.*
bayer aux corneilles, 117
CORPS *n. m.*
corps à corps, 87
corps et âme, 47
COTON *n. m.*
élever qqn dans du coton, 127
filer un mauvais coton, 165
usé au coton, 33
COUCHE *n. f.*
en avoir une couche, 83
COUDE *n. m.*
coude à coude, 135
jouer des coudes, 167
lever le coude, 135
COUDÉE *n. f.*
avoir les coudées franches, 147
COULE *n. f.*
être à la coule, 41
COULEUR *n. f.*
annoncer la couleur, 25

en voir de toutes les couleurs,
241
haut en couleur, 157
la couleur du temps, 157
COULEUVRE *n. f.*
avaler des couleuvres, 73
COULISSE *n. f.*
travailler dans les coulisses, 33
COULPE *n. f.*
battre sa coulpe, 253
COUP *n. m.*
avoir un bon coup de
fourchette, 133
coup de grâce, 153
coup de l'étrier, 229
coup d'épée dans l'eau, 121
donner un coup de canif au
contrat, 123
donner un coup de fil à qqn,
269
d'un coup de baguette, 249
échanger des coups de feu, 115
jeter un coup d'œil, 189
le coup de l'étrier, 229
tenir le coup, 93
tous les coups sont permis, 171
COUPE *n. f.*
avoir qqn sous sa coupe, 233
boire la coupe jusqu'à la
lie, 141
sous la coupe de qqn, 55
COURAGE *n. m.*
avoir le courage de ses
opinions, 217
prendre son courage à deux
mains, 157
COURONNE *n. f.*
tresser des couronnes à
qqn, 107
COURS *n. m.*
donner libre cours à, 135
sécher un cours, 33
COURSE *n. f.*
course contre la montre, 37
COUTEAU *n. m.*
enfoncer le couteau dans la
plaie, 257
être à couteaux tirés avec
qqn, 157

remuer le couteau dans la
plaie, 257
retourner le couteau dans la
plaie, 257
COÛTER *v. tr.*
coûte que coûte, 137
COUTURE *n. f.*
battre à plate(s) couture(s), 43
examiner sous toutes les
coutures, 101
examiner sur toutes les coutures, 101
COUVERT *n. m.*
dresser le couvert, 235
mettre le couvert, 235
COUVERTURE *n. f.*
tirer la couverture à soi, 77
CRACHOIR *n. m.*
tenir le crachoir, 143
CRAN *n. m.*
avoir du cran, 41
CRÉMAILLÈRE *n. f.*
pendre la crémaillère, 67
CREUX *n. m.*
être au creux de la vague, 267
CRI *n. m.*
dernier cri, 17
jeter les hauts cris, 109
CRIBLE *n. m.*
passer au crible, 53
CROCHET *n. m.*
vivre aux crochets de qqn, 121
CROIX *n. f.*
mettre une croix sur qqch., 81
CROQUEUSE *n. f.*
croqueuse de diamants, 255
CROÛTE *n. f.*
casser la croûte, 23
CUILLER (CUILLÈRE) *n. f.*
être à ramasser à la petite
cuiller (cuillère), 169
CUIT *adj.*
c'est du tout cuit, 79

D

DALLE *n. f.*
se mouiller la dalle, 27
se rincer la dalle, 27

FAIM *n. f.*
avoir une faim de loup, 207
manger à sa faim, 233
rester sur sa faim, 29

FAIT *n. m.*
en venir au fait, 63
prendre fait et cause pour
qqn, 201

FAMINE *n. f.*
crier famine, 257

FARINE *n. f.*
de la même farine, 145

FATIGUE *n. f.*
mort de fatigue, 59

FAUTEUIL *n. m.*
gagner dans son fauteuil, 91

FAUTEUR *n. m.*
fauteur de troubles, 257

FEMME *n. f.*
femme de tête, 33

FER *n. m.*
battre le fer pendant qu'il est
chaud, 113
enfoncer le fer dans la
plaie, 257
remuer le fer dans la
plaie, 257
retourner le fer dans la
plaie, 257

FÊTE *n. f.*
faire la fête, 123

FEU *n. m.*
à petit feu, 41
avoir le feu sacré, 97
brûler un feu rouge, 177
donner le feu vert, 195
être entre deux feux, 191
être sous un feu nourri de
questions, 173
être tout feu tout flamme, 49
faire feu de tout bois, 75
faire long feu, 35
feu de paille, 149
jouer avec le feu, 169
mettre le feu aux poudres, 59
ne pas faire long feu, 35
sans feu ni lieu, 27

FEUILLE *n. f.*
feuille de chou, 99

FIGUE *n. f.*
mi-figue, mi-raisin, 207

FIL *n. m.*
au fil du temps, 239
avoir un fil à la patte, 47
cousu de fil blanc, 105
de fil en aiguille, 109
donner du fil à retordre, 161

FILIÈRE *n. f.*
passer par la filière, 195

FILM *n. m.*
tourner un film, 101

FILON *n. m.*
chercher le filon, 269

FIN *n. f.*
c'est la fin des haricots, 123
tirer à sa fin, 185

FLAIR *n. m.*
avoir du flair, 169

FLÈCHE *n. f.*
démarrer en flèche, 229
faire flèche de tout bois, 75

FLEUR *n. f.*
dans la fleur de l'âge, 35

FLEURETTE *n. f.*
conter fleurette, 67

FLÛTE *n. f.*
accorder ses flûtes, 61

FOI *n. f.*
sans foi ni loi, 99

FOIN *n. m.*
avoir du foin dans ses
bottes, 67
faire du foin, 137
faire un foin, 137

FOIRE *n. f.*
foire d'empoigne, 131

FOIS *n. f.*
trois fois rien, 267

FOLIE *n. f.*
aimer à la folie, 115

FOND *n. m.*
à fond, 269
connaître comme le fond de sa
poche, 245
de fond en comble, 125
gratter les fonds de tiroir, 17

FONTAINE *n. f.*
pleurer comme une fontaine, 21

FOR *n. m.*
dans son for intérieur, 19

FORCE *n. f.*
à toute force, 27
de toutes ses forces, 27
par la force des choses, 171

FORTUNE *n. f.*
à la fortune du pot, 37
faire contre mauvaise fortune
bon cœur, 253
faire fortune, 65
payer une fortune pour
qqch, 215

FOU *n. m.*
fou à lier, 221

FOUR *n. m.*
faire un four, 83

FOURMI *n. f.*
avoir des fourmis dans les
jambes, 79

FOYER *n. m.*
fonder un foyer, 169

FRAIS *n. m. pl.*
aux frais de la princesse, 131
faire les frais de la
conversation, 75
frais d'exploitation, 253
partager les frais, 281

FRAIS *adj.*
frais et dispos, 257

FRANÇAIS *n. m.*
parler français comme une
vache espagnole, 135

FRANQUETTE *n. f.*
à la bonne franquette, 37

FRAUDE *n. f.*
fraude électorale, 215

FREDAINE *n. f.*
faire des fredaines, 231

FREIN *n. m.*
ronger son frein, 195

FROID *n. m.*
être en froid, 75

FRONT *n. m.*
faire front, 225
mener de front, 149

FUREUR *n. f.*
faire fureur, 53

FUSIL *n. m.*
changer son fusil d'épaule, 37

G

GAFFE *n. f.*
faire une gaffe, 107
GALE *n. f.*
mauvais comme la gale, 209
GALÈRE *n. f.*
vogue la galère, 143
GALERIE *n. f.*
amuser la galerie, 81
poser pour la galerie, 145
GALON *n. m.*
prendre du galon, 129
GAMME *n. f.*
faire ses gammes, 43
GANT *n. m.*
être souple comme un
gant, 129
mettre des gants, 19
mettre des gants blancs, 19
prendre des gants, 19
prendre des gants blancs, 19
se donner les gants de, 25
GARDE *n. f.*
placer en garde à vue, 257
GARE *interj.*
sans crier gare, 93
GENDARME *n. m.*
faire le gendarme, 269
GENRE *n. m.*
dans son genre, 259
GIBIER *n. m.*
gibier de potence, 241
GLACE *n. f.*
briser la glace, 145
être de glace, 207
mettre sur la glace, 265
rompre la glace, 145
GLAS *n. m.*
sonner le glas de qqch., 145
GLINGLIN *n. pr.*
à la Saint-Glinglin, 15
GOND *n. m.*
sortir de ses gonds, 237
GORGE *n. f.*
avoir la gorge serrée, 59

faire des gorges chaudes sur
qqch, 127
rire à gorge déployée, 31
rire à pleine gorge, 31
GOUTTE *n. f.*
la goutte qui fait déborder le
vase, 101
n'y comprendre goutte, 229
se noyer dans une goutte
d'eau, 121
se ressembler comme deux
gouttes d'eau, 165
une goutte d'eau dans
l'océan, 59
GOUVERNE *n. f.*
pour votre gouverne, 185
GRÂCE *n. f.*
crier grâce, 207
demander grâce, 207
GRADE *n. m.*
monter en grade, 129
GRAIN *n. m.*
mettre son grain de sel, 135
veiller au grain, 185
GRANDEUR *n. f.*
grandeur nature, 167
GRÉ *n. m.*
bon gré mal gré, 139
de gré ou de force, 139
GRELOT *n. m.*
attacher le grelot, 117
GRENOUILLE *n. f.*
manger la grenouille, 185
GRIPPE *n. f.*
prendre en grippe, 63
GROS *n. m.*
faire le gros du travail, 213
GUEULE *n. f.*
avoir la gueule de bois, 19
se jeter dans la gueule du
loup, 71

H

HABIT *n. m.*
l'habit ne fait pas le moine, 279
HACHE *n. f.*
déterrer la hache de guerre, 259
enterrer la hache de guerre, 259

HALEINE *n. f.*
tenir en haleine, 21
HALLEBARDE *n. f.*
il tombe des hallebardes 23
HAMEÇON *n. m.*
mordre à l'hameçon, 139
HANNETON *n. m.*
avoir un hanneton dans le
plafond, 59
HARNAIS *n. m.*
blanchir sous le harnais 137
HARO *n. m. inv.*
crier haro sur qqn (*ou*
qqch.), 137
HASARD *n. m.*
à tout hasard, 49
HAUT *n. m.*
tenir le haut du pavé, 33
tomber de haut, 161
traiter de haut, 33
HAUTEUR *n. f.*
être à la hauteur, 233
HERBE *n. f.*
couper l'herbe sous les pieds à
qqn, 47
HEURE *n. f.*
à la première heure, 237
à ses heures perdues, 157
à une heure indue, 213
l'heure H, 213
heures de pointe, 57
l'heure de vérité, 111
passer un mauvais quart
d'heure, 13
pour l'heure, 269
se lever à l'heure des
poules, 225
HIRONDELLE *n. f.*
une hirondelle ne fait pas le
printemps, 259
HISTOIRE *n. f.*
faire des histoires, 265
histoire à dormir debout, 55
histoire de cœur, 241
HOLÀ *interj.*
mettre le holà, 129
HOMME *n. m.*
comme un seul homme, 69
homme à tout faire, 245

homme de main, 223
HONTE *n. f.*
avoir toute honte bue, 65
HOSPITALITÉ *n. f.*
abuser de l'hospitalité de qqn, 263
HUE *interj.*
tirer à hue et à dia, 109
HUILE *n. f.*
jeter de l'huile sur le feu, 185
HUIS *n. m.*
à huis clos, 239
HUITAINE *n. f.*
remettre à huitaine, 259
HUMOUR *n. m.*
humour noir, 225

I

I *n. m.*
droit comme un i, 143
IDÉE *n. f.*
changer d'idée comme de chemise, 139
idée fixe, 57
ILLUSION *n. f.*
se bercer d'illusions, 203
IMAGE *n. f.*
sage comme une image, 147
IMPAIR *n. m.*
commettre un impair, 169
IMPOSSIBLE *adj.*
impossible n'est pas français, 85
INCONNU *n. m.*
un illustre inconnu, 125
INFORMÉ *n. m.*
jusqu'à plus ample informé, 259

J

JALON *n. m.*
planter des jalons, 259
poser des jalons, 259
JAMBE *n. f.*
à toutes jambes, 15
prendre ses jambes à son cou, 237
JAUNE *adj.*
rire jaune, 39

JEAN *n. pr.*
se retrouver Gros-Jean comme devant, 119
JET *n. m.*
d'un seul jet, 175
JEU *n. m.*
avoir beau jeu, 15
cacher son jeu, 185
découvrir son jeu, 205
faire le jeu de qqn, 233
faites vos jeux, 161
jouer double jeu, 141
jouer franc jeu, 91
jouer gros jeu, 183
le jeu n'en vaut pas la chandelle, 93
lire dans le jeu de qqn, 139
vieux jeu, 151
JOB *n. pr.*
pauvre comme Job, 221
JOUEUR *n. m.*
se montrer beau joueur, 119
JOUR *n. m.*
à ce jour, 263
au grand jour, 15
au jour d'aujourd'hui, 171
du jour au lendemain, 191
en plein jour, 15
être le jour et la nuit, 29
jour à marquer d'une pierre blanche, 179
jour après jour, 257
jour par jour, 257
long comme un jour sans pain, 71
mettre à jour, 101
mettre au jour, 101
se montrer sous son vrai jour, 119
se présenter sous son plus beau jour, 25
tous les quinze jours, 199
vivre au jour le jour, 183
voir le jour, 223
JUGEMENT *n. m.*
passer en jugement, 83
JUSTE *adv.*
chanter juste, 23

JUSTICE *n. f.*
traduire en justice, 165
JUSTICIER *n. m.*
s'ériger en justicier, 207

L

LÀ *adv.*
par là même, 171
LAINE *n. f.*
se laisser manger la laine sur le dos, 233
se laisser tondre la laine sur le dos, 233
LANGAGE *n. m.*
changer de langage, 167
LANGUE *n. f.*
avoir la langue bien pendue, 29
donner sa langue au chat, 131
la langue m'a (*ou* lui a) fourché, 205
tenir sa langue, 113
tirer la langue, 139
LANTERNE *n. f.*
éclairer la lanterne de qqn, 67
LARME *n. f.*
fondre en larmes, 49
une larme de, 99
LARRON *n. m.*
s'entendre comme larrons en foire, 67
LATIN *n. m.*
y perdre son latin, 55
LAURIER *n. m.*
dormir sur ses lauriers, 135
s'endormir sur ses lauriers, 135
se reposer sur ses lauriers, 135
LÈCHE-VITRINES *n. m. inv.*
faire du lèche-vitrines, 93
LECTEUR *n. m.*
pour lecteur averti seulement, 249
LÉGUME *n. f.*
grosse légume, 121
LENDEMAIN *n. m.*
sans lendemain, 233
LEST *n. m.*
jeter du lest, 147
lâcher du lest, 147

MÉTIER *n. m.*
il n'y a pas de sot métier, 233
MEURTRE *n. m.*
meurtre avec
préméditation, 215
MIDI *n. m.*
chercher midi à
quatorze heures, 141
MIEUX *adv.*
à qui mieux mieux, 235
faire de son mieux, 189
MILIEU *n. m.*
de tous les milieux, 245
le juste milieu, 89
MILLE *adj.*
gagner des mille
et des cents, 133
le donner en mille, 13
toucher des mille
et des cents, 133
MINE *n. f.*
avoir mauvaise mine, 63
MINUTE *n. f.*
à la dernière minute, 231
la minute de vérité, 111
MISE *n. f.*
sauver la mise à qqn, 209
MISÈRE *n. f.*
être dans la misère noire, 21
MOELLE *n. f.*
sucer jusqu'à la moelle, 89
MŒURS *n. f. pl.*
entrer dans les mœurs, 207
MOINS *adv.*
c'est le moins qu'on
puisse dire, 215
MOISIR *v. intr.*
se laisser moisir, 235
MOITIÉ *n. f.*
partager moitié-moitié, 169
MOMENT *n. m.*
pour le moment, 269
MONDE *n. m.*
c'est le monde à l'envers, 73
contenter tout le monde
et son père, 187
depuis que le monde
est monde, 103
le monde lui appartient, 171

vieux comme le monde, 137
MONNAIE *n. f.*
payer en monnaie de singe, 17
rendre la monnaie
de sa pièce à qqn, 189
MONSIEUR *n. m.*
monsieur Tout-le-monde, 239
MONT *n. m.*
aller par monts et par vaux, 133
promettre monts
et merveilles, 61
MORCEAU *n. m.*
avaler le morceau, 173
emporter le morceau, 51
MORS *n. m.*
prendre le mors aux dents, 135
MORT *n. m. et f.*
faire le mort, 153
mourir de sa belle mort, 59
MOT *n. m.*
à mots couverts, 183
avoir le dernier mot, 31
avoir le mot pour rire, 59
avoir son mot à dire, 261
en un mot comme en cent, 151
en un mot comme en mille, 151
mot d'ordre de grève, 211
placer un mot, 259
prendre qqn au mot, 197
qui ne dit mot consent, 219
se donner le mot, 151
MOUCHE *n. f.*
entendre une
mouche voler, 265
fine mouche, 257
MOUCHOIR *n. m.*
grand comme un mouchoir de
poche, 183
MOULIN *n. m.*
être un moulin à paroles, 97
MOUTON *n. m.*
comme les moutons
de Panurge, 211
revenir à ses moutons, 63
MOUVEMENT *n. m.*
suivre le mouvement, 203
MOYEN *n. m.*
réussir par ses
propres moyens, 213

MUR *n. m.*
faire le mur, 53
mur aveugle, 261
se heurter à un mur, 225
MUSE *n. f.*
taquiner la muse, 183
MUSIQUE *n. f.*
connaître la musique, 243
en avant la musique, 105

N

NAVETTE *n. f.*
faire la navette entre, 71
NERF *n. m.*
avoir les nerfs à fleur
de peau, 183
avoir les nerfs à vif, 183
taper sur les nerfs
à qqn, 173
NEUF *adj.*
battant neuf, 183
flambant neuf, 183
NEZ *n. m.*
faire un drôle de nez, 233
faire un nez long, 233
rire au nez de qqn, 173
se trouver nez à nez
avec qqn, 181
NID *n. m.*
nid-de-poule, 113
N'IMPORTE QUI *pr. ind.*
ne pas se prendre pour
n'importe qui, 215
NOIR *n. m.*
broyer du noir, 43
faire noir comme dans
un four, 49
NOISE *n. f.*
chercher noise à, 45
NOM *n. m.*
porter le nom de, 237
se faire un nom, 107
traiter qqn de tous
les noms, 121
NOMBRIL *n. m.*
ne pas avoir le nombril sec, 199
se prendre pour le nombril
du monde, 181

PAROLE *n. f.*
ce sont des paroles en l'air, 241
manquer à sa parole, 209
prendre la parole, 237
tenir parole, 59

PART *n. f.*
avoir part au gâteau, 73
faire la part du feu, 77
venir de nulle part, 105

PARTI *n. m.*
prendre le parti de, 101

PARTIE *n. f.*
abandonner la partie, 227
faire partie intégrante de, 39
se mettre de la partie, 271

PAS *n. m.*
à pas de géant, 73
emboîter le pas à, 161
faire les cent pas, 203
mettre au pas, 47
ne pas se trouver sous le
pas d'un cheval, 141
ne pas se trouver sous le
pas d'une mule, 141

PASSÉ *n. m.*
oublions le passé, 145

PASSER *v.*
passer chez qqn, 159

PATTE *n. f.*
faire patte de velours, 69
montrer patte blanche, 57
retomber sur ses pattes, 13

PAUSE *n. f.*
faire une pause, 235

PAVÉ *n. m.*
battre le pavé, 221
jeter sur le pavé, 243
jeter un pavé dans
la mare, 265
mettre sur le pavé, 243

PAVILLON *n. m.*
baisser pavillon, 261
battre pavillon, 57

PAVOIS *n. m.*
élever sur le pavois, 205
hisser sur le pavois, 205
mettre sur le pavois, 205
monter sur le pavois, 205
porter sur le pavois, 205

PAYS *n. m.*
en pays de connaissance, 51

PEAU *n. f.*
faire peau neuve, 161
n'avoir que la peau
et les os, 123
vendre la peau de l'ours
avant de l'avoir tué, 227

PÉCHÉ *n. m.*
laid comme les sept
péchés capitaux, 175

PEINE *n. f.*
faire peine à voir, 195

PELLE *n. f.*
à la pelle, 281
prendre une pelle, 133
ramasser une pelle, 133

PENDULE *n. f.*
remettre les pendules
à l'heure, 255

PENTE *n. f.*
être sur une
mauvaise pente, 235

PERCHE *n. f.*
tendre la perche à qqn, 99

PERDU *adj.*
un de perdu,
dix de retrouvés, 269

PÉROU *n. pr.*
ce n'est pas le Pérou, 175

PERSONNE *n. f.*
payer de sa personne, 89

PERSONNE *pr. ind.*
ne le céder à personne, 229

PERSPECTIVE *n. f.*
en perspective, 19

PERTE *n. f.*
aller à sa perte, 51
à perte de vue, 189
courir à sa perte, 51
en perte de vitesse, 165
marcher à sa perte, 51
perte sèche, 235

PESANT *n. m.*
valoir son pesant d'or, 141

PESTE *n. f.*
fuir comme la peste, 125

PEUR *n. f.*
avoir une peur bleue, 211

PHYSIQUE *n. m.*
avoir le physique
de l'emploi, 255

PIC *n. m.*
couler à pic, 241

PIE *n. f.*
être bavard comme une pie, 203

PIÈCE *n. f.*
fabriquer de toutes pièces, 53
juger sur pièces, 263
mettre en pièces, 45

PIED *n. m.*
au pied levé, 65
avoir bon pied bon œil, 181
avoir le pied marin, 21
casser les pieds à qqn, 203
être acculé au pied du mur, 127
faire le pied de grue, 85
faire un pied de nez
à qqn, 191
fouler aux pieds, 93
partir du bon pied, 119
perdre pied, 239
retomber sur ses pieds, 13
se laisser marcher
sur les pieds, 35
se lever du pied gauche, 33
(se) mettre les pieds
dans le(s) plat(s), 191
travailler d'arrache-pied, 239

PIÈGE *n. m.*
être pris à son
propre piège, 271

PIERRE *n. f.*
apporter sa pierre
à l'édifice, 175
faire d'une pierre
deux coups, 83
geler à pierre fendre, 179
investir dans la pierre, 175
pierre de touche, 185

PIERRE *n. pr.*
déshabiller saint Pierre
pour habiller saint Paul, 219

PILE *n. f.*
arriver pile, 251
jouer à pile ou face, 195
tirer à pile ou face, 195
tomber pile, 251

TAMBOUR *n. m.*
sans tambour ni trompette, 175
TAPIS *n. m.*
mettre sur le tapis, 241
TAPISSERIE *n. f.*
faire tapisserie, 111
TARD *adv.*
remettre à plus tard, 35
sur le tard, 159
TAUPE *n. f.*
myope comme une taupe, 177
TAUREAU *n. m.*
prendre le taureau
par les cornes, 13
TEINT *n. m.*
bon teint, 227
TEMPÊTE *n. f.*
tempête dans un verre d'eau, 77
TEMPS *n. m.*
avoir fait son temps, 263
en deux temps,
trois mouvements, 31
en temps utile, 269
en temps voulu, 269
par le temps qui court, 85
par les temps qui courent, 85
TENANT *n. m.*
les tenants et
aboutissants de, 25
TENIR *v. tr.*
avoir de qui tenir, 31
se le tenir pour dit, 267
TERRAIN *n. m.*
déblayer le terrain, 173
tâter le terrain, 99
TERRE *n. f.*
revenir sur terre, 117
TESTAMENT *n. m.*
coucher qqn
sur son testament, 163
TÊTE *n. f.*
à tue-tête, 47
avoir la tête près du bonnet, 65
avoir la tête de l'emploi, 255
avoir la tête sur les épaules, 179
faire la tête à qqn, 17
ne plus savoir
où donner de la tête, 29
se creuser la tête, 89

se payer la tête de qqn, 249
TIMON *n. m.*
ruer dans les timons, 57
TIRE-LARIGOT, À *loc. adv.*
boire à tire-larigot, 147
TISSU *n. m.*
un tissu de mensonges, 263
TOLLÉ *n. m.*
soulever un tollé général, 201
TON *n. m.*
changer de ton, 167
TORSE *n. m.*
bomber le torse, 69
TORT *n. m.*
à tort ou à raison, 159
TOUR *n. m.*
avoir plus d'un tour
dans son sac, 17
en un tour de main, 31
faire le tour du cadran, 93
faire le tour du propriétaire, 177
faire un tour de passe-passe,
239
TOURNÉE *n. f.*
faire la tournée
des grands-ducs, 185
TOURNEMAIN *n. m.*
en un tournemain, 31
TRAC *n. m.*
tout à trac, 109
TRACE *n. f.*
suivre à la trace, 129
suivre les traces de qqn, 191
TRAIN *n. m.*
mener grand train, 165
monter dans le train
en marche, 203
prendre le train en marche, 203
réduire son train de vie, 105
TRAÎNÉE *n. f.*
se répandre comme une traînée
de poudre, 57
TRAME *n. f.*
usé jusqu'à la trame, 33
TRAVAIL *n. m.*
travail au noir, 31
travail de bénédictin, 187
TRAVERSÉE *n. f.*
faire sa traversée du désert, 175

TRENTE ET UN *n. m.*
se mettre sur son
trente et un, 139
TRENTE-SIX *n. m. inv.*
tous les trente-six du mois, 55
TRIBUNAL *n. m.*
tribunal populaire, 223
TROU *n. m.*
boire comme un trou, 229
TROUBLE-FÊTE *n. m. inv.*
jouer les trouble-fête, 89
TRUC *n. m.*
les trucs du métier, 101
TU *pr. pers.*
être à tu et à toi avec qqn, 71
TURC *n. m.*
fort comme un Turc, 87
TUYAU *n. m.*
dire qqch. dans le tuyau
de l'oreille, 147

U

UN *adj. num.*
comme pas un, 51
UNE *n. f.*
à la une, 89
URNE *n. f.*
aller aux urnes, 97
UTILE *n. m.*
joindre l'utile
à l'agréable, 163

V

VACHE *n. f.*
être la vache à lait de, 197
manger de la vache
enragée, 85
VALISE *n. f.*
faire sa (ses) valise(s), 147
VAPEUR *n. f.*
renverser la vapeur, 135
VAU *n. m.*
aller à vau-l'eau, 177
VEAU *n. m.*
pleurer comme un veau, 21
VEDETTE *n. f.*
être en vedette, 153

INDEX

ENGLISH EXPRESSIONS

have s.o. over the barrel, 233
pay cash on the barrel, 63
scrape the barrel, 17

BAT *n*
blind as a bat, 177
have bats in the belfry, 59

BEAM *n*
be on the beam, 229

BEAN *n*
not to be worth a bean, 163
spill the beans, 35

BEAR *n*
be hungry as a bear, 207

BEATING *n*
take a beating, 147

BECK *n*
be at s.o.'s beck and call, 85

BEE *n*
bee in one's bonnet, 57

BEGINNING *n*
since the beginning of time, 103
the beginning and the end, 247

BELL *n*
as clear as a bell, 37

BELLY *n*
get a pot belly, 243

BEND *n*
drive s.o. round the bend, 131

BERTH *n*
give s.o. a wide berth, 211

BEST *n*
do one's level best, 189
make the best of a bad
    job, 253

BET *n*
hedge one's bets, 75
place all bets, 161

BETTER *adj*
get the better of, 19

BIB *n*
be on one's best bib and
    tucker, 139

BIGWIG *n*
bigwig, 121

BILL *n*
fit the bill, 151
foot the bill, 211
pad the bill, 79
post no bills, 203

BIRD *n*
a little bird told me, 97
kill two birds with one stone, 83

BIRTH *n*
live up to one's birth, 177

BIT *n*
be smashed in bits and
    pieces, 193
chafe at the bit, 195
do a bit of fishing, 221
take the bit on one's teeth, 135

BITE *n*
grab a bite, 117

BITE *v*
bite off more than one can
    chew, 61

BLANK *n*
draw a blank, 37

BLEED *v*
bleed dry, 89
bleed o.s. white, 21

BLOCK *n*
writer's block, 213

BLOOD *n*
smell blood, 167
sporting blood, 217
sweat blood, 179

BLOW *n*
final blow, 153

BLOW *v*
blow hot and cold, 141

BLUE *n*
come out of the blue, 105

BLUNDER *n*
make a blunder, 169

BOARD *n*
go back to the drawing
    board, 153
tread the boards, 235

BOAT *n*
be in the same boat, 41
miss the boat, 269
rock the boat, 89

BOMBSHELL *n*
sit on a bombshell, 217
explode a bombshell, 271

BONE *n*
bone of contention, 193
bred in the bone, 145

have a bone to pick with, 35
make no bones about sthg, 243

BOOK *n*
go by the book, 213

BOOKWORM *n*
bookworm, 191

BOOM *n*
lower the boom, 221

BOOT *n*
die with one's boots on, 81
too big for one's boots, 215

BOOTSTRAP *n*
pull o.s. by one's own boot-
    straps, 213

BORN *adj*
not to be born yesterday, 163

BOTTLE *n*
crack a bottle of
    champagne, 125

BOTTOM *n*
get to the bottom of, 37
scrape the bottom of the
    barrel, 17

BOY *n*
be the whipping boy of, 265

BRAIN *n*
rack one's brains, 89

BREAD *n*
on bread and water, 87

BREAK *n*
take a break, 235

BREAK *v*
break down, 69

BREAST *n*
make a clean breast of
    sthg, 155

BREATH *n*
waste one's breath, 81

BREECHES *npl*
too big for one's breeches, 215

BREEZE *n*
shoot the breeze, 77
win in a breeze, 91

BRICK *n*
drop a brick, 107
invest in bricks and mortar, 175

BRING *v*
bring up a sticky point, 79
bring up for discussion, 241

bring up the rear, 27
BRITCHES *npl*
  too big for one's britches, 215
BROKE *adj*
  be flat broke, 45
  be stone-broke, 45
  be stony-broke, 45
BROOM *n*
  a new broom sweeps
    clean, 239
BROW *n*
  knit one's brow, 241
BRUNT *n*
  bear the brunt, 89
  be flat broke, 45
BRUSH *n*
  be tarred with the same
    brush, 111
BUCK *n*
  pass the buck, 37
BUCKET *n*
  cry buckets, 21
  it's raining buckets, 23
  kick the bucket, 199
BUD *n*
  nip in the bud, 45
BUFF *n*
  in the buff, 103
BUG *n*
  snug as a bug in a rug, 189
BULL *n*
  like a bull in a china shop, 117
  take the bull by the horns, 13
  shoot the bull, 77
BULLET *n*
  bite the bullet, 173
BUNDLE *n*
  be a bundle of nerves, 183
BURNER *n*
  put on the back-burner, 39
BUS *n*
  miss the bus, 269
BUSH *n*
  beat about the bush, 49
BUSINESS *n*
  get back to the business at
    hand, 63
  like nobody's business, 51
  mix business with pleasure, 163

BUTT *n*
  be the butt of conversation, 75
BUTTERFINGER *n*
  have butterfingers, 209
BYGONE *n*
  let bygones be bygones, 145

C

CAHOOT *n*
  be in cahoots, 147
CAKE *n*
  eat one's cake first, 49
  eat one's cake and eat it,
    too, 77
  have one's cake and eat it,
    too, 77
  sell like hot cakes, 71
CALL *v*
  call it quits, 227
  call on s.o., 159
CAMERA *n*
  in camera, 239
CAN *n*
  carry the can, 251
CANDLE *n*
  burn the candle at both
    ends, 201
  not to hold a candle to s.o., 95
CANOE *n*
  paddle one's own canoe, 121
CAP *n*
  set one's cap for s.o., 171
CARD *n*
  be holding all the right cards, 15
CARPET *n*
  sweep under the carpet, 215
CART *n*
  put the cart before the
    horse, 191
CASE *n*
  it's the case of the tail wagging
    the dog, 73
  make a federal case out of
    sthg, 151
CASH *v*
  cash in on, 205
CASTLE *n*
  build castles in the air, 25

CAT *n*
  alley cat, 227
  bell the cat, 117
  it's raining cats and dogs, 23
  lead a cat-and-dog life, 231
  let the cat out of the bag, 45
  like a cat on a hot tin roof, 191
  like a cat on hot bricks, 191
  put the cat among the
    pigeons, 265
  set the cat among
    pigeons, 265
CATCH *v*
  catch s.o. red-handed, 41
  catch off guard, 145
CEILING *n*
  hit the ceiling, 15
CENT *n*
  feel like two cents, 73
  not to have a red cent to one's
    name, 165
  without spending a cent, 15
CENTURY *n*
  at the turn of the century, 101
CHALK *n*
  be as different as chalk from
    cheese, 29
CHANCE *n*
  take a chance, 81
CHANGE *n*
  not to wait for one's change, 51
CHARACTER *n*
  character part, 153
  character role, 153
CHECK *n*
  hold s.o. in check, 119
CHEQUE *n*
  blank cheque, 213
  rubber cheque, 55
CHEST *n*
  beat one's chest, 253
CHICKEN *n*
  count one's chickens before
    they're hatched, 227
CHILDHOOD *n*
  be in one's second
    childhood, 201
CHINK *n*
  chink in the armor, 127

CHIP n
be a chip off the old block, 31
have a chip on one's shoulder, 23
chip in, 271

CHOP n
lick one's chops, 267

CINCH n
it's a cinch, 79

CIRCLE n
come full circle, 265

CLAM v
as tight as a clam, 171

CLAMOR v
clamor for sthg (or s.o.), 23

CLASS n
cut a class, 33

CLOCK n
sleep around the clock, 93
turn the clock back, 59

CLOCKWORK n
be going like clockwork, 71
run like clockwork, 71

CLOSE v
close down, 23

CLOUD n
be on cloud nine, 17

CLOVER n
live in clover, 77

COAL n
carry coals to Newcastle, 229
haul s.o. over the coals, 247

COCK n
be the cock of the walk, 33

COFFEE n
instant coffee, 195

COIN n
toss a coin, 195

COLD adj
be freezing cold outside, 179

COLLAR n
be hot under the collar, 223

COLOR n
nail one's colors to the mast, 25
show one's true colors, 119
with flying colors, 151

COMB n
go through with a fine-tooth comb, 53

COME v
come out unscathed, 13
come what may, 241

COMFORT n
be cold comfort, 35

COMPLAIN v
complain bitterly, 109

COMPLICATION n
look for complications, 141

CONCESSION n
make concessions, 147

CONDITION n
on the condition that you'll return the favor, 45

CONSCIENCE n
to ease one's conscience, 115

CONTAGIOUS adj
be contagious, 49

CONTRIBUTION n
make one's contribution, 175

COOKIE n
that's the way the cookie crumbles, 49

COOP n
fly the coop, 33

CORNER n
cut corners, 31
drive s.o. into a corner, 133

COST n
operating costs, 253

COUNSEL n
keep one's own counsel, 187

COURAGE n
pluck up one's courage, 157
screw up one's courage, 157

COURSE n
in due course, 269

COURT n
laugh out of court, 221

COVER n
under separate cover, 193

COW n
when the cows come home, 15

CRACK n
at the crack of dawn, 83

CREAM n
the cream of the crop, 271

CREDENTIALS npl
produce one's credentials, 57
show one's credentials, 57

CREDIT n
take credit for, 25

CREEK n
be up the creek, 43
be up the creek without a paddle, 43

CRISIS n
midle-age crisis, 31

CROW n
as the crow flies, 201
make s.o. eat crow, 161

CROWD n
go along with the crowd, 15
keep up the crowd entertained, 81

CROWN v
to crown it all, 183

CRUSH n
have a crush on s.o., 187

CRYSTAL n
as clear as crystal, 37

CUCUMBER n
be as cool as a cucumber, 223

CUE n
be right on the cue, 251

CUP n
in one's cups, 113
that's not my cup of tea, 165

CUPBOARD n
the cupboard is bare, 51

CUSTOMER n
sharp customer, 257

CUT n
take short cuts, 123

CUT v
be cut out for, 231
cut s.o. down to size, 69

D

DAGGER n
be at daggers drawn with s.o., 157

DAISY n
be pushing up the daisies, 175
fresh as a daisy, 257

DANCE n
lead s.o. a merry dance, 161

lead s.o. a pretty dance, 161

DARK *adj*
be pitch dark, 49

DARLING *n*
be the darling of, 133

DATE *n*
bring up to date, 101
to date, 263
up to date, 87

DAWN *n*
go back to the dawn of
time, 181

DAY *n*
all day long, 159
carry the day, 51
day after day, 257
day in, day out, 257
go down as a red-letter day, 179
in this day and age, 171
one of these days, 77
save sthg for a rainy day, 29
save the day, 209
win the day, 51

DAYLIGHT *n*
in broad daylight, 15
knock the daylight out of
s.o., 239

DEAD *adj*
dead tired, 59
faint dead away, 181

DEAF *adj*
stone deaf, 211

DEAL *n*
bad deal, 143
make a big deal out of
sthg, 151

DEALER *n*
be a square dealer, 57

DEATH *n*
at death's door, 91
be frightened to death, 211
be tickled to death, 205
sign one's own death
warrant, 219

DEBT *n*
owe a debt of gratitude to
s.o., 23

DECISION *n*
make a decision, 161

DECLINE *n*
on the decline, 157

DEPTH *n*
be out of one's depth, 239

DEVIL *n*
as mean as the devil, 209
be between the devil and the
deep blue sea, 191
be the devil's advocate, 133
give the devil his due, 271

DIE *n*
the die is cast, 137

DIFFERENCE *n*
split the difference, 79

DIFFICULTY n
look for difficulties, 141

DIGGER *n*
gold digger, 255

DIRT *n*
drag s.o. through the dirt, 25

DISHWATER *n*
as dull as dishwater, 155

DISLIKE *n*
take a dislike to, 63

DISREGARD *v*
be disregarded, 261

DITCHWATER *n*
as dull as ditchwater, 155

DIVE *n*
go into a nose dive, 225

DOG *n*
be a lazy dog, 63
dog in the manger, 255
go to the dogs, 177
in a dog's age, 159
it's a dog's breakfast, 141
let sleeping dogs lie, 109
old sea dog, 267
put on the dog, 207

DOLDRUM *n*
be in the doldrums, 43

DONKEY *n*
do the donkey work, 213
for donkey's years, 159

DOOR *n*
go from door to door, 245
sleep out of doors 189

DOUBLE *n*
play double or quits, 117

DOUGH *n*
be rolling in dough, 47

DOWN *adj*
down and out, 87

DRAIN *n*
brain drain, 257
go down the drain, 177

DRAIN *v*
drain s.o. dry, 21

DREAM *n*
have a pipe dream, 25

DROP *n*
a drop in the bucket, 59
a drop of, 99
a drop of milk, 201

DRUNK *adj*
be half drunk, 91

DUCK *n*
be a sitting duck, 197
knee-high to a duck, 57

DUMP *n*
be down in the dumps, 43

DUST *n*
gather dust, 95

E

EACH *pr*
each and everybody, 253

EAR *n*
be all ears, 51
chew one's ears off, 61
have an ear for music, 91
keep an ear to the
ground, 271
not to be wet behind the
ears, 199
pin s.o.'s ears back, 207
prick up one's ears, 77
talk s.o.'s ears off, 203
talk to deaf ears, 113
thick between the ears, 83
turn a deaf ear, 53
whisper sthg in s.o.'s ear, 147

EARTH *n*
come back to earth with a
bump, 117

EAT *v*
eat well, 139

FLIRT *v*
flirt with, 67
FLOCK *n*
like a flock os sheep, 211
FLOOD *n*
flood of people, 261
FLOODGATE *n*
open the floodgates to, 19
FLOOR *n*
ground floor, 223
pace the floor, 101
sleep on the bare floor, 29
take the floor, 237
walk the floor, 203
FLY *n*
be a fly on the wall, 79
there's a fly in the ointment, 55
FOOD *n*
like good food, 203
pick at one's food, 67
FOOL *n*
make a fool of o.s., 231
FOOL *v*
fool o.s., 203
FOOT *n*
land on both feet, 13
land on one's feet, 13
put one's best foot forward, 25
put one's foot in one's
mouth, 191
FOOTSTEP *n*
follow in one's footsteps, 191
FORCE *n*
by force of circumstances, 171
come into force, 151
FORTUNE *n*
for a fortune, 61
it's not exactly a fortune, 175
offer a fortune, 237
promise a fortune, 237
FOUNT *n*
fount of knowledge, 143
FOX *n*
let the fox into the
henhouse, 211
FRAZZLE *n*
be worn to a frazzle, 265
FREE-FOR-ALL *n*
free-for-all, 131

FREEZE *v*
be freezing cold out, 179
FRENCH *n*
speak broken French, 135
murder the French
language, 135
FRENZY *n*
work up into a frenzy, 149
FRESH *adj*
fresh out of, 25
FROG *n*
have a frog in one's throat, 13
FUN *n*
make fun of, 249
poke fun at, 249
FUR *n*
make the fur fly, 59
FUSE *n*
blow a fuse, 237
FUSS *n*
without making any fuss, 175

G

GAME *n*
see through s.o.'s little
game, 139
GAS *n*
run out of gas, 169
step on the gas, 111
GAUNTLET *n*
take up the gauntlet, 163
GET *v*
get across, 25
get boiling mad, 231
get out while the getting is
good, 99
get somewhere safely, 149
get together on sthg, 61
get worried, 95
GHOST *n*
give up the ghost, 233
there's not a ghost of a
doubt, 91
GIFT *n*
have the gift of, 61
have the gift of the gab, 29
think one is God's gift to
mankind, 181

GILL *n*
be fed to the gills, 31
be green around the gills, 63
GIVE *v*
give up, 131
give up for lost, 167
GLANCE *n*
at first glance, 161
cast a glance, 189
GLARE *v*
glare at one another, 133
GLOAT *v*
gloat over, 127
GLOVE *n*
handle with kid gloves, 19
use the velvet glove, 69
GLUTTON *n*
glutton for work, 187
GO *n*
in one go, 175
GO *v*
go on and on, 143
go one better, 19
go through easily, 67
go too far, 145
go unheeded, 261
GOAT *n*
be the goat, 29
GO-AHEAD *n*
give the go-ahead, 195
GOOD *adj*
as good as can be, 147
as good as gold, 147
GOOSE *n*
go on a wild goose chase, 193
have goose pimples, 185
kill the goose that laid the
golden egg, 225
GOOSEBERRY *n*
play gooseberry, 251
GRAIN *n*
go against the grain, 269
GRAPEVINE *n*
from the grapevine, 141
GRASS *n*
let grass grow under one's
feet, 235
GRASSHOPPER *n*
knee-high to a grasshopper, 57

KIP *n*
get a kip, 153
KISS *v*
kiss sthg goodbye, 81
KITTY *n*
make off with the kitty, 185
KNELL *n*
sound the knell for sthg, 145
KNIFE *n*
go under the knife, 105
KNITTING *n*
stick to one's knitting, 181
KNOCK *v*
knock about, 97
KNOW *n*
be in the know, 135
KNOW *v*
known all over, 103
not to know whether one is
coming or going, 29
not to know which way to
turn, 29
KNOWLEDGE *n*
with full knowledge of the
facts, 253
KNUCKLE *n*
rap s.o.'s knuckles, 217

L

LAND *n*
on dry land, 89
own land, 95
LAP *n*
fall into one's lap, 267
in the lap of luxury, 129
LARK *n*
be up with the lark, 225
rise up with the lark, 225
LAUGH *n*
have a good laugh, 113
have the last laugh, 179
LAUGH *v*
make o. s. laugh, 113
LAURELS *npl*
rest on one's laurel, 135
LAW *n*
take the law into one's
hands, 207

LAY *n*
get the lay of the land, 99
LEAF *n*
turn over a new leaf, 199
LEAP *n*
by leaps and bounds, 73
LEAPFROG *n*
play leapfrog, 163
LEAVE *n*
take French leave, 63
LEG *n*
be on one's last legs, 21
give s.o. a leg up, 47
have good sea legs, 21
pull s.o.'s legs, 31
LESSON *n*
give lessons for a living, 229
LETTER *n*
letter bomb, 217
LEVEL-HEADED *adj*
be level-headed, 179
LIAR *n*
be a bald-faced liar, 41
LICK *n*
give o.s. a lick and a
promise, 169
LICKING *n*
take a licking, 147
LID *n*
blow the lid off sthg, 113
LIE *n*
white lie, 261
LIFE *n*
be the life of a party, 169
have as many lives as a
cat, 39
late in life, 159
life-size, 167
live the life of Riley, 179
LIGHT *n*
bring to light, 101
make light of the
difficulties, 187
run a red light, 177
see the light of day, 223
LIGHTNING *n*
like greased lightning, 187
LIMELIGHT *n*
be in the limelight, 153

LINE *n*
be in s.o.'s line, 105
be in s.o.'s line of country, 105
fall into line, 245
step into line, 245
toe the line, 47
LION *n*
take the lion's share of the
credit, 77
LIP *n*
button up one's lip, 13
keep a stiff upper lip, 269
pay lip service, 221
zip one's lip, 13
LITTLE *adj*
little by little, 41
LIVE *v*
live it up, 123
short-lived, 233
LIVELY *adv*
very lively, 157
LIVES *npl*
→ LIFE
LOAD *n*
get a load off one's mind, 115
LOCK *n*
lock, stock and barrel, 267
put under lock and key, 43
LOCK *v*
lock s.o. up, 87
LOG *n*
easy as falling off a log, 231
LOOK *n*
take a hard look at sthg, 101
LOOK *v*
look after o.s., 195
look down on, 33
look stunning, 145
LOOKOUT *n*
be on the lookout, 247
LOSS *n*
cut one's losses, 77
total loss, 235
LOT *n*
draw lots, 33
LOVE *n*
be in love with love, 43
be madly in love with s.o., 115
live on love alone, 99

love affair, 241
puppy love, 219
LOVE v
love s.o. to distraction, 115
LUCK n
have the luck of the devil, 241
push one's luck, 169
LUMP n
have a lump in one's throat, 59
stand like a lump of a log, 187
LUMP v
lump together, 111
LURCH n
leave in the lurch, 93

M

MAGIC n
as if by magic, 249
MAINSPRING n
be the mainspring of sthg, 127
MAKE v
make up, 53
MAKINGS npl
have the makings of, 231
MAN n
as one man, 69
be a yes-man, 75
every man for himself, 203
hatchet man, 223
man in the street, 239
MANAGER n
department manager, 245
MARCH n
steal a march on, 75
MARK n
be quick off the mark, 255
be slow off the mark, 163
be up to the mark, 233
make one's mark, 107
toe the mark, 47
MARKET n
corner the market, 197
MASTER n
with a master's touch, 183
MATCH n
find one's proper match, 55
MATTER n
everyday matters, 247

MEAL n
have a square meal, 233
MEAN n
by fair means or fowl, 139
use all available means, 75
MEDIUM n
the happy medium, 89
MEMORY n
in living memory, 153
MEND n
on the mend, 157
MERCY n
beg for mercy, 207
cry for mercy, 207
MIGHT n
with might and main, 27
MILL n
be put through the mill, 241
MILLSTONE n
have a millstone round one's
neck, 155
MINCEMEAT n
make mincemeat out of
s.o., 259
MIND n
keep changing one's mind, 139
MOLLYCODDLE n
mollycoddle s.o., 127
MOMENT n
the moment of truth, 111
MONEY n
be rolling in money, 47
make money hand over fist, 133
marry into money, 31
put money aside, 87
throw money down the
drain, 155
throw one's money away, 49
MONTH n
all month long, 159
as long as a month of
Sundays, 71
in a month of Sundays, 159
MOON n
once in a blue moon, 55
promise the moon, 61
reach for the moon, 193
MOONLIGHTING n
moonlighting, 31

MOUNTAIN n
built like a mountain, 249
make a mountain out of a
molehill, 121
MOUSE n
poor as a church mouse, 221
MOUTH n
make one's mouth water, 241
run off at the mouth, 23
MOVE n
make the first move, 83
MOVE v
let's get moving, 105
move in for good, 245
MUCHNESS n
it's all much of a muchness, 103
MUD n
as clear as mud, 203
drag s.o. through the mud, 25
MUM n
mum's the word, 173
MURDER n
cry blue murder, 177
first-degree murder, 215
MUSIC n
face the music, 225

N

NAIL n
hit the nail on the head, 69
NAKED adj
stark naked, 107
NAME n
call s.o. names, 121
NAME v
be named after, 237
that's the name of the
game, 49
NATURE n
by the nature of things, 171
NECK n
be up one's neck in trouble, 241
NERVE n
be a bundle of nerves, 183
live on one's nerves, 13
NEST n
feather one's nest, 67
get caught in a hornet's nest, 71

NETTLE *n*
grasp the nettle, 13
NEW *adj*
brand new, 183
NEWS *n*
minor news item, 27
NICK *n*
arrive in the nick of time, 95
NICKEL *n*
give s.o. a wooden nickel, 17
NIGHT *n*
sleepless night, 189
NICHTCLUB *n*
nightclub, 217
NINE *n*
dressed up to the nines, 139
NIP *n*
nip and tuck, 135
NOSE *n*
be as plain as the nose on one's
face, 55
cut one's nose to spite one's
face, 263
have a nose for sthg, 169
keep one's nose to the
grindstone, 239
lead s.o. by the nose, 269
thumb one's nose at
s.o., 191
turn up one's nose, 73
NOTCH *n*
take in a notch in one's
belt, 71
NOTHING *n*
as if nothing was amiss, 177
as if nothing was wrong, 177
next to nothing, 267
nothing in sight, 259
nothing in view, 259
NOVEL *adv*
sentimental novel, 205
NOWHERE *adv*
come out of nowhere, 105
have nowhere to lay one's
hand, 2
NUMBER *n*
dial a wrong number, 171
NUT *n*
the nuts and bolts of sthg, 221

O

OAF *n*
big oaf, 99
OAR *n*
rest one's oars, 135
stick one's oar in, 135
OAT *n*
sow one's wild oats, 231
OBVIOUS *n*
belabor the obvious, 149
ODDS *npl*
be at odds with, 155
OFFENSE *n*
take offense at, 39
OFFING *n*
in the offing, 19
OIL *n*
pour oil on troubled waters, 219
OLD *adj*
be as old as one feels, 227
ONE *adj*
as one, 69
one on one, 97
OPEN *n*
come out in the open, 181
OPENLY *adv*
openly, 147
OPINION *n*
switch opinions, 37
OPPORTUNITY *n*
grasp the opportunity, 19
ORDER *n*
forget one's orders, 125
OUTCRY *n*
provoke a general outcry, 201
OVER *n*
it's all over, 123
OVERNIGHT *n*
overnight, 191
OWN *n*
hold one's own, 151
OX *n*
as strong as an ox, 87

P

PACE *n*
go at one's own pace, 239

PACK *n*
a pack of lies, 263
PAGE *n*
on the front page, 89
PAIN *n*
be a pain in the neck, 203
PALM *n*
have in the palm of one's
hand, 233
PAN *n*
go from the frying pan into the
fire, 129
PANG *n*
feel a pang of anguish, 257
PAPER *n*
get one's walking papers, 195
PARCEL *n*
parcel bomb, 217
PART *n*
become part of everyday
life, 205
be part and parcel of, 39
hold one's part, 151
in these parts, 165
look the part, 255
PARTY *n*
hold a stag party, 185
switch parties, 37
PASS *v*
pass out cold, 175
PASTURE *n*
go out to pasture, 227
PATCH *n*
strike a bad patch, 267
PAUNCH *n*
get a paunch, 243
PAVEMENT *n*
pound the pavement, 221
PEA *n*
be as alike as two peas in a
pod, 165
PEACE *n*
hold one's peace, 113
make peace, 119
PEG *n*
a square peg in a round
hole, 199
PENNY *n*
earn an honest penny, 213

SEA n
be all at sea, 229
on the high sea, 107
SEAM n
bursting at the seams, 109
SEASON n
in due season, 269
SEAT n
on the hot seat, 173
take a back seat, 31
SECOND adj
be second to none, 229
SECRET n
open secret, 121
worm secrets out of
s.o., 161
SEE v
easy to see through, 105
see red, 49
SENSE n
have a sixth sense, 247
make no sense, 267
without any sense of
decency, 99
SERVANT n
senior civil servant, 121
SESSION n
adjourn a session, 113
SET v
set s.o. straight, 67
set s.o. thinking, 241
set s.o. wise, 103
SHADOW n
five o'clock shadow, 225
follow like a shadow, 149
prove beyond the shadow of a
doubt, 45
SHAKE n
in three shakes of a lamb's
tail, 31
SHAKE v
be shaking all over, 261
shake s.o. up, 43
SHAME n
be beyond shame, 65
SHAPE n
be in bad shape, 165
SHARE n
pay one's share, 131

SHARK n
be a loan shark, 117
SHAVE n
have a close shave, 243
SHEET n
be three sheets in the wind, 97
scandal sheet, 99
SHIP n
run a tight ship, 131
SHOE n
if the shoe fits, wear it!, 57
that's where the shoe
pinches, 251
SHOOT-OUT n
have a shoot-out, 115
SHOT n
call the shots, 229
shot in the dark, 121
SHOULDER n
shrug one's shoulders, 159
SHOW n
put on a big show, 19
run the show, 65
steal the show, 149
SHOW v
show off, 231
show s.o. around one's
property, 177
show s.o. what's what, 199
SHUT v
shut s.o. up, 65
SIDE n
not to be on the right side of
the track, 81
get up on the wrong side of the
bed, 33
play both sides, 157
split one's sides laughing, 249
sunny-side up, 215
the other side of the coin, 237
SIDE v
side with s.o., 201
SIDESWIPE v
sideswipe, 63
SIGHT n
a sight for sore eyes, 227
at first sight, 161
be a sorry sight, 195
buy sight unseen, 203

lower one's sight, 65
out of sight, out of mind, 199
SILENCE n
silence gives consent, 219
SIN n
ugly as a sin, 175
SIX n
at sixes and sevens, 89
it's six of one and half a dozen
of the other, 103
SKID n
on the skids, 165
SKIN n
escape by the skin of one's
teeth, 243
get under s.o.'s skin, 173
jump out of one's skin, 29
soaked to the skin, 121
SKINFLINT n
be a skinflint, 55
SKIP v
skip out, 155
SKY n
come out of a clear blue sky, 105
praise to the skies, 107
SLEEP v
let's sleep on it, 235
sleep it off, 27
SLEEVE n
laugh up one's sleeve, 27
SLIP n
give s.o. the slip, 37
I (or he, or she) made a slip of
the tongue, 205
SLY n
on the sly, 33
SNACK n
take a snack, 23
SNAKE n
there's a snake in the grass, 23
SNAP v
snap out of sthg, 217
SNEAK v
sneak out, 53
SNOWBALL n
have a snowball's chance in
hell, 111
snowball, 245
SO adv

so-so, 111
SOMEHOW *adv*
somehow or other, 117
SONG *n*
for a song, 251
make a song and dance about
sthg, 265
SOON *adj*
no sooner said than
done, 249
SORT *n*
of the same sort, 145
SOUL *n*
bare one's soul, 181
wander around like a lost
soul, 141
SPACE *n*
cramped for space, 113
SPADE *n*
call a spade a spade, 51
SPEAK *v*
speak up for, 101
SPEECH *n*
make a speech, 159
SPEED *n*
at full speed, 15
work at double speed, 17
SPELL *n*
cast a spell, 209
SPELL *v*
spell out, 63
SPENDTHRIFT *n*
be a real spendthrift, 87
SPILL *n*
take a spill, 133
SPIRIT *n*
team spirit, 233
the spirit of the times, 157
SPOKE *n*
put a spoke in the wheel, 69
SPONGE *v*
sponge off s.o., 121
SPOON *n*
born with a silver spoon in one's
mouth, 53
SPORT *n*
be a good sport, 119
make sport of, 249
SPOT *n*

get s.o. out of a spot, 163
have a soft spot for, 57
night spot, 217
on the spot, 85
SPOTLIGHT *n*
steal the spotlight, 149
SPREAD *n*
put on a big spread, 111
SPUR *n*
on the spur of the moment, 65
win one's spurs, 43
SQUARE *n*
go back to square one, 153
SQUEEZE *n*
squeeze dry, 123
STAFF *n*
staff of old age, 111
STAKE *n*
play for high stakes, 183
pull up stakes, 79
STAND *n*
make a stand, 159
STAND *v*
stand back, 125
stand gaping, 117
stand up and be counted, 217
STANDARD *n*
use a double standard, 195
STAR *n*
share star billing with s.o., 193
sleep under the stars, 189
STARCH *n*
take the starch out of, 49
START *n*
get off to a good start, 119
make a fresh start, 161
STATE *n*
state-of-the-art, 17
STAY *v*
stay quiet, 253
STEAM *n*
at full steam, 219
losing steam, 165
STEP *n*
fall into step with, 161
retrace one's steps, 189
take a step up the
ladder, 129

STEW *n*
be in a stew, 217
STICK *n*
in the sticks, 127
STICKLER *n*
be a stickler for, 23
STIR *n*
create a stir, 87
STOCK *n*
in the stocks, 245
make o.s. a laughing stock, 231
of old-stock, 173
on the stocks, 245
STONE *n*
it's only a stone's throw, 51
leave no stone unturned, 149
sink like a stone, 241
STOOL *n*
fall between two stools, 187
STOP *n*
non-stop, 255
put a stop to sthg, 129
STOP *v*
stop over, 83
STORAGE *n*
put in cold storage, 265
STORM *n*
take by storm, 215
there's a storm brewing, 127
weather the storm, 93
STORY *n*
cloak-and-dagger story, 279
cock-and-bull story, 279
detective story, 167
rags-to-riches story, 169
to cut a long story short, 151
STRAW *n*
draw straws, 65
draw the short straw, 65
not to give a straw about
sthg, 95
that's the last straw, 159
the straw that breaks the
camel's back, 101
STREAK *n*
talk a blue streak, 97
STREET *n*
be on easy street, 129
turn out onto the streets, 243

BIBLIOGRAPHIE / *BIBLIOGRAPHY*

AMMER, Christine (ed.), *The American Heritage Dictionary of Idioms*, Boston / New York, Houghton Miflin Company, 1997, 729p.

CARNEY, Faye (dir. de la rédaction / general editor), *Grand dictionnaire français-anglais, anglais-français / French-English, English-French Dictionary,* Paris, Larousse, 1993, 2054p.

CHIFLET, Jean-Loup, *Sky my husband! / Ciel mon mari ! Guide de l'anglais courant / Guide of the running english*, Paris, Seuil, coll. Points actuels, 1987, 109p.

DENŒU, François (revised by David Sices and Jacqueline B. Sices), *2001 French and English Idioms / 2001 idiotismes français et anglais*, Hauppauge NY, 1982, 588p.

DEsRUISSEAUX, Pierre, *Dictionnaire des expressions québécoises*, Montréal, BQ, 1990, 446p.

—————, *Trésor des expressions populaires : Petit dictionnaire de la langue imagée dans la littérature québécoise,* Montréal, Fides, 1998, 333p.

DUBÉ, Gilberte et FORTIN, Eugénie, *Dictionnaire des expressions imagées / Images in Words Dictionary*, Montréal, Stanké, 1997, 395p.

DUGAS, André et SOUCY, Bernard, *Le Dictionnaire pratique des expressions québécoises,* Montréal, Logiques, coll. Sociétés, 1990, 299p.

DULONG, Gaston, *Dictionnaire des canadianismes : Nouvelle édition revue et augmentée,* Québec, Septentrion, 1999, 549p.

ÉQUIPE DU TLQF (Claude Poirier, dir.), *Dictionnaire historique du français québécois*, Québec, Presses de l'université Laval, 1998, 641p.

FOREST, Constance et FOREST, Louis, *Le Colpron : le nouveau dictionnaire des anglicismes*, Montréal, Beauchemin, 1994, 289p.

GAGNIÈRE, Claude, *Pour tout l'or des mots : Au bonheur des mots / Des mots et des merveilles*, Paris, Robert Laffont, coll. Bouquins, 1997, 1066p.

LAFLEUR, Bruno, *Dictionnaire des locutions idiomatiques françaises*, 2e éd., Montréal, ERPI, 1991, 669p.

MAILHOT, Camille-H., *2000 expressions françaises pratiques et utiles*, Hull, Éditions Asticou, 1987, 365p.

MAKKAI, Adam, BOATNER, M.T. and GATES, J.E., *A Dictionary of American Idioms*, Third Edition, Hauppauge NY, 1995, 458p.

MANSER, Martin H., *A Dictionary of Everyday Idioms*, London, Macmillan Education, 1992, 219p.

PIERRON, Agnès, *Dictionnaire des expressions populaires*, coll. Dictionnaires Marabout, Verviers (Belgique), Marabout, 1999, 350p.

POIRIER, Claude *et alii*, *Dictionnaire du français plus à l'usage des francophones d'Amérique*, Montréal, Centre éducatif et culturel inc., 1988, 1856p.

REY, Alain et CHANTREAU, Sophie, *Dictionnaire des expressions et locutions : le trésor des manières de dire anciennes et nouvelles*, Paris, Dictionnaires Robert, coll. Les usuels du Robert, 1989, 1322p.

ROBERT, Paul, *Le Petit Robert 1 : dictionnaire alphabétique et analogique de la langue française*, Paris, Le Robert, 1989, 2173p.

SYKES, J.B. ed., *The Concise Oxford Dictionary*, Oxford University Press, 1987, 1260p.

VILLERS, Marie-Éva de, *Multidictionnaire des difficultés de la langue française*, Montréal, Éditions Québec/Amérique, 1988, 1143p.

WHITAKER, F.C., *As the French Say / Comme disent les Français : English / French Idioms and Expressions*, Don Mills (Ont.), HBJ Canada, 1973, n.p.

WOOD, F.T. & HILL, R.J., *Dictionary of English Colloquial Idioms*, London, Papermac, 1991, 362p.

DU MÊME AUTEUR

Mémoires pour l'exil des souvenances, poésie, Ottawa, Les Éditions du Coin du livre, 1967.

L'Enfer et l'endroit, contes, Hull, Éditions Asticou, 1980.

(Éd.), Camille H. Mailhot, *2000 expressions françaises pratiques et utiles,* ouvrage de référence, Hull, Éditions Asticou, 1983 (rééd. en 1985 et en 1987).

(Éd.), Camille H. Mailhot, *Dictionnaire des petites ignorances de la langue française au Canada,* ouvrage de référence, Hull, Éditions Asticou, 1988 (rééd. en 1990).

(Éd.), Gaby Déziel-Hupé, *Les Outardes,* théâtre, Hull, Éditions Asticou, 1989.

TABLE DES MATIÈRES

CONTENTS

Cet ouvrage a été achevé d'imprimer
au Canada en novembre 2002.

Transcontinental
IMPRESSION
IMPRIMERIE GAGNÉ